新民晚报·夜光杯丛书

国学论谭

祝鸣华／编

文汇出版社

图书在版编目（CIP）数据

国学论谭 / 祝鸣华编. —上海：文汇出版社，2015.9
（《新民晚报》"夜光杯"丛书）
ISBN 978-7-5496-1546-9

Ⅰ.①国… Ⅱ.①祝… Ⅲ.①国学—文集 Ⅳ.①Z126.27-53

中国版本图书馆 CIP 数据核字(2015)第 174899 号

封面题字：陈佩秋

国学论谭

编　　者：祝鸣华
出 版 人：桂国强
责任编辑：张　涛
装帧设计：文　德

出版发行　**文匯**出版社
　　　　　上海市威海路755号　邮政编码：200041

经　　销　全国新华书店
印刷装订　常熟市大宏印刷有限公司

版　　次　2015年9月第1版
印　　次　2015年9月第1次印刷
开　　本　640×960　1/16
字　　数　270千
印　　张　17.75（插页1）

ISBN　978-7-5496-1546-9
定　　价：36.00元

·版权所有　翻印必究·

弁 言

国学普及路方长

◇钱伯城

《新民晚报》"夜光杯",秉持普及国学知识,传承中国传统文化精髓的宗旨,于2008年开设"国学论谭"专版,颇受广大读者的欢迎和学术界的关注。所刊文章迄今已达两百多篇,可以说是蔚成大观。为了便于保存和阅读,读者叮请裒成一集。事竣,编者希望我这个长期从事中国古代文化研究、整理、出版的九四老人,对于现在比较热门的"国学"说点认识,以利读者解读。我是非常乐意为之的。我想起了曾经为朱自清先生的《经典常谈》做过一篇导读文章。如今翻检出来,感觉自己对"国学"的理解,并没有发生根本性的变化,甚至以为对于现在有兴趣的读者还有一些帮助。因此,对这篇文章加以梳理,作为这本《国学论谭》的弁言,以期抛砖引玉,让更多的人来参与讨论和传播我们的传统经典文化。

著名学者、文学家朱自清(1898~1948)的《经典常谈》,是一部介绍讲解中国传统文化的基本知识、学习传统文化典籍(也叫国学)的入门书、打基础书,又是极有学术分量的书。这部书所说的"经典",其涉及的范围较广,不限于传统的"十三经"、"四书五经"等经部书,也包含了经、史、子、集四部在内所有可称"经典"的著作。这本书可以同时适应三个层次读者的需要:第一是初学者,对初学者特别有用,因为所讲的都是最基本最精要的传统文化知识；第二是对已有一定文史知识基础的读者，也有很大用处，因为它指引由此循序而进的学习途径与方法；第三是对学已有成的读者，也有很多的用处，因为这是作为一代学者的朱自清对传统文化典籍研究的一个总结。

朱自清先生写这部书的出发点，我想也应该成为《国学论谭》编著者的共识。《经典常谈》不用"国学"名字。朱自清说："'国学'这名字，和西洋人所谓'汉学'一般，都未免笼统的毛病。"他也不赞成用"国学概论"一类做书名，因为"'概论'这名字容易教读者感到自己满足；'概论'里好像什么都有了，再用不着别的——其实什么都只有一点儿！"但本书内容，除了仍"按照传统的经、史、子、集的顺序"，"以经典为主，以书为主"，另外关于历代著名的思想家、哲学家、历史学家、文学家以及诗人等，也在介绍论述的范围之内。又是书，又是人，都得评述一番，放在一本小册子里，当然也只能"都只有一点儿"。但如何掌握这"一点儿"，使之恰到好处，就要看写作者的学术功力与水平。

通俗化，就是普及化，是把某一门较深奥的学问，用通俗浅显的语言文字讲解出来，普及给大众，让大家看得懂，发生兴趣；并且由此作为阶梯，逐步升上去，作更高一层的探索。

通俗化是传播各种知识的重要手段之一。通俗化的工作，看看容易，做起来很不容易，常常吃力不讨好，或有力使不好。这需要社会的提倡，尤其需要有学界的有心人和热心人。但光有心不够，光有热心也不够，还必须是这门学问的行家，必须写得出生动流畅的文章。具备此三者写出来的通俗学术读物，方可举重若轻，深入浅出，文以载道，道借文传，受到大众的欢迎。

我们知道，经典训练并不就是恢复读经教育。恢复读经教育是开倒车，这是五四运动早已解决了的问题。但一股脑儿反对读经，走极端，弃之如敝屣，造成文化的断层，这是民族文化虚无主义的表现。这却是五四运动未曾解决好的问题。经典训练就是针对这一问题提出来的。朱自清说："读经的废止并不就是经典训练的废止"；"在中等以上的教育里，经典训练应该是一个必要的项目。经典训练的价值不在实用，而在文化"。他特别指出："做一个有相当教育的国民，至少对于本国的经典，也有接触的义务。"他所说的"有相当教育的国民"，是指具有一定文化素养的国民；所说的"接触的义务"，是指国民接受经典训练的义务。他把经典训练提到国民义务的高度，就是确定它在国民教育中的地位。也就是说，做一个有相当教育的中国人，有义务通晓本国传统文化有关经典的基本知识。

朱自清通过《经典常谈》一书，提出经典训练这个问题的时候，离开五四运动还只二十年多一点的时间，他已看到这个问题的重要性。现在，离开五四运动九十多年了，中间经过了大革文化命的"文化大革命"，所有传统经典被一扫而空，已不仅仅是有无经典训练问题了；影响所及，虽有20世纪80至90年代的"国学热"，但浮在表面者多，赶时髦者多，而注意基础训练者少。所以，朱自清先生提出经典训练的重要性，依然值得引起全社会的广泛关注。

朱自清先生所运用的重要的通俗化手段，是围绕经典这个主题，从大量有关的史事史话中，选择融合最重要的部分，用明白易懂的语言文字表述出来。因为史料太多，所以必须加以选择；又因为经过筛选的史料，不能原样照搬，还得融会化解，使之成为全书的有机组合。这一通俗化的手段，便是一改写，二翻译。改写主要用于史事叙述方面，翻译主要用于人物对话方面。

大约朱自清在昆明写作此书的同时，范文澜在延安集合了几位青年史学家，开始写作多卷本《中国通史简编》，对史料的熔铸提炼，基本上也采用改写、翻译的办法。不仅所有人物谈话用白话翻译，连诏令、制策、奏章也改成白话，作为历史书通俗化的尝试，予人耳目一新的感觉。

他们南北呼应,不谋而合,都是具济世胸怀的学术有心人,同为中国传统文化的普及传播做出了贡献。

现在,我们拿到的这本《国学论谭》在运用通俗化的手段上,与朱自清当年的理念是一脉相承的。

朱自清这一代学者的学术器度,可以四字尽之:平和宽容。他们即使学术观点对立,争论激烈,各不相下,亦必相互尊重,不挟嫌排挤。最有名的一个例子,就是胡适、傅斯年力排众议,推举郭沫若为中央研究院院士。当然,郭沫若也并没有因此而改变他的马克思主义批判立场。这就是学者的风度。朱自清写《经典常谈》时,知识界已普遍受到左倾影响,表现出激进的倾向,右翼的胡适首当其冲,他的一些著作不受重视,甚至令有些人不屑一顾。但朱自清却能保持独立精神,不作左右摇摆。如《诗》一章,论杜甫的诗,即引胡适《白话文学史》的话:"而杜甫写'民间的实在痛苦,社会的实在问题,国家的实在情况,人生的实在希望与恐惧',更给诗开辟了新世界。"其中单引号中的话,就是引用胡适《白话文学史》对杜甫的评价。朱自清先生在《经典常谈》里,也不用流行的术语,如浪漫主义、现实主义等;说到《西游记》只说"以设想为主",说到《水浒》《红楼梦》只说"是写实的"或"写实的作风"。对古典文学作品务求实事求是评论,不乱贴标签,这是务实的学风。

我们读一本书,一方面固然希望这本书有独立的见解,予读者以新知;但是另一方面,读者自己也必须保持或学会一定的独立判断能力,不妄信,不盲从,在阅读中发现问题或提出问题,即使这些问题提错了也不要紧,承认改正就是,但得到了思考问题的训练。

经典中还有许多问题可待继续研究。这也是正常的。如果什么问题都已解决,一劳永逸,不用再动脑筋,学问也就停止了。我以为,这也就是推出这本《国学论谭》的一个出发点。

七十多年前出版的《经典常谈》,和现在出版的这本《国学论谭》,

无论在内容、形式还是写作风格上，都有很大的不同，但它们在普及中国传统经典文化方面走的路子是一致的，在求真务实的学风上也有许多相似的地方。因此，我相信《国学论谭》的出版，对于更好地推动中国传统文化精华的传承和发展，具有积极的意义。

2015年7月15日　于上海

目 录

001 | 弁 言　国学普及路方长 / 钱伯城

001 | 为什么要读点《周易》/ 蒋凡
005 | 中国文化中的儒道释 / 钱文忠
014 | 《老子》的智慧 / 骆玉明
021 | 庄周的世界——一种精神自由的启迪 / 汪涌豪
028 | "三重道德"与"四种境界" / 白子超
035 | 《菜根谭》的儒道佛融合功名观 / 邵南
038 | 禅的智慧与人生境界 / 王雷泉
046 | 从《坛经》看禅宗的智慧 / 王德峰

054	古代的海上"丝绸之路"/张兵
058	旧邦新命——中国的传统文化与现代化/葛剑雄
066	中国古代官员的作息时间/刘文彬
070	岳飞"起复"与守丧制度/丁凌华
075	商鞅是帝国英雄还是历史罪人/杨师群
082	商鞅与"秦国梦"/小山
086	秦因匈奴而兴,因匈奴而亡/周锡山
092	忠臣也靠不住——一声叹息中的汉末形势/姜鹏
099	宏观历史视野中的楚汉相争/姜鹏
106	女主临朝与"女娲"论辨析/朱子彦
114	实干兴唐/韩昇
123	知人不易,重在"制度忠诚"/韩昇
131	曹魏"宫心计"——有关《洛神赋》的几点真相/钟菡

138 | 杨升庵谈片／刘衍文

146 | 破镜重圆的原委和真相／陈尚君

151 | 尺牍浅说／郑诗亮

155 | 读诗五识／胡中行

163 | 学诗六要／胡中行

171 | 诗人李商隐／陈鹏举

181 | 律诗、永明体及其他／吴忧

190 | 中国小说的身体"本钱"／郜元宝

198 | 汉字在东亚的影响／邵毅平

202 | 中国岁时文化在东亚／邵毅平

210 | 兄弟"雁行"的取名规则／周裕锴

214 | 海上大隐著丹青／陶喻之

219 | 三星堆神树与"社"与"龙"／尹荣方

227　民俗的国学价值——兼谈春节民俗的国学智慧／仲富兰

235　上海地区家训文化的历史资源及其现代价值／熊月之

240　由新见欧阳修书简观其交友之道／洪本健

247　年龄文化与干支、科举等问题／蒋星煜

255　胎教——国学中的奇葩／姚全兴

263　适逢乙未话羊年／傅震

271　后　记

为什么要读点《周易》

◆蒋 凡

　　《周易》又称《易》或《易经》,其学术地位,高居儒家十三经之首。读点《周易》大有好处,不仅有助于了解古代学术思想的发展,而且对于修己、治人的人生之道也有所助益。近代国学大师章太炎在《论读经有利而无弊》中指出:"《周易》爻象,太半言修己之道,故孔子称'五十以学《易》,可以无大过'。夫修己之道,古今无二,经籍载之,儒家阐之,时有不同,理无二致。"其实,不仅如此,读点《周易》,对于人们探索天道自然,扩宽人生视野,同样是大有好处的。

　　但现在有许多人,误认《周易》只是一部占筮算命的迷信的书。从局部看,这一说法也有道理,《周易》原是殷周之际中华古人的占筮问卦之书,它是当时巫史在算命时用来判断吉凶悔吝根据的参考记录。但如从《周易》发展的全局视域考察,则上述观点是以偏概全、大错特错。因为《易》卦除了算命功用外,又另有其丰富内涵和特殊价值。自《易》卦问世后,经先秦诸子百家,特别是儒、道二家积极阐释开拓,已日渐减弱其算命迷信成分,而逐步提高了人的理性思辨因素,终于站在哲学高度,成为古代一部特殊的小型百科全书,《易》道广大,其中不仅有知识积累,同时又有智慧开悟的闪光。

　　《易·系辞传》说:"《易》有圣人之道四焉:以言者尚其辞,以动者尚其变,以制器者尚其象,以卜筮者尚其占。"占筮算命,不过是其四大功能之一。"以言者尚其辞",历代语言修辞及文章文学受其影响,《易》

称"修辞立其诚",提倡外在语言艺术与内在真情实感的统一;"以制器者尚其象",通过"观物取象",启发了后世生产工具及科技的发展;"以动者尚其变",阴阳变化,矛盾运动,日新月异,生生不息,表现了中华古人深邃的哲学思考,包含了丰富的辩证法;上述诸多智慧结晶和优良传统,为什么不去学习,却偏取其算命占筮功能而食其糟粕弃其精华呢?而即就《易》卦算命功能而言,生于科学昌明之世的今人,其迷信大大超越古人,岂非咄咄怪事!上古夏、商、周三代,巫风流行,当时生产发展与科学水平低下,人们在生产斗争和社会生活中,有许多解不开的谜,一时难以索解,因而转向神秘之天和祖宗鬼神求卜问卦,这是可以理解的。但随着社会文明的进步,古人已在算命占卜活动中,日益加重了人的理性思考因素。据《周礼》,古代有龟三卜筮三占的制度规定。三卦问疑,力排偶然性,而取其较为接近生活实际的卦爻之象来作决策参考。这已与盲目算命的迷信,不知不觉拉开了距离,而与人的理性思考靠近了一步。

另外,上古三代,学在王官,巫史掌握了占筮的解释权。当时的巫史是学术精英,地位很高,是高级知识分子。古代帝王专制,"朕即国家",谁人能制?帝王自称天子,代天行事,所以只有"天"才能对帝王行为有所警示约束。而巫史占筮问卦,沟通天人,并以此来影响帝王意志及国事决策。《尚书》保存了我国古代最早的一批官方文件,其《洪范》明确说明,当时参与国事决策的主要有四种人:一是代天行事的天子,一是代表奴隶主贵族权益的卿士百官,一是庶民(相当于自由民),一是掌控占筮问卦的巫史。在决策过程中,如果四种人意见不一,又将何去何从呢?《洪范》规定:"汝(按:指天子)则从,龟从筮从,卿士逆,庶民逆,吉。卿士从,龟从筮从,汝则逆,庶民逆,吉。庶民从,龟从筮从,汝则逆,卿士逆,吉。"(从,赞同;逆,反对。)文件把决策过程中三种不同情况中四种人的争论和较量,指述得很清楚。在国家决策中,巫史的占筮问卦，因是代天传言，因而与天子发言一样具有某种权威性。因此，无论是天子或卿士、庶民，都会主动争取巫史的支持，于此可见巫史占筮的重要性。巫史若思想反动，必然逢迎帝王，为其独裁统治推波助澜；反之，若巫史思想进步，则可协助明君改革，或借天来伸张民意，限制君权，防止独裁以清明政治。因此，只要古代巫史思想开明，则其占筮问卦，可在迷信的形式之中，寓有一定的积极因素。这与今天那些瞄准人们钱袋的所谓"《周易》预测术"者大异旨趣。

《周易》四大功能及其百科知识，因篇幅所限，难以尽述，但仅就其"尚变"的哲学功能而言，于思想学术发展大有裨益。《易》有阴阳之道、八卦、六十四卦诸项，它以卦爻符号及其卦爻辞，构成了一个神秘的文化象征殿堂。一旦揭开其神秘外衣，则其思想体系，启迪后人，惠泽千秋万代。国际《易经》学会主席成中英概括地说："《周易》是生命的学问，宇宙的真理，文化的智慧，价值的源泉。"人们因此称"《易经》是经典中之经典，哲学中之哲学，智慧中之智慧"。也就是说，《周易》以其独特的符号象征体系，向后代人类子孙，描述了中华古人对于宇宙奥秘和生命密码独特而深刻的认识。

首先，影响最大的是其阴阳矛盾观念。古人以一画（—）符号象征阳，以二断（- -）符号象征阴，明白无误地构成了阴阳矛盾变化的文化观念。《易·系辞传》说："一阴一阳之谓道。"这是《周易》理论体系的核心纲领。阴阳之道，无形无迹，却无所不在，其他如八卦、六十四卦等范畴均围绕阴阳矛盾对立的观念来展开。如天地、乾坤、男女、父母、雌雄、昼夜、冷热、春夏与秋冬、升降、出入、生死等，甚至连树叶向背，也有阴阳之别。如果没有阴阳矛盾对立的运动变化，世界就会因失去生命源泉而死亡。

其次，肇源于阴阳矛盾观念，《周易》具有朴素而丰富的辩证法。辩证法的本质就是研究对象本身内在的矛盾运动。而《周易》的思维方法，是一个以感悟为特色，在对事物整体把握的前提下进行辩证思维的方法论体系，它不仅承认矛盾对立的普遍存在，进一步确认矛盾对立的运动变化，同时又更深一层地揭示了在一定条件下，阴阳矛盾的对立与相互转化。比如天地、男女，没有地，岂有天？没有女，岂有男？阴阳二气，相摩相荡，相互对立又相互依存而运动变化。六十四卦中有所谓正对卦、反对卦，如《泰》卦（☷☰）与《否》卦（☰☷），卦爻之象相反，《泰》象征安吉通泰，《否》象征否塞多灾，彼此矛盾对立，但又相互依存而转化，乐极生悲，由《泰》化《否》；否极泰来，脱《否》转《泰》，矛盾运动，生生不息，这是生活的辩证法。不仅如此，《周易》更指出运动变化是绝对的，而阶段性的静止是相对的。比如按照卦序，《既济》（☵☲）与《未济》（☲☵）是六十四卦中的最后二卦。《既济》象征已经安全渡河，事业成功；《未济》象征尚未涉险渡河，事业未成。按常理应是《既济》到最后一卦。但《周易》作者却置《未济》为最后一卦。此卦序排列自有辩证法，《未济》后于《既济》的卦序显示，象征事业成功的《既济》卦，只是取得阶段性的暂时胜利，现实生活激励人们，应该再次卷起裤腿，准备重新涉险渡河，开始新的征途。这说明了矛盾运动，辩证发展，旧阶段虽然完成，但新阶段的长征却又开始，人们在高歌猛进而自强不息的矛盾运动中，又继续前进，并上升到一个新的文明阶段。

　　矛盾运动的客观规律显示，运动变化永无止息。这就是《周易》重"变"的辩证法，它启迪人们，活到老，学到老，自强不息，永无止境。

中国文化中的儒道释

◆钱文忠

中国已经发展到什么样的一个阶段了呢？在座的各位都是"白领"，都在经济、社会的最前沿工作，虽然未必掌握全面的统计数据，却也总应该比别的人更多一些切身的感受。我们，特别是生活在上海，尤其是生活在以"高"为号召的静安区的人们，这样的感受，应该比任何人都强烈。

当今中国物质与思想之现状

最近有一本好书，是由上海辞书出版社出版的，由复旦大学口述历史研究中心编，著名的传媒文化学者曹景行主编的，书名就叫《亲历》，副标题是"上海改革开放30年"，通过上海改革开放30年中发生重大影响的若干关键事件中的关键人物的口述，来感性地重现历史性的事件。我建议大家不妨一读。

我要讲的却是这本书的序言，作者是周瑞金先生。这篇序言真是大手笔，言简意赅地概括了有关30年改革开放的共识：

一、经济发展取得突出成就。2007年的国内生产总值GDP是1978年的67倍，中国经济对世界经济增长的贡献率超过百分之十，已经成为世界第四大经济体、第三大贸易体。进出口贸易总额，2007年是1978年的105倍多。1978年一年的劳动所得只相当于2003年的11天。

二、解决了13亿人的温饱。农村贫困人口在1978年是2.5亿，2007年已经降低至不到1480万。在这30年里，中国人口增加了5亿，却还能够基本平稳地达到小康。

三、在短短的30年里实现了从封闭半封闭社会向开放社会，从农业社会向工业社会，从计划经济体制向市场经济体制的三大转变，3000万工人下岗，5000万农民失去土地，超过1亿的农民工在流动，而没有发生大规模的动荡。

所有这些，自然是了不起的成就。或许是这些成就实在太巨大了，或许是这些成就到来的速度太快了，在目前这个阶段，至少在不久以前，大家沉浸在对物质成就的消费中，这是完全可以理解的。然而，这就使得我们没有宁静和闲暇来进行思考，我们暂时还顾不上找寻繁荣背后的东西，我们只关注享受繁荣的现实，对导致繁荣的力量源泉并不那么在意，自然更谈不上关心了。

实际上，情况并不那么简单。

富足的，特别是正在富足中的，尤其以飞快速度富足的社会，都有一个只要稍微静下心来就可以感受到的特点：匮乏时代的烦恼虽然有点淡化，却还没有来得及消失；富足时代的困惑却以和发展匹配的速度与日俱增。

正在富足的，或者已经富足的我们，生活在无边无际的、快速累积的困惑之中。我们都自以为明白，我们的富足是和外部世界相关的，甚至是从外部世界来的（当然，这是似是而非的）。于是，我们开始回头"怀旧"，希望从已经陌生的，也可以说是当初被我们自己弃之唯恐不及的过去，寻找当下的生活智慧。

当然，这种情况的出现也不仅仅是因为烦恼。快速的发展，繁荣的富足，也重新树立了我们的自信心。对我们的过去，我们不仅不再自卑，反而开始视如拱璧了。曾几何时的垃圾，今天堂而皇之地登上了高昂的拍卖场。

反正不管如何，我们面临着一种很独特的情景：我们的身心在望着迷离的前方，我们的心智却回归淡却的过去。我们感受到一种撕裂，一种牵扯，我们在感到疲惫的同时，逐渐被一种莫名的无奈笼罩了。

原本以为已经离开我们很远了的国学、传统文化，就在这样的无法明说的背景下，火一般地热了起来。寻找温暖和光明的我们，即刻扑了上去，速度和我们当初抛弃它们时的一样。这里，一种危险已经悄然出现：如何才能保证我们不成为飞蛾？

从传统文化中寻找解决思想困惑的资源

办法只有一个，真正地了解火。这堆火，就是我们自己的传统文化。今天，我就是想就传统文化的一些最基本的问题，和大家做一次交流。我将尽量将一些要点略做阐释，然后，让我们共同思考一下，我们的传统中是否有资源，可以帮助我们更好地在现代社会生活。

我们一般习惯用儒、道、释来概括传统文化的三股主流。这当然不是一种严谨的说法。其中的"儒"，有"儒学"，但是未必可以被称为"儒教"。

（一）儒学

"儒"的含义非常宽泛，其实，到今天，依然还有很多争论。《说文解字》说："儒，柔也，术士之称。"章太炎先生说："草昧初开，人性强暴，施以教育，渐渐摧刚为柔。柔者，受教育而训扰之谓，非谓儒以柔为美也。……非可以专称儒也。"这样说来，起初的时候，"儒"是大家都可以用的。

但是，我们所习惯的儒家终究是以孔子为创立者和宗主的。我们大家都知道,孔子是博学多能的,但是,他平时教导别人的,却主要是修身治人之言。他的中心思想是"仁"。什么叫"仁"呢?"仁"者,人也,所以为人之道也。孔子的学说绝对不是好高骛远的,而是偏重实际,并且非常强调要能够付诸实践。

我们一起来看一下:

"君子务本,本立而道生,孝弟也者,其为仁之本欤。"(《论语·学而》)

"曾子曰:士不可以不弘毅。任重而道远,仁以为己任,不亦重乎?死而后已,不亦远乎?"(《论语·泰伯》)

君子对于"仁",是必须也应该"造次必于是,颠沛必于是"(《论语·里仁》)的。正因为如此,孔子是不说怪、力、乱、神那一套东西的。他强调的立身之本乃忠恕之道。

至于什么叫"忠恕",用孔子自己的话说:"其恕乎,己所不欲,勿施于人。"(《论语·卫灵公》)用朱熹的话来说:"尽己之谓忠,推己之谓恕。"换句话说,忠以修己,恕以治人。这样自然能够克己复礼,推己及人。《论语·雍也》里讲得好:"夫仁者,己欲立而立人,己欲达而达人,能近取譬,可谓仁之方也已。"

经过宋儒加工总结的《大学》、《中庸》、《儒行》,进一步阐明了儒家的学说。这三部书是有分工的,功能和关注点各有侧重。《大学》是道本,《中庸》是教本,《儒行》是行本。

《大学》有著名的三纲领八条目。所谓"三纲领",就是"明明德"、"亲民"、"止于至善";所谓"八条目",就是"格物"、"致知"、"诚意"、"正心"、"修身"、"齐家"、"治国"、"平天下"。"格物"、"致知"是学问之本,"诚意"、"正心"、"修身"是德行之本,这五条目实际上是修己之道,也就是所谓明明德;"齐家"、"治国"、"平天下"则是治人之道,也就是亲民;"止于至善"则是人生的目的。大家看,条理如此清晰,这是对儒家思想最好的论述了。

《中庸》的主题是尊德行而道问学，所以戒慎乎其所不睹，恐惧乎其所不闻，而以至诚尽其性。它倡导一种学习型的人生态度，有一段话是很有名的，在传统社会真可以说是读书人都知道和了解的："博学之，审问之，慎思之，明辨之，笃行之。有弗学，学之弗能弗措也；有弗问，问之弗知弗措也；有弗思，思之弗得弗措也；有弗辨，辨之弗明弗措也；有弗行，行之弗笃弗措也。人一能之，己百之；人十能之，己千之。果能此道矣，虽愚必明，虽柔必强。"这些话即使放在今天，谁又能够说是没用的呢？

《中庸》还有很重要的内容，那就是明五伦、叙三德，这两者正是儒家教化之本："天下之达道五，所以行者三。君臣也，父子也，夫妇也，昆弟也，朋友之交也。五者天下之达道也。知仁勇三者，天下之达德也。"

至于另外一部大家应该了解的儒家要籍《礼记·儒行》，则是记述了有道德者的行为，将之作为儒家立身的准则，很详细地讲述了自立之道、刚毅之行、忧思之志、宽裕之德、尊让之礼，以及出仕之方，交友之道。这里的立行之本，实际上就是为人之道。简单地概括，就是：克己复礼，天下归仁。非礼勿视，非礼勿听，非礼勿言，非礼勿动。也就是说，儒家的一切外在行为，是以礼为宗的。

儒家有很多重要人物，流派也不少，在后来的演变发展过程中，产生了很多很大的变化，有的甚至可以说，是几乎走向了"仁"的反面的，比如法家，就是一个例子。但是，儒家的基本的正面内容或者说价值，也大致就如上面所述了。

那么，儒家和道家的区别又在哪里呢？这当然是一个很复杂的问题，我们在这里只能简单地介绍一下。儒家、道家基本上都是在政治、知识、社会层面，换句话说，也就是在现实人生层面展开的。儒家刚，道家柔；儒家进，道家退；儒家得，道家让。我们也许可以说，实际上道家为传统的中国人,特别是知识分子,提供了另外一种可能性。大致上,在得意的时候,在人生按照自己的意愿前行的时候,传统的知识分子遵循儒家的学说;而在失意的时候,人生遇见很难克服的困难和挫折的时候,传统的知识分子就退而学道家。当然这不能一概而论,只能说是比较常见的现象。

(二)道家

道家的创立者是老子,他和孔子谁先谁后,是一个分歧很大的问题,甚至连他的名字究竟叫什么,也是众说纷纭。不过,他有《道德经》五千言传世,所以,他的思想还是大体上可以弄清楚的。

老子对于治乱兴衰有自己的独到看法,对于成败得失也就有自己的独到见解,提倡"人皆取先,己独取后;人皆取实,己独取虚;人皆求福,己独曲全",担忧"坚则毁矣,锐则挫矣"。

他对世俗的浇薄感到很愤然,所以主张返朴归真,顺乎自然,希望世界上的人都能像婴儿一样。这种思想发展到比较极端的地步,就有愚民之嫌了:"圣人之治,虚其心,实其腹,弱其智,强其骨,常使民无知无欲","古之善为道者,非以明民,将以愚民"。

这些话自然有愤世嫉俗的成分,但是,老子也确实有自己的一番见解。他很切实地感受到了物欲的诱惑,这才主张绝圣弃智,复其淡泊。他说:"五色令人目盲,五音令人耳聋,五味令人口爽,驰骋田猎令人心发狂,难得之货,令人行妨。""绝圣弃智,民利百倍。绝仁弃义,民复孝慈。绝巧弃利,盗贼无有。"

老子看到了刚强的反而容易被摧折,竞争者反而容易害了自己,所以,他特别提倡谦虚柔弱,这样可以保住自己,在这个世界上生存下来:"圣人后其身而身先,外其身而身存,非以其无私邪,故能成其私。""不自见故明,不自是故彰,不自伐故有功,不自矜故长;夫惟不争,故天下莫能与之争。"

他的学说就这样发展到以无为为本,期望最终达到无为无不为的境界。这样的思路,当然以"忍"为基础了:"不见可欲,使心不乱",这就是要"忍"住欲望。"将欲取之,必固与之",这就是"忍"住行为。"知足不辱,知止不殆",这就是"忍"住心思了。

这种不同的"忍"法,就导致了道家学说后来的流变,我们在这里就不必一一解说了。

(三)佛教

至于佛教,则是一种外来的学说和教义。这是一门巨大的学问,当然不可能在今天这样短的时间里完全讲述明白。我只想强调一点:佛教极大地丰富了中国文化和中国人的精神世界。同时,假如说儒家和道家为传统的中国人提供了一进一退、一正一反、一阳一阴两种可能性和选择,佛教则超越了这个层面,开启了一个超越的开放空间。

佛教究竟是通过什么线路,最早在什么时候传入中国的,也还没有完全搞清楚,一般认为是通过中亚,在东汉明帝永平年间传入的。

我们在今天只介绍一下两个重要的佛教概念。

"三宝":三宝是佛教的教法和证法的核心。简单地说,三宝是指佛宝、法宝、僧宝。佛宝,是指已经成就圆满佛道的一切诸佛。法宝,即诸佛的教法。僧宝,即依诸佛教法如实修行的出家沙门。

佛宝:佛祖释迦牟尼及其成佛之道是为佛宝。

法宝:诸佛之教法是为法宝。

僧宝:依着上述诸佛之教法,如实修行的出家沙门所组成的僧团是为僧宝。

再给大家介绍一下"四谛"。

谛谓真实不虚,如来亲证。佛成道后,至鹿野苑为五贤者始说此法,是为佛转法轮之初,故称初法轮,如《法华经·譬喻品》:"佛昔于波罗奈,初转四谛法轮。"初转法轮三说四谛,第一说:此是苦,此是集,此是灭,此是道。此是教示四谛四相。第二说:苦当知,集当断,灭当证,道当修。此是教劝修行四谛。第三说:苦者我已知,集者我已断,灭者我已证,道者我已修。此是佛举自己证得四谛,合为"三转十二行相"之义。但此四谛唯圣者所知,非凡夫能知,如《涅槃经》卷十四:昔我与汝愚无智慧,不能如实见四真谛,是故流转,久处生死,没大苦海,"若能见四谛,则得断生死"。因圣者所证,故称四圣谛,或四真谛。

苦谛:苦即三界轮回生死逼恼之义,凡是有为有漏之法莫不皆含苦性,故佛经中说有无量众苦,但就身心顺逆缘境,总有三苦、八苦。三苦,从其逆缘逼恼,正受苦时,从苦生苦,名苦苦;从其顺缘,安乐离坏时而生苦恼,名坏苦;生老病死刹那变异而生苦恼,即名行苦。八苦即:生、老、病、死、爱别离、怨憎会、求不得和五盛阴苦。外有寒热饥渴等逼恼之身苦,内有烦恼之心苦,所有诸苦皆归苦谛所摄。

集谛:集谓积聚二十五有苦果之因,一切众生,无始以来,由贪瞋痴等烦恼,造积善恶业因,能招感三界生死等苦果。

灭谛:又名尽谛,灭谓灭二十五有,寂灭涅槃,尽三界结业烦恼,永无生死患累。

道谛:道谓修戒定慧通向涅槃之道。

四谛有两重因果,苦为果,集是因,由苦集二谛成为世间生死因果;灭是果,道是因,灭道二谛为出世因果。即由造积有漏业因而感有漏苦果,出修有漏道因而证灭谛涅槃。如《涅槃经》卷十二:"如有漏果者则名苦,有漏因者则名为集,无漏果者名为灭,无漏因者则名为道。"此即知苦断集,证灭修道之义。

四谛是佛教的基本教义,是佛教大小乘各宗共修、必修之法。佛说四谛是要众生了知四谛的真理,断烦恼证涅槃,若专修四谛以求涅槃者,一般称其为小乘声闻人。

苦为生老病死，集为集聚骨肉财货，灭为灭惑业而离生死之苦，道为完全解脱实现涅槃境界的正道。

从上面的简单介绍中，我们就不难看出和感受到，中国传统的儒道释都拥有独特的资源，不仅为传统的中国人提供了多种选择和空间，当然也可以为我们在当下社会中的生活提供非常有用的教益。

《老子》的智慧

◆骆玉明

老子是中国古代伟大的智者，《老子》这部书在许多西方学者看来，最能够代表东方的智慧。我们今天尝试从四个要点对这部智慧之书做简要的介绍。

一、大道虚无

"道"是道家学说的核心观念，它是宇宙万物的本原和根本真理。因此，它也是人类建立其生活规则的依据。但是，人能够在何种程度上把握道？老子认为这只能是有限的。《老子》开头就说："道可道，非常道。"这里第一个"道"是名词，第二个"道"是动词，言说之意。道可以言说，而且人只有去言说，道才能在语言也就是人的世界中呈现；但是一旦言说，它就不再是道本身，而仅仅是人所能够体悟、理解的一部分。

这里面隐含着一个深刻的道理：一方面，人需要以自己的方式去言说去追求道，同时又不可能充分地理解它、阐释它；人只能是不断在追求那个永恒的东西，追求那个最高的存在和最高的合理性。如果人所言说的道就是道本身，那么言辞就取代了道，人也就变成了神。"道可道，非常道"，从逻辑推理的必然结果来说，它意味着人不可能一次性阐释真理，不可能建立永恒规则——这是一个警告。

什么叫"大道虚无"？魏晋时代的玄学曾经用"无"和"有"这两个概念来分别指称道家和儒家的思想。儒家的"有"好解释：这一学说的主要功能在于确立社会的秩序与价值，而秩序与价值是明白和清楚的。道家思想为什么是"无"呢？这跟道的本质有关。道的本质就是虚无。但这里的"虚无"不是指什么都没有，而是不具有确定形态和无穷可变的意思。那么引申开来说，人类的世界也是处在无限变化的过程中的。

《老子》第一章还有一句很有意思的话："故常无欲以观其妙，常有欲以观其徼。"你站在"无"的立场上，才能知道事物的微妙——事物的关系是不确定的，善未必就是善，恶也未必就是恶；但世界毕竟是有秩序的，你又要站在"有"的立场上，看到事物的界限，是就是是，非就是非。

虚无是没有用的东西吗？老子认为恰恰相反："有之以为利，无之以为用。"所谓"有"只是提供了便利和条件，"无"才是真正发生功用的地方。他举例说，一个车轮是用辐条来支撑起来的，车要运转则是靠"毂"，即中间空的地方；团弄泥土做成一个陶器，"有"的那一部分，只是为了形成中间的虚空，"无"才发挥盛水的功用；再说造一所房子，墙有什么用呢？还不是为了构成可供居住的空间！美国人赖特被认为是20世纪最伟大的建筑师，他的设计思想就是强调空间，就是老子说的道理："当其无，有室之用。"

而老子的思想是要引向更重要的方面：如果说社会需要一定的法则，它的价值不在于对人的行为做出细密的规定，而在于提供了虚无的空间。所以老子反对儒家所珍视的礼，因为它注重于限制和规定，只知道有不知道无。许多西方哲学家认为《老子》包含着一种古典自由主义，一个重要的原因就在于此。

简言之，"大道虚无"主要关涉两个方面：一是世界的永恒的法则是无限可能和无穷变化的，二是社会生活不需要过度的限制和过分烦琐的规则。

二、道法自然

《老子》中讲到世上有四个伟大存在：天、地、人，加上道。它们的运行规则是"人法地，地法天，天法道，道法自然"。法是效法之意。在农业社会中，人要根据土地的条件来确定自己的生活方式，所以是"人法地"；大地上万物生长、盛衰的变化受制于日月运行、四季流转、风风雨雨，所以是"地法天"；天之上还有更高的存在，就是作为世界本原的道，所以是"天法道"。那么，道效法什么呢？"道法自然"。自然一词，指不受外力影响的本然状态，道无所法，它以自身为法。用宗教语言来解释，好比上帝为世间万物立法，谁为上帝立法？上帝本身就是法。

这段话真正的意义要倒推过来理解：既然道是以自然为法则的，天法道而地法天而人法地，贯穿其间的根本法则都是"自然"。也就是说，对人类生活而言，自然的状态就是最完美的状态，自然的人性同样本身就具备了完美性质，一切人为设计的规则，从外部强加的东西，其实不具有真正的价值，倒是很有可能破坏了人的自然性，带来无穷的困扰和麻烦。魏晋时嵇康宣称要"越名教而任自然"，意思就是要摆脱儒家名教的束缚，使人性得到解放，而回复自然。

《老子》这本书不是又叫《道德经》吗？他讲德也是这样："上德不德，是以有德；下德不失德，是以无德。"意思说最高的德性表现，并不是特意地去做有德的事，不是为了做好事而做好事，而是在自然的状态下，顺随天性而行。譬如说孝是一种美德，但真正的孝不是依据社会的准则，而是基于对父母的感情，如王弼《老子注》所说的以"自然亲爱"为孝。它不需要做给别人看。下等的德性却不是如此，它是依据社会和他人的标准行动，人谓之"德"，便刻意地去做，但这种德其实是无德。譬如汉代推崇孝行,"孝"得好甚至"孝"得出奇,便会受到社会的表彰,进而可以弄个官来做做,这跟敬爱父母反而没有多大关系,又算什么"德"呢?

当然,老子的看法不是没有问题。因为人的"自然"没那么可靠,人有时自然而然地做了很多不好的事,所以社会还是要提倡一些东西,禁止一些东西。有时候,所谓"虚伪"并不是毫无价值毫无必要的。但老子所说的里面包含着一种理想,即人不是因为外加的强力而趋向于善,而要在他自然天性中达成一种完美。而且老子还看到了一种危险,即在依据社会规则来评价人的时候,有可能造成人的虚伪;尤其是,当道德成为获得利益的手段时,真正的德反而受到严重的破坏。这实在是很糟糕的事情。

三、无为而治

这部分较多地牵涉到老子的政治思想。《老子》这部书基本性质是政治书,其预设的阅读对象是帝王。只是它把所有问题都放在一个完整的哲学体系中来论述。

所谓无为而治,首先也和道的性质联系在一起。《老子》说:"道常无为而无不为。侯王若能守之,万物将自化。"道是一种虚无状态,它不具有特别的意志,不像西方宗教里的上帝,要以自己的意志去裁决凡间的事务,支配人类的生活,所以它是"无为"的;但这并不是什么也不做,它化育了万物,又顺应万物的特性,助成万物的生长变化,所以是"无不为"。

因循于道而形成的合理的政治,是一种无为的政治。老子把强加的东西叫作有为,而无为政治最大的特点就是顺应自然。"侯王"即最高统治者如果能够遵循道的性质来做事情,"万物将自化"——循照其自身规则来运行变化。

《老子》书中对统治者提出了郑重的告诫："将欲取天下而为之，吾见其不得已。天下神器，不可为也，不可执也。为者败之，执者失之。""取天下"意思是占有天下，老子认为"天下"是不应该也不可能被某些人占有的。如果帝王采取占有和支配的姿态统治国家，把天下看作实现个人意志的对象，表现自己之"伟大"的场所，就非常危险。对帝王来说，他会遭遇失败，而对老百姓来说，他们将为之付出严重的牺牲。

上面一段引文中提到"天下神器"，这里的"神"是神妙的意思。天下为何是"神器"呢？魏晋时期王弼的注非常简赅，谓之"无形以合"，意思说社会是多种力量以不确定的方式聚合在一起的变化结果，不是任何个人意志的结果。我常常把"天下神器"和"无形以合"这两句话放在一起说，觉得这两句话代表着中国古人对社会对政治一种非常深刻和富于智慧的理解。

其实不仅仅天下是神器，一个社会群体也是神器，不是你一个人的意志就能够扭曲它，改变它的。在一个人群里面，有多种力量、多种意志、多种因素共同作用，以一种不可测的状态、不固定的方式来运行。

无为而治自然就意味着政令简单，规则松散。老子说话的时候，是农业经济的背景，并且他觉得最理想的社会状态是"小国寡民"。现代社会跟老子的时代完全不同，法令当然要严格得多。但老子所讲的道理并不过时。

四、上善若水

《老子》以"道"为核心贯穿始终的思想关涉的方面很多，从天地宇宙到国家社会，还论及个人修养。"上善若水"，你可以理解成属于个人修养的内容，也可以理解为取得成功的方法。

我们常说的一句成语是"人往高处走，水往低处流"。老子的念头恰恰相反，他告诉我们，甘于低下体现了最高的修养、最高的德性，所谓"江海所以能成百谷王者，以其善下之，故能成百谷王。是以圣人欲上民，必以言下之；欲先民，必以身后之"。

为什么要自甘低下？因为唯有如此，才能善于容纳，而唯有善于容纳，才能形成宏大的局面。大江大海处于低下的地位，才吸引了众水奔赴，百川汇聚，如果你把自己看得很了不起，仿佛总是孤零零站在山顶上，还能容纳什么东西？所以理想的统治者想要居于高位来统治人民，那他必须把自己放在比人民更低的位置；想要站在前面领导人民，那必须把自己放在人民的后面。

这种自甘低下或者说谦让的姿态，有时也可以成为一种获取成功的手段。因为你谦让，所以得到别人拥戴，所以你获得最大的成功。当你把细小的利益都推让给别人时，你反倒可能获得最大利益。但从老子本意来看，他主要不是从这个角度来考虑问题的。老子心目中理想的统治者是以自己的力量去助成他人的人。缩小到一个单位来说，理想的领导人应该能够用自己的力量去帮助别人成功。所以说"上善若水，水善利万物而不争"。

谦退可以自全，可以成功，这是从正面来说。老子也常常从反面告诉人们，什么样的人是最容易失败的，那就是喜欢夸张、喜欢显露、处处与人争胜的人。所以说，"持而盈之，不如其已；揣而锐之，不可长保"。总是显示出盈满的状态，好像什么都到顶了，那很危险，这时候你不如赶紧停下；一把刀，你把它打造得尖利而单薄，那用不了多久就会残缺。

这里还牵涉老子的一个重要哲理：柔性、谦退、收敛的状态，在老子看来不仅仅是一种修养或手段，它还显示着生命的韧性与弹性，这是富于生命力的状态。在这种状态下，事物才有持续发展的希望。那么打击敌手最好的手段是什么？不是用强力去挤压它，而是诱使它自我夸张、自我膨胀，直到完全失去弹性。就像一个"洋泡泡"，吹得越大，离爆炸越近。所谓"将欲歙之，必固张之。将欲弱之，必固强之。将欲废之，必固兴之"。这些话听起来有点阴谋气息，但当我们从哲学上去理解的时候，还是觉得很有意味。

我讲的以上四点，不能完全概括《老子》的全部内容，但约略可以窥其大要；而对《老子》的智慧，由此也能获得深刻的印象吧。

庄周的世界
——一种精神自由的启迪

◆汪涌豪

一、庄子的生平

庄子名周,"周"是周遍周彻之意,《周易》所谓"周乎万物,道济天下"。想来,庄子父母取这个名字,是希望儿子能周知一切,成为一个有学问的人。庄子做到了这一点。在究明天下万物方面,他做得比孔孟要好,甚至某种程度上比老子都好。老子深刻,凡点到处,非常精切。庄子不光深刻,更富才情,同样的道理,别人只能从一个角度说下去,他可以曼衍开去,收放自如,显得非常广博。

庄子是宋国蒙人,即今河南商丘东北。这个地方有意思,是武王伐纣灭商后,划出中原一块最穷的地方,发配商朝亡国奴的,所以自宋襄公以下,代出蠢人。先秦诸子,但凡讲论道理,举蠢人做例子,常常会说有一个宋人怎么样怎么样。庄子也如此,他用寓言说道理,当说到人愚不可及的时候,这个人往往就是宋人。

如《山木》中阳子所遇到的那个旅店店主,有妾二人,偏喜欢难看的那位,而冷落漂亮的那位;又如《外物》中那些看到人家办丧事,哭得不成人样,由此感动国君,得以授爵,于是也想捡便宜,一通陪哭,待人家丧事办完,做官去了,这边跪着的哭死了一半;其主人公都是宋人。庄子敢拿家乡人开涮,表现出一种难得的自嘲精神。放眼中外古今,有这种精神的人，往往绝顶聪明。

但聪明的人往往很穷，因为他们天性敏感，脸皮太薄。庄子即如此，一生贫穷，打草鞋为生，曾向人借粟，被人胡乱搪塞，许诺以后有了钱，一定给三百金。他气得没法，说，我是条将死的鱼，只要一点水就能活命，你现在许我一个引江济河的浩大工程，不如干脆到干鱼店找我算了。这里他提到干鱼，从他脖子上的皮又干又皱，可知确实营养不良。他曾去见梁惠王，提脚上阶，袍带与鞋带齐断，非常狼狈。别人说他窝囊，他不承认。他说，读书人不能施展所学才叫窝囊，我不过是穷而已。当然，今天的人未必同意他的讲法，还有什么比男人穷更大的窝囊呢！

庄子也出仕，做过管漆园的小吏。日子过得比孔孟差多了。不过，住在乡下，不入堂庙，这是他本人的选择。就如同他不愿对帝王讲话，不愿自己的学问为人主所用，所以"王公大人不能器之"。

二、庄子世界中的主题

（一）生与死

与西方哲人认为死亡不是生命中的事件不同，在中国人眼里，悠悠万事，生死为大，它既是一切哲学的起源，也是一切思想的归宿。孔子说"未知生焉知死"，认为彼岸世界归于天命，知命才是君子，故但重祭祀，回避讨论。道家不同，老子就不惮讲死，且以为人可适度掌控生死，如知守柔，即为"生之徒"。庄子对此看得也很透彻，甚至"不知悦生，不知恶死"。对他来说，生是劬劳，死是安息，所以能枕着骷髅睡觉，鼓盆而歌送妻，更反对"勤公"、"有为"，以为这是找死。这种反对功利、爱重生命，对现代人颇具教育意义，如何在事业进取与身心调养之间找到合适的度，太重要了。

(二)动与静

生死是根本,落实到日常生活就是动静。道家认为静是万物之本,能益智、制动、致远、养生。老子说"不欲以静"。庄子在《庚桑楚》有更丰富发明。他说:当一个人想到富贵名利等等,就会乱了志向;有了喜怒哀乐恶欲,就会累及德性;想到去就取予等事,就会堵塞大道。如此胸中正气就没有了,没了正就没了静,静没有了,明也就没有了。而人是"静则明,明则虚,虚则无为而无不为"。所以,他又多讲"心斋"。他讲"心如死灰",也是这个意思。在人多浮躁妄动的当下,这样的教导也很重要。

(三)巧与拙

中国人从来崇尚敦朴,反对弄巧。孔子反对巧言令色,《韩非子》与《吕氏春秋》也都反对巧言。道家不一概地反对巧。老子反对巧心、巧舌、巧伎,但喜欢大巧。庄子也是。《天地》写到有一个不用辘轳、凿隧取水的灌园叟,子贡不明白他为何如此,他答道"有机械必有机事,有机事必有机心",有机心在胸中,人就不单纯了,想法就会很多,坏念头也就跟着出来了,这样道就不在你身上了。这老翁最后说:"吾非不知,羞而不为也。"在《齐物论》中,庄子还把知识——人们认为巧的东西,分出大和小来讨论。大知看似拙,其实心宽气缓,能与人方便也与己方便;小知看似巧,其实是气窄量浅,对别人往往怀有成见。如此讨论知巧,很见智慧。

(四)虚与实

与老子一样,庄子重虚过实。认为虚可以容人之长,容物之生,有利于人排除前见,发展无穷。所以他好讲"虚静",反对一切以占有为特征的贪欲,认为"虚静恬淡寂漠无为者,天地之平而道德之至"。《齐物论》还承老子"上德若谷"一说,认为往山谷中注多少东西都不会满溢,取多少东西都不会涸竭,人应该向山谷学习。当然,虚不是空,它应该是一种永远可以接受新东西的状态。古代先哲经常拿来说事的欹器,就隐含庄子讲的这个道理。

(五)美与丑

儒家好讲美善结合,道家认为美就是美,所以老子说"甘其食,美其服",还说"美言可以市",但更重大美,即素朴笃实之美。庄子也是,尝说"朴素而天下莫能与之争美","既彫既琢,复归于朴"。他更通过王骀、哀骀它等貌丑之人来讲这个道理,这些人其实都是德性高上的一流人物。通过他们庄子告诉人,外貌的不完整实在不重要。此《德充符》所谓"德有所长,而形有所忘"。他感叹人大多不忘所应忘记的形,而忘了不应忘记的德,称这才是真正的"忘"。对照之下,今天人们的忘性实在很大。

三、庄子思想的魅力

(一)一切存在最彻底的反思者与批判者

庄子超越一切知识体系和意识形态的限制,用超拔的态度反思人生,用怀疑的眼光冷峻地看待世界。在很大程度上,他是怀疑论者和相对论者,认为理性是有局限性的,道德和价值是相对的。在一个不完善的社会里,批判者是最了不起的,最需要勇气的;在一个欠完善的社会里,怀疑论者是最冷静的,也是最见智慧的。

庄子的这种反思与批判既体现在他反智的诉求上,即不为人类表面的进步所迷惑,反思和批判一切文明的负面,怀疑它所包含的制度、习俗、观念给人性带来的戕害和异化,所以提倡"弃知",肯定"目无所见",

"耳无所闻"。又体现在他反道德的指向上,即质疑一切道德礼仪的虚伪与无效。在《马蹄》中,他说过"道德不废,安取仁义;性情不离,安用礼乐"等一系列话,让人想到爱默生讲的"社会的道德乃圣者之恶"。让人进而体会到,再好的东西,也没有理由勉强别人照做,即使是道德,也只是一种修养而不是权力,只适合约束自己,不适合约束别人。如果道德可以成为一种运动,也应该是一项自我运动。

此外,还体现在他反有为的表述中。老子的书通篇讲无为,因为圣人有为所造成的后果,他实在看多了。庄子也是。但在中国历史上,还从来没有一个人像他这样,说"圣人出而大盗起","圣人已死,则大盗不起";"圣人不死,大盗不止","绝圣弃智,大盗乃止",把圣人和大盗联系得这么紧密。有为为什么不好?只要看看从古代的经世济民到后人的战天斗地,它给人类造成多大的灾难就知道了!有人假以邀功,并直接鼓励了盲动。这样的灾难直到今天,都不能说已经完结。所以,想想庄子的教诲,有时以道家思想做支撑,从小处着眼,长处着想,想到千秋万代,无为而治,其实是最好的政绩。

(二)现实人生的最热忱的究问者和践行者

庄子对人生尤其是人性的思考广阔而深入。这首先体现在他对自由的确认上,因为自由是人与生俱来的权利,它虽然也需要限制,不过这种限制必先证明自己是有利于自由的,而自由本身则无须证明。庄子崇尚这样的自由,不愿做供奉在宗庙中的牺牲,而宁愿自在地生活在泥塘,他甚至还为那些被伯乐挑中的千里马惋惜,以他的意思,与人的相遇,是马的不幸,所谓千里马,不就是被人骑吗?他还称"丧己于物失性欲俗"者为"倒置之民",这样彻底地崇尚自由,和儒家的"从心所欲而不逾矩"大不同。儒家要人削弱自己的个性来适应社会,庄子的心里,是要求社会来适应个人,充分尊重每个人的权利,所以在儒家的科条与佛

教的桎梏中，给了中国人一方自由呼吸的空间。

同时又体现在他对功利的破解上。强调功利易陷于实用主义，庄子崇尚自然，他认为自然无所谓功利，所以人也应该去功利。在他看来，做善事得"名"和做恶事得"刑"，因难脱与功利相联系，所以都对生命构成损害，两者没有区别。为了进一步说明问题，他还举出许多绝对的例子，如支离丑残之人得享天年，而壮丁反死于兵役之类，用来说明"知无用而始可与言用"的道理。这种反功利的态度对我们今天依旧有很大的启示。做事与用人都不可尽出功利，只想求名，或只求用得顺手。知道无用之用，对自己是一种保护；知道无用才是大用，对别人就易有一份尊重。

此外，还体现在他对世道的拯救上。庄子讲话很超迈，但并非只关心个人自由，他是有救世的诚心的。他既注意调适人与自然、社会和他人的关系，又注意调适人与自身的关系，教人怎样在严重的危机中保护自己，既不为外物所伤，又不为自己内心的欲望所伤，身心平和，神足气完。宏大一点说，这就是济人救世之心。他曾对蜗角上蛮氏、触氏两国的战争有生动的描述，联想到老子时一百多国，至他时所剩无多，他的用意不难想见。故宋人吴文英说他是一个眼极冷而心肠极热之人。这也是他会如此感慨万端的原因。虽知道无用，终不能够忘情；虽不能够忘情，又终懒得出手。也所以，曾国藩称"以老庄为体，禹墨为用，可以经世"。

（三）精神世界最积极的体认者和开拓者

闻一多曾说，读《庄子》可以享受到"多层的愉快"，"中国人的文化永远留着庄子的烙印"。道家之能与齐鲁之儒、三晋之法鼎足而三，庄子的贡献至为重大。

首先谈他的相对主义。儒家看问题，是非分明。庄子颠覆这样的是非观，甚至认为没有是非，所谓厉与西施，道通为一。"自其同者视之，万物皆一也。"这种"齐是非"其实是反对一家一信的迂腐是非；这种无差别，也意在反对礼仪贵贱的等级差别，不能理解为他不问是非。说到底，他是要人承认物和物之间的区别，人不要随意用自己的判断去触动这种区别，因为这会干扰物本身。由于用这样的观点看问题，他的视野就显得高远超迈，冷静而客观。今天，利益矛盾已成为社会矛盾的主要形式，因利益关系的复杂化使得是非对错不再判然分明，此时，如何运用超迈的眼光合理处理，庄子的智慧就很可借鉴。

再谈虚无的认知。庄子反对权威，怀疑一切经典。《天道》篇说，人之所以贵重书本是因其记载语言，语言表达意念，但意念后面的东西是难以表达的。世人的可悲，就在于"以形色名声为足以得彼之情"。所以，他认为我们所读的书，其实都是古人的糟粕。确实，要一维的语言传达多维立体的思想太难，所以他讲"得意忘言"。正确理解他的意思，我们就应该懂得，不要尽信书本与教条，"尽信书不如无书"，书本知识应该与生活经验、个人的体验相质证。这样才能张大自我主体，走出迷信盲从的误区，探求一条拨正旧识寻找新知的道路。

此外，这种对精神世界的体认与开拓，还见诸他充满辩证意味的认识视角上。大家知道，道家讲"反者道之动"，辩证思想十分丰富。这里仅及其中一义。在《人间世》中，庄子说"意有所至，而爱有所亡"，你太关注喜爱的东西，反而会失去它，这与老子讲的"甚爱必大费"一个意思。各位想想，从交友到恋爱，是不是都是这样。他还承老子"多藏必厚亡"之意，在《天下》中提出"无藏也故有余"，要人做到能多给予，这样反得丰饶。想想生活中许多人拼命聚财，甚至非法敛财，庄子的教训就很有警示意义了。有些人钱多了，还贻害子孙，因为倘他贤而多财，适足损其智；愚而多财，则不免益其过。这些都与不明白无藏即达藏的道理有关。庄子思想的现实启示无所不在，这里不过是就最切近的事理，做一说明而已。

"三重道德"与"四种境界"

◆白子超

"中国哲学,从它那个通孔所发展出来的主要课题是生命,就是我们所说的生命的学问。它是以生命为它的对象,主要的用心在于如何来调节我们的生命,来运转我们的生命、安顿我们的生命。这就不同于希腊那些自然哲学家,他们的对象是自然,是以自然界作为主要课题。"(牟宗三:《中国哲学十九讲·中国哲学之特殊性问题》)

不仅新儒家这样说,而且其他学派差不多也这样说,起码是不反对这样说。因为,传统的儒、道、释三家学问确实大体如此。这里,说的是"主要课题",并未否认其他课题,如社会的学问、政治的学问。

两千多年来,学者们的求索呕心沥血,论著汗牛充栋。而"大学之道,在明明德"(《大学》),学者们在阐述关于人生哲学问题时,又着重在"明德"。我们以两位现代学者的研究成果为例证,窥一斑而见全豹。

一

20世纪末叶,马王堆帛书与郭店竹简先后出土,震撼学术界。有关专家纷纷投入到研究之中,其中庞朴先生撰写、发表了多篇论文,产生广泛影响。我们主要关注的是收入《文化一隅》一书中的《三重道德》、

《三重道德论》。

庞朴先生认为，楚简中《六德》一篇是讲人伦道德的。"生民斯必有夫妇、父子、君臣。"无论何人，必然处于这三伦中的某一个位置，总共是"六位"。各位生民都有其相应的职责，称为"六职"："有率人者，有从人者；有使人者，有事人者；有教者、有受者。此六职也。"有了职责，又必然会有相关的规范或标准，那便是"六德"："圣智也，仁义也，忠信也。"楚简明确说，义是君德，忠是臣德，智是夫德，信是妇德，圣是父德，仁是子德。

学者们公认《六德》是思孟学派的著作，那么在讲人伦道德时为什么不用早已被先人说过的父慈子孝、兄友弟恭、夫和妻柔呢？庞朴先生认为，根据"天降大常，以理人伦""……是故君子慎六位以祀天常"（楚简：《成之闻之》），"六德"便不能也不会只是特殊性的、只适用于家庭范围内的琐德细行，而必定是更一般的，是天道的直接延伸和显现，即圣智仁义之类。

应该说，此种解释一般读者是不大好理解的。事实上，庞朴先生也认为《六德》中位、职、德的搭配"显得不那么通顺"。我们只好说思孟学派企图在理论上有所发展，但还不完整，不成熟。

楚简的另一篇重要文献是《五行》，与马王堆帛书《五行》大同小异。《五行》第一章开宗明义，曰："仁形于内，谓之德之行；不形于内，谓之行。义形于内，谓之德之行；不形于内，谓之行。礼形于内，谓之德之行；不形于内，谓之行。智形于内，谓之德之行；不形于内，谓之行。圣形于内，谓之德之行；不形于内，谓之德之行。德之行五，和谓之德；四行和，谓之善。善，人道也；德，天道也。"

所谓"形于内"和"不形于内"，乃就天道而言。天道只有被人觉悟，才能成形于人心之中；如果未被人觉悟，没能在人心中成形，只是被仿效于行为之中，那就是"不形于内"。形于内的"德"有五种：仁、义、礼、智、圣。其中,仁、义、礼、智可能虽没有形于内,却在实践中有所体现,那就只能称为"行",而不是"德之行"。"四行"总括起来称为"善",而善是"人道",还不是"天道"的"德"。据此,庞朴先生认为早期儒家已经规定了"四行"乃为人之道,也就是人的社会道德,即社会人的行为规范或准则。

"圣"不同于仁、义、礼、智,它只能形于内而成圣德,不能不形于内而有圣行。所谓"五行",是指仁、义、礼、智、圣均形于内的"德之行"。"五行"和"四行"虽只一字之差,却有着根本的不同。二者的具体德目多所一致,但内涵和境界大不一样。简单地说,"四行"对天道还没有觉悟,不形于内;"五行"则对天道已经觉悟,形于内。也就是说,二者对天道的觉悟程度有本质的差别。如果,人了悟其所在社会不过是天地间的一点和一瞬,洞悉社会所谓善行不过是天道体现于一地与一时,觉解自己虽一粟于天地,却可备万物于我心,那么,此人遂能超出其所在的社会乃至一切社会,而"与天地合其德,与日月合其明,与四时合其序,与鬼神合其吉凶""独与天地精神往来"。所以,庞朴先生说"五行"是天地道德。

总之,庞朴先生认为,人首先是一个感性的自然存在,是家庭的一分子,然后是一个理性的社会存在,是社会的一分子,更后或同时是一个悟性的精神存在,是宇宙的一分子,一体而三位,三位而一体。与此相应,便有三套职责,包括有关的义务和权利,作为各个位置的使命。从而,也就会有三重道德,即人伦道德、社会道德、天地道德,来规范人们的行为,引导人们的思想,提高人们的境界。早期儒家已经认识到,作为自然人和家庭一分子,应该有"六德";作为社会人,应该有"四行";而作为精神存在或宇宙人,还应该修习天道之"五行",以求达到"赞天地之化育""与天地参"的境界。

二

与"三重道德"论有异曲同工之妙的,是"四种境界"论。

冯友兰先生研究关于生命的学问,融会贯通传统的儒、道、释三家学说及西方一些哲学思想,于20世纪40年代初写就并出版了《新原人》一书,提出"四种境界"论,给后人以深刻启发。

冯友兰先生从人生究竟有没有意义、其意义是什么出发,论证出"人生是有觉解底生活,或有较高程度底觉解底生活。这是人之所以异于禽兽,人生之所以异于别底动物的生活者",并指出"有觉解是人生的最特出显著底性质"。觉,是自觉;解,是了解。

人之所以有觉解,是因为有"心"。"有觉解是人的心的特异之处"。心,不能简单地理解为就是大脑的活动;它还有一个要素,叫"知觉灵明"。冯友兰先生虽然对王阳明的"灵明"说有所批评,但并未否定,而是冠以"知觉"而加以运用。所谓灵明,不过是心与天地万物相通的那种特质,现代人称之为精神,似乎并不能完全表达其神异与微妙。而所谓知觉,就是人清醒地自觉这种精神。"人将其知觉灵明,充分发展,即是'尽心'""尽心即知性",不仅觉解天地万物之性,而且觉解人性。

"人对于宇宙人生底觉解的程度,可有不同。因此,宇宙人生,对于人底意义,亦有不同。人对于宇宙人生在某种程度上所有底觉解,因此,宇宙人生对于人所有底某种不同底意义,即构成人所有底某种境界。"冯友兰先生认为,"境界"不仅指人的主观觉解程度,而尤其是指宇宙人生对于人的意义。这里,把主观精神与客观世界有机地统一起来,因而,"境界"才是可以被他者认知和评价的。

各人有各人的境界,严格地说,没有两个人的境界是完全相同的。不过,人们可以忽略其小异,而取其大同。"就大同方面看,人所可能有底境界,可以分为四种:自然境界,功利境界,道德境界,天地境界。"

自然境界的人，其行为是"顺才"或"顺习"的。"顺才"即"率性"。这里，把生物学上的性称为才。习，指个人习惯，亦指社会习俗。"凿井而饮，耕田而食，不识不知，顺帝之则。""日出而作，日入而息，不知天工，安知帝力？"远古之人的心理状态，或说境界，似乎是一个混沌。他们对"帝之则""天工""帝力"不了解，也不觉有此法则。当然，他们并非对任何事情都没有觉解，例如他们了解凿井耕田是怎么一回事，也自觉是在凿井耕田。只不过他们对宇宙人生觉解的范围很小，程度很低。应该说，自然境界是人的觉解程度最低的境界。冯友兰先生认为，自然境界的人，不限于只能做价值低的事的人；在学问艺术方面能创作的人，在道德事功方面能有成的人，如果只是"行乎其所不得不行，止乎其所不得不止""莫知其然而然"，那么其境界也是自然境界。

功利境界的人，其行为的主要特征是"为利"的，是为自己的私利的。自然境界的人也有为私利的行为，但他们不自觉，也不了解为什么会有这种利己的行为。功利境界的人则不同，他们对"己"与"利"有清楚的觉解，自觉地或追求增加自己的财产，或追求发展自己的事业，或追求增进自己的名声。冯友兰先生认为，功利境界的人事实上也可能对他人有利，甚至有大利，例如秦皇、汉武的有些事业可以说是功在天下，利在万世，但他们的出发点和设定的目的，是为自己的利，所以秦皇、汉武这样的盖世英雄，其境界还是功利境界。

道德境界的人，其行为是"行义"的，或者说是为公的。义与利相反相成，求社会的利，求大多数人的利，就是行义。此境界之人，对人性已有较为完全的觉解，明了人性蕴含有社会，个人是整体的一部分，人必于社会的"全"中始能有自己的发展。个人的发展必须在社会的制度及其间的道德的、政治的、经济的、文化的规律之中，并且本质上是为了促进社会的发展，是社会发展的组成部分。

功利境界的人与道德境界的人两相比较，前者以"占有"为目的，后者以"贡献"为目的；前者是"取"，后者是"与"；前者即使"与"，最终仍在"取"，后者即使"取"，最终仍在"与"。

冯友兰先生认为，普通行道德的事的人，其境界不一定是道德境界。自然境界的人出于天性或习惯，并未自觉，也可以行道德的事。功利境界的人为获个人名利，也可能行道德的事。这两类人所行道德之事，只是"合乎道德的行为"，而不是"道德的行为"。此论点可与上述《五行》的讲"行"和"德之行"相对照。今人或可从中获取重要启发。

天地境界的人，其行为是"事天"的。此境界的人有最高层次的觉解，不仅了解社会的"全"，而且了解宇宙的"全"。他已知天，故完全知性，自己不仅是社会的一部分，行为与社会有干系，对社会应有贡献，而且是宇宙的一部分，行为与宇宙有干系，对宇宙亦应有贡献。此境界的人，是社会中堂堂正正的一个人，亦是宇宙中堂堂正正的一个人，"与天地参""与天地比寿，与日月齐光"。天地境界还可细分为四个层次：知天、事天、乐天、同天。冯友兰先生晚年撰文补充说，这是参考孔子自述得来的，说"五十而知天命"就是知天，"六十而耳顺"就是顺天命，也就是事天，"七十而从心所欲不逾矩"就是同天。至于乐天，孔子自述时未涉及，但《论语》记载孔子"乐"的地方很多，多是指精神境界，即乐天。

人的境界不同，即对宇宙人生的觉解程度不同，其心理状态自然不同，也就是普通所谓怀抱、胸襟或胸怀存在差别。同时，其举止态度，表现于外者，亦不同。此不同的表现，即道学家所称"气象"者之迥异。

人所面对及享受的世界有大小之别。境界高的人，面对、享受的世界大；境界低的人，面对、享受的世界小。这里的大小，不仅是指现实的、物质的层面，而更是指超越的、精神的层面。例如，一个境界很高的人，并不是说他已将世界所有美景看尽，已将世界所有美食尝遍，而是说他能在精神世界里如庄子所云，"乘云气，御飞龙，而游乎四海之外"。

天文学家和理论物理学家也常说宇宙，但他们所说乃物质的宇宙。物质的宇宙虽然也是无限大，却不是哲学中宇宙的"大全"。天文学家和理论物理学家对物质宇宙的了解，非常人所能及，甚至非道德境界的人、天地境界的人所能及，但如果他们不了解、不觉悟哲学的宇宙人生，没有关于生命的"知觉灵明"，那么他们的境界可能只是功利境界。也就是说，他们只有知识层面的了解，而没有精神层面的觉悟。在哲学家看来，精神的享受，远远大于知识的享受和物质的享受。

境界有久暂。也就是说，一个人的境界，可有变化。如某人有较高程度的觉解，已经达到道德境界，但因"人欲"的牵扯，而不能常住于道德境界，会因人、因事、因时、因地退回到功利境界，甚至退回到自然境界。孔子的大弟子颜渊也不过"三月不违仁"，所以需要一种修养功夫，"以诚敬存之"，常住于道德境界，或天地境界。"用敬"并不是终日静坐，而是照常做该做的事，不过因为他有觉解，平常事对他都有"行义""为公"的意义，所以他无论做什么事，时时刻刻都专注于"行义""为公"的意义，任何事对他也只有"行义""为公"的意义，那么他即常住于道德境界中了。自然，一个人通过不断的学习、修养，提升自己的觉解程度，境界也会提高。

《菜根谭》的儒道佛融合功名观

◆邵 南

自古以来，儒、道、佛三家之间的纷争未尝有止歇之时。自唐以来，禅宗兴起，蔚然风行。之后历经宋元，其教义越来越向势力最强的儒家思想靠拢，同时也不断为儒家思想所吸收。到明代，禅宗作为佛教的一大分支已经走向式微，渐渐失去其宗教性，然而其哲学思想的影响力却反而增强。明代洪应明所著的《菜根谭》，便是儒道佛思想互相渗透的一个典型。

《菜根谭》是一部集儒道佛三家思想于一炉的小书。既然如此，其中就必然涉及人生观的冲突：儒家讲积极进取，道佛主张消极静观。仅就儒佛而言，对"功"、"名"二字的见解，几乎正好相反。那么在这个问题上，《菜根谭》的作者洪应明又是怎样调和两种观念的呢？

对于"名"，洪应明持的是认可的态度。"栖守道德者寂寞一时；依附权势者凄凉万古。故达人观物外之物，思身后之身，宁受一时之寂寞，毋取万古之凄凉。"重身后之名甚于生前之名，其中隐隐有现世苦修换来来世幸福的佛教观念的影子——孔子也谈到"名"，但身后之事，孔子是从来不讲的。这已经可以说是儒家思想和佛教相结合的很好一例了。

既说"名"，就必然要提到"功"，因为在一般的观念里，"功"是取得"名"的主要途径。但《菜根谭》的作者却认为，"功"是一条非常危险的途径。其中蕴含了道家的观点，即"功"代表"满"，月满则亏，水满则溢，所以"功"离开"过"只有一步之遥。但是，就"若业必求满，功必求盈者，不生内变，必召外忧"这句来看，不管怎么说，"功"总还是正面的，只是不可求"满"罢了。

总之，洪应明对于"功名"二事并不反对，这还是一种儒家的积极态度。但是"功名"对人的自我修养有着种种的危险——比如上面提到的，求"名"有"寂寞一时"，也有"凄凉万古"；求"功"有满盈之患；此外还涉及人情冷暖、时运穷通、性情变异等等，这一切，都是要靠佛道思想来调节的。其中的有些话，反映了道家思想，诸如："真廉无廉名，图名者正所以为贪。"又如："处世不必邀功，无过便是功。"说的是求功名则可，却不可刻意求之。

尤可玩味的是佛教思想在《菜根谭》中的调节作用。求取功名，自是美事，当然还要取之有道，这是典型的儒家思想。然而，作者又据佛教思想对此提出质疑，认为无论有道还是无道，"功名"之事都只是本性之外的俗事。如果说以道德取"功名"胜于以权力取"功名"，那么更高的境界应当是视功名如草芥，如无物，心中保持清净，不为外物所累，从而得以自见本心。

他认为，功名只是劳心之事，有之固然不错，无之则更有闲趣。"矜名不若逃名趣，练事何如省事闲？""我不希荣，何忧乎利禄之香饵；我不竞进，何畏乎仕宦之危机？"虽然说，"居轩冕之中，不可无山林的气味；处林泉之下，须要怀廊庙的经纶"，但两相比较，则是"羡山林之乐者，未必真得山林之趣；厌名利之淡者，未必尽忘名利之情"，足见情牵名利为易，而得趣山林为难。言下之意是，正因其难，所以尤其可贵。"名根未拔者，纵轻千乘，甘一瓢，总堕尘情。"佛家以尘世为苦海，"堕尘情"者必然有许多"烦恼"，有许多焦虑。所以又说："烈士让千乘，贪夫争一文，人品星渊也，而好名不殊好利；天子营家国，乞人号饔飧，位分霄壤也，而焦思何异焦声？"根据儒家思想，将"好名者"与"好利者"分出"人品星渊"，将劳心的统治者和濒死的乞讨者"位分霄壤"；

而在佛家看来,"好名"与"好利"同是心为外物所缚,"营家国"者与"号饔飧"者无非"烦恼"二字。想通了这一切之后,结果便是"权贵龙骧,英雄虎战,以冷眼观之,如蚁聚膻,如蝇竞血;是非蜂起,得失猬兴,以冷情当之,如冶化金,如汤消雪",由此而对一切无动于衷,独持本心,超然世外。

从《菜根谭》的结构来看,前卷以儒家思想占上风,即就功名论功名,功名可以取,只是要取之有道,守之有道。后卷则以佛教思想占上风,认为最高境界是舍弃功名,什么都不取,以保持心性的静默与自由。综合来看,务实和超越并不矛盾:前者是立足点,后者是目标。而无论是以务实为基础还是以超越为目标,其根本都在于自我修炼。换言之,自我修炼的目的,既可以是治国平天下,以赢取功名为结局,也可以是超脱于整个世界,同时抛弃功名。如果这入世和出世之间真的可以随意切换,那么单从个人的本心来看,便是确实达到了理想的自由境界了。

禅的智慧与人生境界

◆王雷泉

禅的智慧是通达生命本性

禅,指中国独创的禅宗。"宗",指直契佛心,以与依靠佛陀经教入门并传授的"教"相区别。禅宗在中国的产生,是佛教发展史上一次重大变革,也是出世的印度佛教在重视人文精神的中国土地上一次成功的文化移植。随着大批知识精英加入佛教传播行列,开始用中国的社会伦理思想和思维方式改铸印度佛教,佛教逐渐走向入世、注重伦常日用和清通简要的道路。在思想体系上,禅宗以大乘的般若空观和涅槃佛性论为理论基础,融合了中国儒家的心性论和老庄的自然主义态度。

禅的智慧,是通达生命和世界的实相。如铃木大拙所说:"禅本质上是洞察人生命本性的艺术,它指出从奴役到自由的道路。"(王雷泉等译:《禅宗与精神分析》,贵州人民出版社,1988年)这个奴役,是心灵自己设置的牢狱,即烦恼障和所知障,把完整的世界割裂成支离破碎,导致一叶障目、盲人摸象。这种心结、心狱,按阿部正雄的分析,即人的自我疏离和焦虑,是人的局限性所固有的,阻碍我们对世界的真实认识。

《坛经·般若品》指出:"菩提般若之智,世人本自有之,只缘心迷,不能自悟。"菩提,是开悟的智慧。禅宗直指人心,将出世的理想和境界,统统收摄于我们每个人内心本具的觉悟自性,通过般若智慧的修行而获得主体的自由。顿悟在禅宗里有"迅速地体悟"、"不依固定修行阶次的体悟"和"不拘时间场合任运于平常生活中顿悟"这三层涵义,而禅宗的重点是在悟后如何重新面对人生和世界。

正如南泉普愿禅师所说"须向那边会了,却来这里行履"。须向那边会了,即禅宗所说的顿悟,它解决宗教解脱的向上门问题。却来这里行履,则开拓了面向社会现实的道德实践的向下门。因此,超越的佛法必须落实在现实人生。禅宗的根本任务就是如何在现实生命中动态地把握住超越的佛心佛性和内在的本心本性的终极合一。由于禅宗的这一挑战,而深化了儒家的心性论,完成了沟通中国思想中的宗教解脱与哲学智慧的历史使命。只有把握住禅宗向上和向下两门,才能理解禅为何在现代依然焕发异彩。

明心见性提升人生境界

《坛经·行由品》开宗明义指出:"菩提自性,本来清净,但用此心,直了成佛。"明心见性,是《坛经》的核心思想。这段总纲性的话语有四个关键词,涵盖了全部《坛经》乃至整个禅宗的大意。

1. 菩提自性。菩提,指觉悟的智慧;自性,指人人心中本来具有的佛性。《坛经》标举菩提自性,从终极根源上指出生命的本质,也为主体指出达到最高价值的能力。在终极意义上,我们凡夫生命的本质与至高无上的佛是统一的,并与终极存在的法界、真如融为一体。在《坛经》中,"自性"一语为如来藏自性清净心的意义,不是为中观学所否认的自性。中观学破斥的自性是指所谓恒一不变、实有独立、可以不依赖其他事物的关系而自在自有的事物。

2. 此心。即人的日常之心。心从本质上讲,指人具足的佛性本来清净。但本自清净的真心恰恰处在士农工商的日常生活中,经常被七情六欲、是非烦恼所纠缠。故心是烦恼与菩提、迷与悟、邪与正、妄与真、染与净的动态统一体。大乘唯识学分析现实世界与理想世界的五位百法，光是讲心理状态和心理活动的就有五十一种，而在五十一个心所法中，烦恼心所即占二十六个。凡夫由于迷失真性，处于无明状态，故需通过修行，用般若智慧除去妄心见真心。故学佛不向外求，只要直指本心，藉妄修真，也就是即烦恼而成菩提、即生死而成涅槃、即世间而出世间，显发本来具足的觉性，就能成佛。

3. 用。"但用此心"，用的是般若智慧。禅宗"明心见性"的宗旨，关键在一切处所、一切时中，修般若行。"用自真如性，以智慧观照，于一切法，不取不舍，即是见性成佛道。"（《般若品》）用智慧明心，用智慧见性，用智慧藉妄修真，用智慧直达心的本源。"取"，是对现实世界的割裂和执着；"舍"，是对现实世界的逃离和放弃。执着有，或者执着无，都是"住法"，都是"染著"。用般若智慧，使心灵保持自由的通达状态，才能如实对应客观世界。具体言之，就是以无念法门为核心的禅宗修道三纲领："无念为宗，无相为体，无住为本。"（《定慧品》）

4. 直了成佛。指彻见自心之佛性，即达到终极本源的方法——顿悟法门。佛性与人的本性同一，本来清净，只因一向被妄念的浮云遮蔽，所以未能自悟。因此，直截了当地明了心是生命升堕的枢纽，由主体的心来决定选择人生的凡圣、世界的净秽。则现实生命的实践（途中）与生命最高价值的实现（家舍），当下就在"直了"中得到统一。

所谓提升人生境界，即开佛的知见、见与佛齐；心包太虚、量周法界。禅宗的主要思想是佛性本有，不假外求，解脱全凭自力。因此，"佛向性中作，莫向身外求"（《坛经·疑问品》）。有什么样的眼界，就看到什么样的世界；有什么样的心量，就拥有什么样的世界。

开佛知见须向那边会了

佛的本义是觉悟者,佛的知见,就是佛的智慧。何为佛的知见、何为众生知见,可从禅宗史上著名的风幡之争说起。惠能至广州法性寺,正值印宗法师讲《涅槃经》。"时有风吹幡动,一僧曰风动,一僧曰幡动,议论不已。惠能进曰:不是风动,不是幡动,仁者心动。一众骇然。"(《坛经·行由品》)

论风动者,认为动是风之本性,幡看似在动,其实是风自动而已。而论幡动者,则认为同样是风过,只见幡动而山石纹丝不动,可见是幡之本性能动。其实,万法本闲,唯人自闹。万事万物处于相互联系之中,不能离开缘起法而孤立地偏执其中一个方面。所谓"心动",即落入分别心中,则风为能动,幡为所动,能所与心境截然对立,则成世间知见。而惠能是以佛的知见观照实相,超出了能所对立的分别。"风幡动还是心动"之辩,要与惠能接下来对印宗说"佛性是不二之法"联系起来考察。"凡夫见二,智者了达,其性无二;无二之性,即是佛性。"可见,凡夫的世间知见,是对统一的主客观世界妄加分别;而智者的出世间知见,是超越思量分别,了达不二的实相。

如何了达不二之法?要认识完整的世界,必须使主体认识打破一切人为的分别,用统一的思维观照统一的世界。惠能在解释"摩诃般若波罗蜜"经题时,有大量独创性的发挥。"摩诃"本义是大,在此阐发为"心量广大,遍周法界",即打破心灵的枷锁,使心中本具的觉悟自性向法界完全敞开,超越一切意识中人为分别的两极对立,如方圆大小、青黄赤白、上下长短、嗔喜、是非、善恶、头尾等"边畔"。当心量定位在法界,则万法皆在自性的观照中。

法界,是意识所缘的一切境界,涵盖世间出世间一切事物的根源和真理,也是佛果成就的世界。在法界中,万事万物各有特殊性质而又处于统一的整体之中。所谓"一切即一,一即一切",在一切差别现象中显出统一的法性,每个个体所见的万事万物都可以归结为终极的空性;而法性则体现在差别的现象中,又从终极的空性展开一切现象。

般若的智慧,就是让我们定位在法界,同时法界之中事物又各有分齐,各有其质的规定性,又是个个不相混乱。这样,我们所经历的任何现象,所从事的任何事业,都不会妨碍法界之理,从而得到心灵的大自在。当修行者的眼界与心量达到与佛等量齐观的境界,以"不取不舍,亦不染著"的智慧妙用,达到"去来自由,心体无滞"。这个境界,即是"无有一法可得",而又"一真一切真"的"真性自用"。

波罗蜜,通常译为"到彼岸",惠能进一步解释为"离生灭"。此岸是生灭无常的生死世间,彼岸是不生不灭的涅槃境界。生灭从何而起?在于著境。一旦落入相对的分别之中,就如同水里波浪一样,陷入生生灭灭的世间。因此,离生灭,就是消除此岸与彼岸的分别,"如水常流通",把世间永流不息的波浪都汇归到大海,就是永恒,就是彼岸。

七岁就出家的法达,自恃诵《法华经》三千部,对惠能心存傲慢。惠能以法达的名字对他开导,说他只停留在文字层面的念诵,何曾领悟经文的精神实质。"法达,法即甚达,汝心不达;经本无疑,汝心自疑。"(《六祖坛经·机缘品》)佛法,有证法和教法。一切佛经,无论深说、浅说,方便说、究竟说,都是帮助人进入唯悟乃至的实相。佛经所指涉的真理是圆满统一的,故说"法即甚达"、"经本无疑"。但人有愚智之分,故对佛经的理解有正疑深浅之别。惠能在对法达的层层开导中,通过对《法华经》宗旨的阐发,提出禅宗几个非常重要的理论观点:

首先,扣住佛之知见,把《法华经》的宗旨与禅宗的宗旨融会贯通,即为众生开示悟入佛之知见。

其次,区分佛之知见与众生知见。众生知见:世人心邪,愚迷造罪,口善心恶,贪嗔、嫉妒、谄佞、我慢,侵人害物,此即是世间。佛之知见：若能正心，常生智慧，观照自心，止恶行善，此即是出世间。

再次，提出"心迷法华转，心悟转法华"的重要思想。凡夫处于迷时，借助善知识开导，以《法华经》帮助超凡入圣；悟道后则自度度人。一切经教皆是佛为人而置，若把经教及仪式对象化，则反成解脱的障碍。由此以《法华经》为喻，引申为"转物而不为物转"，道在流通，应无所住而生其心。

由此可见，禅的智慧就是开佛知见。"世尊在灵山会上，拈花示众。是时，众皆默然。惟迦叶尊者破颜微笑。世尊云：'吾有正法眼藏，涅槃妙心，实相无相，微妙法门，不立文字，教外别传，咐嘱摩诃迦叶。'"（《五灯会元》卷一）正法眼藏，即《法华经》所谓之"佛知见"，也指依彻见真理之智慧眼（正法眼），透见万德秘藏之法（藏），亦即佛内心之悟境。

拈花微笑的公案，表示禅宗不滞教门之文字语言，直接洞见心地了悟之意。由此概括代表禅宗成熟期的思想特点："不立文字，教外别传，直指人心，见性成佛。"禅的智慧在通达，也体现在宗门和教下兼通。

说通及心通，如日处虚空。唯传见性法，出世破邪宗。

法即无顿渐，迷悟有迟疾。只此见性门，愚人不可悉。

说即虽万般，合理还归一。烦恼暗宅中，常须生慧日。(《坛经·般若品》)

"心通"也称"宗通"，指佛教修行悟道的根源性、神圣性的本原；"说通"也称"教通"，指借助语言文字和经典，把佛所悟到的法在人间传播。无论是宗门还是教下，关键在于"通"，通就是通达、通透、流通。即运用般若智慧，彻底打通在凡夫与佛、世间与出世间、烦恼与菩提、教与宗、渐与顿之间的壁垒，如慧日般照亮众生的迷暗。

不离世间却来这边行履

惠能用透彻的哲学智慧，指明理想的佛国世界，就在我们脚下的世界，要通过不懈的菩萨行实践，转变我们当下这个世界。《坛经·般若品》开演"欲求见佛，但识众生"的原理，指出三藏十二部一切大小乘佛经，都是为众生而建立。佛道必须在世间众生中流通，对此无相颂有一段非常著名的论述：

欲拟化他人，自须有方便。勿令彼有疑，即是自性现。

佛法在世间，不离世间觉。离世觅菩提，恰如求兔角。

既然佛性与本性同一，净土秽土亦在一心之转，西方净土在娑婆世界中成就，故"淤泥定生红莲"。既然成佛的依据和理想境界皆在现实的人世，故"运水搬柴，无非妙道"。生活世界的日常生活，就是修行的道场，其自我修行的方法就是无念法门。什么是无念？"心不染著，是为无念。"心不为任何形象、外境和名相所执着，这是精神的完全解放，如此才能使我们的生命与法界、众生会通。

大乘菩萨的精神，还在于深入世间度化一切众生。在《坛经·付嘱品》中，惠能付嘱门人以三十六对法教人："此三十六对法，若解用即道贯一切经法，出入即离两边，自性动用，共人言语，外于相离相，内于空离空。若全著相，即长邪见；若全执空，即长无明。"

所谓"出没即离两边"，即在说法问答时，根据对象和环境，以圆融灵动的中道智慧，采取最适当的切入点，最忌执着于语言的陷阱而成理障。所以对待空与有、善与恶等相对性的概念，既不是执取任何一边，也不是折其两端而取其中值。要既能跳进去，又能跳出来；出出入入运用自如，如此才能对病施药。中道不是执其两端取其折中，它是超越了两边、两个极端的分别，同时又内在地包含了两边。如果用图像比喻的话，犹如三角形，构成圆融法界内在的纲架。

既然不能执着于名相的任何一边,那么应该如何说法?惠能说,在应用上应掌握:"问有将无对,问无将有对;问凡以圣对,问圣以凡对。二道相因,生中道义。"只要对方一落名相,执其一端,即须对症下药,正言反说,以解其"边见"之病。所以佛经中常用盲人摸象来比喻人们认识中的偏执与局限,执其名相而陷入僵死的状态。

六祖付嘱的方法,后世禅门发展到"机锋"、"公案"乃至"棒喝"的方法,即为防止人们走入边见的活泼泼的作略。

从《坛经》看禅宗的智慧

◆王德峰

读慧能的《六祖坛经》(简称《坛经》),是一件让人心生喜悦(或可称为"法喜"?)的事情。笔者在此略谈《坛经》,不敢有"讲经说法"的想头,因为自知离禅宗所说的悟还很远,只是有一个跟读者诸君交流心得的愿望。有这个愿望,是因为笔者始终相信,《坛经》是每一个中国人必读的书,是我们中国人最好的人生教科书之一。

佛教宗派虽多,宗旨只是一个:教人成佛。成佛,听上去太高远,简直高不可攀,太不切实际。但禅宗告诉我们,我们原本都是佛,无须"成"也。是我们自己把自己跟佛分开了,所以才有要"成佛"这样的事。这真是一个惊人的说法。

《景德传灯录》里有一则公案,说唐代有一僧,名慧海,去参谒马祖道一。马祖问:"到此何干?"慧海说:"来求佛法。"马祖说:"我这里一物也无,求什么佛法?放着自家宝藏不顾,抛家散走作么?"慧海问:"哪个是慧海自家宝藏?"马祖答:"即今问我者,是汝宝藏。一切具足,更无欠少,使用自在,何假向外求觅?"慧海闻言,顿时开悟。马祖之答很妙。试想,既来求佛法(不是求钱财,也不是求官位),来求者本身,岂不正是那一个佛心?

禅宗讲我们都是佛,这在当时开了中国思想的新生面。这是中国思想史上的一个大事情。既云"众生是佛",意即众生在根本上平等。禅宗第六祖慧能是开此新生面的关键人物。毛泽东当年曾评说慧能:"唐代出了一个唯心主义哲学家六祖慧能，他被视为禅宗的真正创始人。他的《六祖坛经》是非常深刻的，是一部人民群众的佛经。"此评很到位，说出了慧能在中国思想史上的地位。本不识字的慧能，把学佛参禅的精神活动从少数文人圈子里解放出来，使其成为广大百姓在日常生活中都可以进行的修养。禅宗的许多话头，以后便逐渐进入中国百姓的日常语言，例如，"本来面目"，"心心相印"，"口吐莲花"，"世法平等"，"放下屠刀，立地成佛"，"百尺竿头，更进一步"，等等。

一、平等

禅宗修行和其他宗派的修行，法门不同，但同样有三个大节目：戒、定、慧。因此，也是要从"戒"开始的。但自慧能起，禅宗的戒，有了特定的涵义，即"平等"二字。

《坛经》第三品（《疑问品》）中录有一首慧能教在家人如何修行的"无相颂"，开首一句云："心平何劳持戒，行直何用修禅。"这就是说，在家修行，并非一定要具戒如比丘，若从"心之平等"开始，即是戒了。这里立刻就显示出禅宗与别的宗派的不同。

在禅宗而言，守戒不是以欲望为敌人的那种自我强制性功夫，不是一种外在的努力，而是内心的功夫。戒律本用于止恶防非。恶、非之源，原不在欲望，而在心。要从源头上止恶防非。这源头上的功夫，就是平等地对待一切人、对待一切物。

当初梁武帝问禅宗初祖达摩：自己造了那么多庙，供养了那么多和尚，功德大不大？达摩的回答是直截了当的："实无功德。"这回答让梁武帝很不解，也很不高兴，达摩原想度化梁武帝，终未能化成。那么，如何才算功德？慧能的回答简单明了："见性是功，平等是德。"他的解释是："若修功德之人，心即不轻，常行普敬。心常轻人，吾我不断，即自无功。自性虚妄不实，即自无德。为吾我自大，常轻一切故。"此话明白，但实践起来甚难，比戒荤、戒酒之类，不知难多少！我们可以细察自身，看看自己对于周遭相遇的形形色色之人，能否始终不生轻视之念？

这为什么难？以"人我别"故。我们都无限看重自己这个"我"，不断地拿"我"与他人做比较，若发现他人比自己低，则心生傲慢；若发现他人比自己高，则心生嫉妒。至于这嫉妒，其实还是源于对他人本有着轻视。起人我分别之心，是吾等凡夫之常态，无可惊怪。但若此分别心达到一定程度，一定会产生出罪恶来，例如希特勒之轻视犹太人，终于做成滔天之大恶业，所以，慧能在《坛经》第一品（《行由品》）中有这样一句话："若轻人，即有无量无边罪。"

众生之间，确有千差万别，很多方面都平等不起来。智力有高低，性格有不同，出身有贵贱，男人与女人之间，则是性的区别，等等，如何平等？比方说，女人能做的事，如生育，男人能做吗？故而禅宗讲的平等，是超出经验层面的事情，是专讲"人之所以是人"的共通之根的。此根，即佛性。众生之间差别很大，但佛性本无差别。所以，没有一个人会是没有希望的。有的人犯了错，甚或犯了罪，他的佛性却还是在的，只因妄念之迷，造成了错、罪（慧能云"*前念迷即凡夫，后念悟即佛*"），故仍不可以轻视他。尽管为了社会生活的健康和秩序，必得要惩罚这样的人，限制这样的人，即便在此种情况下，却依然不可轻视他。能否人人都做到这一点？难之又难！而这正是佛之为佛的慈悲之所在，是大慈悲。

关于这一点，再发挥几句：人在生活中没有不犯错的，故而，犯错并不可怕，可怕的是，或者，最要命的是，仅仅责人之错，而饰己之过。矛盾、烦恼皆由此出，如此展开，即因错生错，烦恼不断，终成罪业。业力之流转，即前因后果，因果报应，接续无间，终成不可抵抗之命运。挣脱此命运，便是佛家所讲的"度"。如何度？依禅宗，只有靠我们本有的佛性。这叫"自性自度"。

二、烦恼

虽说自性自度,却也需有"大善知识"(根器很好的先悟之人)的示导,或经过佛经经文的启发。常人的情况总如此。常人通常不会想到要"度",必待烦恼积累到太多,乃至承受不了之时,才会想到。禅宗据此认为烦恼不是一件坏事。

《坛经》中有一句很出名的话:"烦恼即菩提。"妙哉斯言。试想,假如这世上本无烦恼,要智慧干什么?智慧又会在何处呢?智慧一定扎根在烦恼中。所以,佛家的态度是坦然承认烦恼,而不是拒绝它。烦恼其实正是生长智慧的资具。这就是超出烦恼与智慧之间的二元对立。此种超出,属"不二之法"。

《坛经》第一品提到当初在五祖弘忍大师处,有神秀和慧能各自所做的偈句。神秀的偈句:"身是菩提树,心如明镜台。时时勤拂拭,勿使惹尘埃。"慧能的偈句:"菩提本无树,明镜亦非台。本来无一物,何处惹尘埃?"两个偈句,境界之高下,一目了然。但还是要问,神秀偈句的毛病究竟出在哪里?弘忍对神秀说:"汝做此偈,未见本性,只在门外,未入门内。"为什么?

神秀的偈句表达了他对佛家修行的理解:要始终把我们的明镜之心与外部尘埃隔开。尘埃即尘世。在这种理解里,尘世是个消极的东西,修行就在于远离它,保持自己的心的纯洁。但是,有与尘世对峙的那个心吗?慧能说没有。在慧能看来,神秀的偈句着了相,既着了心相(明镜),也着了净相(隔绝尘埃),所以要针锋相对地说"本来无一物"。

尘世即众生。若修行就是不断擦除心上的灰尘,这就等于是说,要始终远离众生。然而,"我"就是众生之一员,众生的烦恼,也是"我"

的烦恼，众生的罪过，也是"我"的罪过，如何分得开？即使"我"暂且没有罪过，也即尚未得病，但他人之病，"我"是完全可能有的。这就是佛教的彻底处。佛教修行的入手处，是忏悔和发愿（"众生无边誓愿度"），是接纳、包容众生之烦恼，而不是把众生的烦恼拒之门外。菩提心，同时就是悲悯心。佛的智慧与大悲悯是统一的，所以慧能有这样的颂语："佛法在世间，不离世间觉。离世觅菩提，恰如求兔角。"由此已可看到神秀偈句的问题。

更进一层讲，神秀偈句所云"明镜"与"尘埃"，其实不是两个彼此对立着的不同的东西，而是同出一源，即，出于天下人本有的"真如之心"（或称"自本心"、"自本性"、"自性"、"实性"），是真如之心的两种状态。就像明与暗的关系，"暗"并不是一个不同于"明"的另外的东西，而就是"无明"。明来，无明退；无明来，明退。究竟是明退，还是无明退，全取决于我们的真如之心如何起用。如此说来，明镜是心，尘埃也是心。这世间万事万物，无论其好坏、善恶、智愚，都是我们的心，就看我们怎么"用心"。这使我们想到了《坛经》所记下的那场僧人之间关于"风动还是幡动"的争论，当时慧能起身朗言："不是风动，不是幡动，仁者心动。"此言一出，"一众骇然"。众人真是非骇不可，因为这打破了惯常的逻辑思维。更可骇异者，如此说来，我们的心不同时就是宇宙万象嘛！这是一种何等的自信！19世纪的尼采说"我就是太阳"，足使欧洲之众骇然。其实，中国的禅宗祖师早具此精神。

三、去妄

在安心立命这件事情上没有自信，是多数人的通病，如义玄禅师所云："如今学者不得，病在甚处？病在不自信处。你若能歇得念念驰求心，便与祖佛无别。"（《古尊宿语录》卷四）既然人人本具真如之心，真理何须外求？但也不是内求。是不必求，因为它是你本有的东西。向外求，是"骑驴觅驴"。向内求，是"骑驴不肯下"。这都是病。

说这些都是病，正与西方哲学大相径庭。西方哲学正是求的学问，要求真，求实体。从苏格拉底、柏拉图开始形成的传统，就是"求真理"的传统。苏格拉底说"美德就是知识"。柏拉图认为至真至善者为理念，须由我们的灵魂去求，去回忆，因为理念高于灵魂，理念在彼岸。此岸彼岸一分，便有一个求的事情来了，然后就要寻找求的方法，于是就有种种认识论、方法论出来。这样的求，于文明发展上确有益处，即发展出一整套逻辑理论和科学体系。但这一切成果终与人心的提升无关，不是修行的活动，不足以形成民众的精神家园。欧洲人建筑精神家园的事，都交给了基督教。近代以来，又从基督教那里收回，仍交给理性，结果只是尼采所揭示的虚无主义，海德格尔称之为无家可归状态。

佛家之妙，首在承诺虚无，世界非由实体构成。"缘起性空"四字即是此意。实体本空，万法（**万事万物**）均为"缘起"。故而，若是误将缘起当作实体，必生执着之心，妄念由此而生。妄念一生，真如之心就被遮蔽，种种烦恼、罪过随之而来。《坛经·坐禅品》有言："人性本净，由妄念故，盖覆真如。但无妄想，性自清净。"这段话讲的正是禅宗修行的大原则，在禅宗修行上有体会的人，称此原则为：无须求真，但须去妄。

妄念均由法执（**执着于外物**）、我执（**执着于自我**）而生。所以去妄才是修行的根本。求真之心一起，不但不能去妄，反倒又生新妄，例如，执着于佛法、经文，便是新妄。这里可以看一个公案：

某僧问希迁禅师："如何是解脱？"希迁曰："谁缚汝？"又问："如何是净土？"希迁曰："谁垢汝？"问："如何是涅槃？"希迁曰："谁将生死与汝？"（《景德传灯录》卷十四）

面对某僧这三问，希迁均以反问应之，其实就是给了他三个话头，让他去参。学佛，不就是想要求解脱，求净土，求涅槃吗？这似乎理所当然。然而，解脱、净土、涅槃并非在某个地方等着我们去求的东西，它们全是对迷而设，因人说有。说解脱，是因为我们自缚；说净土，是因为我们自垢；说涅槃，是因为我们自己分别了生与死。自缚、自垢、自分生死，这都是我们自己的妄。所以，解脱、净土、涅槃三说，都是去妄的功夫，而不是求真的努力。

若以学佛为求真的活动，就会使之转为认知行为。这就不再是"学佛"了，而是成了"佛学"。佛学固应研究，于哲学思想上有益，但是终究与修行无涉。理论是口说，修行是心行。心行，即生命情感之实践。所以慧能这样说："世人终日口念般若，不识自性般若。犹如说食不饱，口但说空，万劫不得见性，终无有益。口莫终日说空，心中不修此行。恰似凡人，自称国王，终不可得，非吾弟子。"（《坛经·般若品》）参禅、顿悟，是生命实践，不是理论活动，是心灵的提升，不是头脑的训练。心灵的提升才是真实的受用。

但凡真实的受用，都无法付诸言说，这叫"如人饮水，冷暖自知"。禅宗之破文字执，并非以为佛经经文有过。文字有何过错？但若执了文字，却是过，因为那是依靠文字，向外求真，仍属外修。内修是修心，修心的证据在于能以自己的生活实践去印证佛理。因此，笔者以为，在"无须求真，但须去妄"这八字后面，还可补上八个字："一旦去妄，真在行中"。

总上而言，禅宗的修行，是修智慧，修智慧不是增知识，而是直指人心，即心即佛。禅宗因此称为"般若法门"。在此法门中修行，顿悟之时，悟者每每流泪，悲泣，因为这是灵魂的更新，情感的升华，心的自由。

禅宗是佛学中国化的最高成果，它对宋、明新儒家影响极大，是宋明儒学开儒家新道统的重要的思想资源。无怪乎近现代新儒家的重要代表牟宗三会如此盛赞禅宗："修行由禅宗的方式来修行是了不起的。无论大小乘都讲修行，无修行如何能成佛呢？但以禅宗的方式来修行是奇特而又奇特，真是开人间的耳目，此只有中国人才能发展出来，这不只是中国人的智慧而且是人类最高的智慧。"此论当否？笔者在此不加评论，读者诸君自可思之。不过，有一点是没有问题的，禅宗的智慧早已成了中国民众智慧的一个基本方面。

古代的海上"丝绸之路"

◆张 兵

我国地处太平洋西岸,有着漫长的海岸线。古人和外部世界的联系,除了依靠陆路的交通以外,海路也是不可或缺的重要资源。随着国家的统一,国力的强盛,到了秦汉时期,统治者和外部世界联系的要求越来越迫切了。当时的"西域"、"东夷"和南海上的民族也需要和汉地来往。陆地上的来往可以通过河西走廊打开大门,而海上的交通则一时难以成行。颇具雄才大略的秦始皇曾做过打开海路交通的尝试:他派遣心腹部下徐福率领童男童女数千人入海去求长生不老之药。

前人不屈不挠的努力终于取得了成功。据《魏志》卷13说,大约在秦代,大批从中原和关中来的移民,终于乘船漂洋过海,踏上了朝鲜半岛的土地;而在汉代,通过海上交通,中国和日本的交往也逐渐有了发展。《后汉书·东夷传》说:"倭在韩东南大海中,依山岛为居,凡百余国。自武帝灭朝鲜,使驿通于汉者,三十许国……建武中元二年,倭奴国奉贡朝贺,使人自称大夫,倭国之极南界也,光武赐以印绶。安帝永初元年,倭国王师生等献口百六十人,愿请见。"这里所说,虽然只是日本人由海路"朝贡"入华,但这条海上通道开辟的意义,并非仅是他们的单向来华,在日后两国人民的来往中,它日益承载着文化传播的重要使命。文中所说的汉光武帝赐予他们的那枚"汉倭奴国王"的金印,已在1784年于日本九州筑前发现,可证东汉建武中元二年(57年)来中国的日本人,原是居住在九州地区的人。

南海的海上交通之路的开拓，似乎比东海海路要晚一些，因为现有的历史资料并没有提供更多的证据。然而，据《后汉书·地理志》告诉我们，这条海上"丝绸之路"的开拓，最迟在西汉武帝时就已经开始了："自日南障塞，徐闻合浦，船行可五月，有都元国。又船行可四月，有邑卢没国。又船行可二十余日，有谌离国。步行可十余日，有夫甘都卢国。自夫甘都卢国，船行可二月余，有黄支国，民俗略与珠厓相类。其州广大，户口多，多异物。自武帝以来，皆献见。有译长，属黄门，与应募者，俱入海，市明珠、璧、流离、奇石异物。赍黄金杂缯而往。所至国，皆禀食为偶。蛮夷贾船，转送致之，亦利交易，剽杀人。又苦逢风波溺死。不者，数年来还。大珠，至围二寸以下。平帝元始中，王莽辅政，欲耀威德，厚遣黄支王，令遣使献生犀牛。自黄支船行，可八月，到皮宗，船可行二月，到日南象林界云。黄支之南，有已程不国，汉之译使自此还矣。"这段记载中提到的一些地名，据历史地理学家们的考证，都是今天印度、缅甸、马来西亚、斯里兰卡等南亚地方。由此可知，当时这些地区和我国沿海地区的海上往来非常频繁。在这些航海者中，较早期的主要是商人，他们专为交易货物而来。后来慢慢发展到其他人也抱着各自的目的来到中土，甚至连西域的一些人，也通过这条海上"丝绸之路"来到中土。如《后汉书·西域传》说：其时，天竺国一名身毒"至桓帝延熹二年，频从日南徼外来献"。又说："至桓帝延熹九年，大秦王安敦，遣使自日南徼外，献象牙犀角玳瑁。"这些记载说明，东汉末年，来往于这条海上"丝绸之路"上的异域之人很多，甚至远在地中海岸边的古罗马人，也开始从这海上通道来华，带来了各国人民对中国人民的友谊；而我国也开始派遣友好使者到海外去，如班超，就派过大使出行，一度曾经到过地中海的东岸，带去了中国人民的深情厚谊。这条海上"丝绸之路"，真是一条友谊之路和文化之路，缩短了中国和世界的距离，打开了华夏民族的大门，也接纳着异域吹来的新鲜空气。

通过这条海上"丝绸之路",并且有案可查、有史可证、目前所知的最早的人,是晋代的高僧法显。他生于东晋咸康元年(335年),本姓龚,是今山西省临汾西南襄垣县人,出身贫寒,从小出家,三岁时就被父母送到佛寺当小沙弥。长大后,他一心求佛,剃度受戒,当了和尚。晚年的法显,目睹中土佛典甚少,翻译的错讹又多,佛法难障,决心西出长安,去天竺求经,时为六十四岁。经过艰苦的长途跋涉,法显终于达到了目的。在印度等地,他刻苦钻研,专心学佛弘法,收获极大。公元411年,法显满载着佛经典籍回国,所走的路线就是这条海上的"丝绸之路"。当年,他在师子国(今斯里兰卡)搭乘了一条回祖国的商船,顶着狂风恶浪,与恶劣的天气搏斗,不幸迷失了方向,随风飘荡了九十多天,来到了印度尼西亚的爪哇岛。在那里居留了五个多月后,又乘船向广州出发,尝尽艰难险阻后,在东晋义熙八年(412年)最终到达山东崂山,上岸后,受到民众欢迎,并在第二年的夏天赴建康(今南京)。今存《佛国记》(又名《法显传》)一书详尽地记录了法显西行取经又从海上"丝绸之路"回国的经历,读之令人动容。

法显是中国古代一位伟大的旅行家和佛经翻译家。是他第一个从内地出发,穿过河西走廊的陆上"丝绸之路",到达西域,在漫游天竺等地取回大量佛经后,又通过南海的海上"丝绸之路"回国,几乎环游了半个世界。在他之前,没有人能做到这一点。就是在他往生后,也无人能如他那样横穿陆、海"丝绸之路"。即使是唐代的玄奘,在完成西天取经的重任后,他选择的回国路线依然是陆路而非海路。也正因此,近人柴德赓在遗著《史籍举要》中对法显和《佛国记》评价很高,认为它"是研究当时中国与印度等国交通及笈多王朝时代印度历史的重要史料"。现代学者王征也说:法显"留下的《佛国记》,以亲身经历介绍了各国的宗教、风俗、地理等情况,保存了许多关于中亚细亚以及印度、斯里兰卡等国的重要史料,颇为各国学者和考古学者所重视。有英文、法文等译本。法显不愧是中西文化交流史上的巨星"(见《佛门奇僧》)。

自法显之后,来往于这条海上"丝绸之路"上的商人和佛教徒等日渐增加,对此,史籍已有许多明确的记载。这条海上"丝绸.之路"在中外贸易和文化交流中所起到的重要作用,已有很多人说过。佛教的流播中土,除了通过陆上的"丝绸之路"外,也还通过这条海上通道传入。这一点,梁启超在《中国佛教研究史》一书中已做过专门论述:"今当研究佛教初输入地之问题。向来史家,为汉明求法所束缚,总以佛教先盛于北,谓自康僧会入吴,乃为江南有佛教之始,其北方输入之取途,则西域陆路也。以汉代与月氏、罽宾交通之迹考之,吾固不敢谓此方面之灌输,绝无影响,但举要言之,则佛教之来,非由陆而由海;其最初根据地,不在京洛而在江淮。汉武帝刻意欲从蜀滇通印度,卒归失败;然非久实已由海道通印度而不自知。盖汉代黄支,即《大唐西域记》中西印度境之建志波罗国。时仪广东之徐闻合浦为海行起点,从彼土之已程不为终点,贾船转相送致。自尔以来,天竺大秦贡献,皆遵海道。凡此皆足证明两汉时中印交通皆在海上,其与南方佛教之关系,盖可思也。"也许梁氏的话说得过于偏激了一些,他的上述意见并没有引起人们的充分注意。八十余年来,学者们在探讨佛教输入中国之路线时,大多依然集中在陆上的"丝绸之路",而对海上之"丝绸之路"有所忽略。今借此小文重提旧事,意在使这一海上"丝绸之路"的研究,重新得到我们应有的重视。

旧邦新命
——中国的传统文化与现代化

◆葛剑雄

我今天讲的题目是"旧邦新命",前面两个字应该是用不到多解释了。我们中国,是个旧邦。当然,所谓旧,就是说她历史悠久。上溯到公元前21世纪,中国有四千多年的历史。尽管世界上有些国家的历史比我们长得多,如古埃及、古巴比伦。但是,我们从夏、商、周开始到现在,历史基本上是延续的。现在阿拉伯文化,从人到文化,到观念,完全都改变掉了,而且今天埃及也不能说把古埃及历史传下来。中国可以说是文明古国当中唯一从古到今一以贯之,基本延续的国家。

对华夏民族来讲,我们中国历史上也曾经遇到过许多异族入侵,比如匈奴人进来了,鲜卑人进来了,契丹人、女真人,然后蒙古人,最后是满洲人。但进来以后的结果,我们一句话总结,那就是军事上的征服者,最终都成为文化上的被征服者。蒙古进来时,它把北方的女真人建立的金朝、党项人建立的西夏、汉人建立的南宋,还有在今天云南建立的大理,以及青藏高原上的吐蕃,应该讲全部征服了。蒙古完全是军事上的征服者,但最后,蒙古在进入中原的过程中间,已经逐渐地被传统文化所改变。比如说它刚刚进入黄河流域的时候,曾发过很残酷的命令:围城三天不投降的,城破后统统杀光。当时有人向蒙古的统治者建议,"汉人无补于国,请悉空其地以为牧地"。但是等到忽必烈决定进攻宋朝的时候,他发布的诏书里面已经变了,提出"保护农桑",他看到了农业的重要。所以元朝时间尽管比较短，但蒙古的统治者已在很大程度上接受了中国的传统文化。人们讲到元朝就说破坏，可是我们今天的省哪里来的？正是从元朝开始的。元朝建行省，到明朝、清朝，到现在。它非但继承了中国传统制度，而且有所发展。

再说满族，前一阵子，阎崇年在讲满族历史，人家打他，当时记者问我的看法怎么样，我就说如果这话真是他讲的，那是不妥当的。后来我在台湾正好碰到阎崇年，他说我没讲错，网上都是瞎说。那我跟他讲，你应该辟谣。这里牵涉到什么问题呢？满人应该讲他进关之初，的确是相当残酷的。比如强制改变汉人传统的服饰，比如留辫子，这在当时，汉族普遍认为那是奇耻大辱。汉人的回答是宁可不留头，也要留发，发生了激烈的反抗。在清朝相当长的时间里面，人死了寿衣不是用满族的服饰，不是长袍马褂，而是原来的明朝服饰。挂着祖宗的像，不是穿着满族服装，服饰还是照原来的。有一个历史大家可能不知道，朝鲜是坚持原来的中国传过去的所谓汉家衣冠的，坚决不肯换衣服，激烈地反抗。所以朝鲜，你们可以看韩国，他们保留了传统服装，就是明朝传过去的，他们从来没有剃过头发。中国文化的魅力，就像孔子讲的"礼失求诸野"，这里没有了，你到周边去找，朝鲜半岛是一个典型。所以我们现在不要只看到少数的韩国人盛气凌人地自吹，他们本质上对自己文化是不自信的，真正信的是中国的传统文化。辛亥革命以后，一批汉族的遗老遗少还有句话，叫"自古得天下，未有如本朝之仁者"，就是说自古得天下没有像我们清朝这样讲仁义的。关键就是清朝的统治者在汉族激烈的反抗中间，他们终于认识到，仅仅用军事征服是不行的，还需要文化。等到三藩之乱平息，天下平定以后，采取一系列措施，实际上接受了中国的传统文化。清朝安定下来就开始修明史，修明朝的历史。在修明朝的历史中间，充分肯定明朝原来是有天命的，是正统。凡是投降清朝的，像洪承畴这些人，统统专门立个《贰臣传》。相反地，对抵抗清朝的，像史

国学论衡

可法这些人,全部列为忠臣,老百姓抵抗死了的统统记名,大规模地表彰。而且清朝所做的文化上的大规模工程,是历史上没有哪个朝代做过的。清朝把能够整理的古籍几乎全整理了。所以到了清朝末年,满族原来的特点已经不大有了,那些八旗的军官,骑马要人抬上去,拉弓拉不动要旁边人帮忙;反过来呢,他们出了很好的画家、书法家。你发现满人唱京剧,我们京剧有今天的地位,主要要感谢慈禧太后这些王公贵族,是他们大力提倡,否则今天京剧成不了国剧。要说国剧的话,首先因为他们的提倡把地位大大提高了。我们的中国文化并不因为朝代的更替,并不因为统治者民族成分的改变而随着改变,而是基本继承的。到了清朝后期,太平天国的起义者,出现了很奇怪的现象,照理应该支持他的汉族,并没有支持他。因为没人把他看成是一个民族之间的纷争。而且最后镇压太平天国的不是满族的绿营、八旗兵,也不是蒙古的骑兵,而是汉族的一批知识分子,带领农民组成的乡土武装,像曾国藩、左宗棠、李鸿章这些人。为什么太平天国会被镇压,最主要的就是文化的力量。如果洪秀全是打着民族斗争的旗号,那么至少他可以得到大多数汉族人的支持。孙中山刚开始搞革命,曾经提的口号是"驱除鞑虏,恢复中华",还打民族的牌,后来才打出民主共和,包括满族也在里面。洪秀全搞的是拜上帝会,把一个西方的宗教引过来,偏偏从一开始就摧毁中国文化。而且洪秀全刚刚从永安城里突围出来,就开始杀读书人,逼着读书人要么当兵,要么跟他做苦力,要么砍头,就是不许读书。最厉害的是把孔子的牌位扔在粪坑里面,到一个地方就把文庙都烧掉,正因为这样才激起了中国的知识分子对他的强烈愤慨。曾国藩起兵之时,写了一个《讨粤匪檄》,因为洪秀全是广西人,叫"粤匪"。一般老百姓叫"长毛"。这篇檄文里面有几句话讲到孔子、孟子在九泉之下痛哭,如果我们再不起来反抗,我们怎么对得起我们的孔子、孟子?

今天的讲座名字之所以叫新命,是因为文化本身是发展的。不仅今天我们讲的文化在发展，其实《诗经》里面讲的"周虽旧邦，其命维新"，已经表达这个意思了。传统文化发展到今天，我们今天讲的孔子的思想已经不是当初孔子原始的思想。儒家文化发展的过程中间，无论是他涉及的物质文明还是精神文明，其实是在不断变化的。凡是一个有相当长历史的民族，一个群体，一个地区，都有一个传统文化。比如美国，美国是世界上人均拥有枪支最多的，因为美国有这个传统。美国在开国的过程中间，它要夺取这些土地，面对着印第安人的反抗，所以美国的开拓过程形成一个带枪的传统，并且已经把它写进了法律。他们认为这是人权，你不能剥夺的一个权利，这是保卫自己。英国也有传统，打猎被看作贵族身份很重要的一个部分，有一定的规格，穿一定的服装，骑马什么都有很多讲究，这是显示本人高雅文化的一种传统。环保主义者不认同，但是人家就有这套传统。这种传统形成的方式，我认为是在一定的地理环境下面形成的生产生活方式。我们古代的先民，他们当时所处的生存环境比今天艰苦，对资源的利用处于初级阶段，一般的话只能用一次资源，还不能用二次资源，所以人们跳不出地理环境的影响。我们上海，现在说有六千年的文明，就是上海的福泉山发现的文化层。同时在我们附近，有浙江的良渚文化、河姆渡文化，有的可以追溯到八千年以前，这些文化，大都是早期发达，然后衰落，最后突然结束。照理呢，我们挖到了六千年前的文化，五千年、四千年，应该有完整的剖面，现在呢，六千年有了，到四千年以后就没有了。到现在为止，我们还没有办法做出很科学的解释。有的人说是发生战争，比较流行的讲法呢，是因为在这个阶段海水倒灌，人们就跑到黄河流域去了。大禹治水的故事在哪里？在黄河流域。但是几十年以前，就有水利专家提出了疑问，黄河流域是不可能有持续多年的洪水的。长江流域也一样。这个治水只有在海边。只有在海水倒灌的时候才长期留在这里。然后慢慢退走。所以呢，现在有些学者大胆地推测，大禹治水本来应该是沿海的事。随着大禹的后人迁到黄河流域，才把这个故事带过去了。中国的文化，早期的文明是满天星斗，但是到了四千年、三千年这一阶段，大多数都聚集到黄河流域去了。因为从地理环境讲，当时的黄河流域，黄河中游、下游，是最容易开发的。我们的先民就在开发的过程中成为华夏诸族，慢慢形成汉族。汉族是一个农业民族，中国有一句话叫"日出而作，日落而息"。农业最依靠节气，中国根据太阳，制定了二十四个节气。中国因为农业关系，天文学非常发达。我们有着不少世界纪录，比如说中国是最早记录太阳黑子的，又比如说我们中国人测量那个日食、月食也是很早的。这都是因为最早的史官和巫师其实是合在一起的。天文官，也是史官，他要记录天象，那么如果出现日食就表示皇帝或者国君被黑暗的势力遮住了，皇帝就是受了蒙蔽。这种天人感应，讲到出神入化的程度，到底真的假的，我们不可断言。据说汉光武帝刘秀一次碰到了没有当皇帝之前的老朋友严子陵，两个人谈得很投机，一起睡觉，谈到后来睡着了，严子陵就把腿搁到刘秀的肚子上了。据说第二天早上，天文官就报告昨天晚上星象有变，客星侵入紫薇座，紫薇座是皇帝的地方。总之，农业民族要维持这样的统治，需要采取种种措施，其中一点就是借助于自然的力量，这样慢慢就形成了儒家的传统核心。

　　我认为儒家核心是一种理性的等级制度，这种等级制度的维持不是依靠暴力，而是依靠一种人伦道德。家庭之中，敬老开始。诸如《大学》里面讲的，所谓修身、齐家、治国、平天下。因为农业生产，单独个人的生产有困难，就要集体进行生产。等到后来情况变了，生产力到一定的程度，单独的家庭对统治者更加有利。因为统治者征收赋税，是根据家庭为单位的。而且，一个孩子成年了以后，强制他分家，实际是迫使他提高生存的能力，所以小家庭就逐步逐步成为时尚。这些东西都揭示了农业社会不同阶段的发展。中国很多伦理是建立在一个孝的基础上，孝是有特殊内容的。孝不仅仅是包括对父母、对长辈的尊敬，而且基本维持着这样一个家庭内部的等级制度。一直到清朝，有一个法律，就是忤逆罪。如果子孙打父母，打祖父祖母，这就叫作大逆不道，非但要判死刑，甚至可以凌迟，也就是千刀万剐。匈奴人则不一样，匈奴靠打仗，年纪大的打不动了，就不再受到尊重。而且，一家人住在一个帐篷里面，男女不分。父亲死了，妈妈作为继母嫁给儿子。所以王昭君其实到了匈奴很悲惨，因为她要按照匈奴的习俗。开始嫁给一个单于，单于死了，她再嫁给单于的儿子，当然不是她生的儿子。如果等这个单于死了，她还活着，她还是要再嫁。在匈奴这个地方，为了保持人口的绵延，就必须充分利用女性的生育能力。但是汉族因为人口众多，这些都是不允许的。但是也有例外，南北朝的时候，由于人口大减，皇帝却把寡妇都组织起来送到前线，去嫁给将士，稳定军心。还有，唐太宗在贞观年间曾经发表一个文告，规定全国所有的寡妇都要限期再嫁。中国开始正式大规模地讲究守节是在宋朝。欧阳修《五代史》上记载有个寡妇因为别人拉了一下她的手臂就把自己的手给砍掉了。到了明朝、清朝，这种贞操观念更厉害，这些是因为中国的人口在汉朝时候只有六千万，到北宋已经突破一亿。到明朝的话，人口已经有两亿，到清朝鸦片战争的时候是四亿，这就是原因。很多文化，因为我们以前往往总是站在汉族的立场，站在华夏的立场，都认为什么东西都是最精美，这是我们一个很大的缺点。

一个文化，传统文化，任何文化，都有它优秀的地方，也会在另一方面不发达。例如，汉族人表演歌舞，形体语言上的表达肯定是不如少数民族，但是在文学文字上有优势。有一幅图，敦煌里有，在其他地方也有，是描绘佛祖涅槃了，他的门徒在周围分别在表达自己的悲哀。有的人在割耳朵，有的人在刮脸，有的人在痛哭，旁边有个脸比较白的像汉人样子的人，拿了一个东西，估计是在念悼词。

我们的传统文化有很多是永远没有办法被后人或者被我们所取代

的。这是它的价值。但另一方面，它要不断地发展，吸收其他文化的精华，汉族传统上的贞洁观念，其实就是适应人口众多的情况而产生的。汉族也有许多东西是外来的，比如凳子，孔子讲课时弟子都是席地而坐的，凳子是胡人发明的。韩国人、日本人固守着我们华夏的传统，到现在一部分人还习惯于席地而坐。再有就是以前男人下面穿的是裙子，不穿长裤的，所以到了战国时候赵武灵王的一个著名的改革叫胡服骑射，学习骑马，学习穿胡人的衣服，有利于行动和打仗。到了近代，工业化、城市化对传统文化的冲击是中国以前几千年来从来没碰到过的。工业化的生产下面，农业社会的许多观念都变化了。我们知道，实际上从明朝开始，传教士进来以后，中国传统观念就开始受到冲击。在变的过程中间，我们国家大多数知识分子开始是不承认外来文明，认为外国人的地方是蛮夷之地。有个湖南人叫郭嵩焘，当时派他去做驻英国大使，湖南觉得这样的人竟然到蛮夷的地方去，要开除他的省籍。后来去的人多了，特别是清朝派人考察回来，才逐渐改变了对外国的看法。发展到今天没有哪个人说不能学外国的文化，但是现在关键是怎么看待我们这个传统文化。根据马克思的观点，他说文化有不变的，有变的。文化的根源是人性，人性是不变的。所以儒家传统文化，基本的道德人伦我认为是不变的，但是它表达方式形式要变。这个变就是要适应现在，这个就是现代化的过程。我们中国到现在为止，还没有适应工业化或者后工业化的社会，因为时间很短，而我们社会真正进入工业化和后工业化是在改革开放以后。我认为在中国的民间，作用最大的一种观念就是"因果报应"，"善有善报，恶有恶报"。中国一直没有发展宗教，维持社会的就是依靠这种观念。但是今天，我们把这些观念叫作迷信，统统都破除了，那么我们拿什么来代替呢？

今天我们讲传统的时候，我想提出一个问题：我们这个传统要不要创新？中国未来会不会产生宗教？我们未来如果仅仅靠传统的孔孟的言论，能不能使大家形成一个比较一致的信仰？这些都是值得我们考虑的。我有这样的信念，随着我们国家改革开放的加深，这个社会的变革，必定会逐步产生与这个变革相适应的，与我们这个社会相适应的一种积极健康的生活方式。那么在这个前提下面，让我们充分地发挥传统文化的优势，来使我们这个民族内部更加和谐，对外更加亲和，在人类历史上发挥更大的作用。这就是我想讲的"旧邦新命"。

中国古代官员的作息时间

◆刘文彬

现在的西方人经常会批评中国人没有时间观念，殊不知，中国作为一个传统的农业国家，没有去注意一分一秒的精确时间的习惯，中国古代社会和政治的维持，主要是依靠一种对于勤劳美德的强调和遵守作息时间表的惯性。而且，中国古代从很早开始，就已经有了类似于今天工作和休假的时间制度。

士、农、工、商是古代四个主要的职业阶层。士在古代是官员，也就是相当于现在的公务员，我们便不妨以此为例。根据史料所记，我们现在的"五天工作制"开始于距今两千多年的西汉时期。《汉书·郑当时传》中记："孝景时，为太子舍人。每五日洗沐……常恐不遍。"《汉书·万石君传》也有记载："每五日洗沐归谒亲……不敢令万石君知之，以为常。""休沐"和"洗沐"就是休息，唐《初学记》卷二十对其做了解释："休假亦曰休沐。《汉律》：'吏五日得一下沐。'"因此我们知道西汉官吏每五天就有一天的休息，但不是星期六或者星期天，而是轮到哪天休哪天。虽然有些学者认为这种休假制度在南朝时候便可能开始改变，但目前多数学者还是认为这个制度一直到隋朝都保留着。我们可以确定的是，从唐朝开始，这个假期被大大地压缩。王聘三《古今事务考》记载："永徽三年以天下无虞，百司务简，每至旬假许不视事，以宽百僚休沐。"这里出现了"旬假"一词，一旬是十天，便是每十天休息一天。那么哪天休息呢？便是每月的十日、二十日和最后一天。如果说我们现代人度周末的话，他们度的应该就是"旬末"了。可是要想享受这种"旬末"却十分麻烦，如果是三品以上的官员，你便必须在休假前"告假"，并且在假期结束后到衙门报到，否则便会罚俸甚至罢官。这种"旬休"制度保留的时间也很长，唐朝到元朝的官员都是按照这个时间表来工作休息的。到了明清时期，连这可怜的一天也没有了，被完全废弃，一直到民国时期才有了现在的"周末"制度。

如果觉得汉代的官员是最幸福的，那就错了。事实上，汉代的官员也有很多苦衷，例如汉代的官吏是需要住在官署，也就是办公室里的，只有休息的那天才可以回家，汉代以后的曹魏时期也是这样。《太平御览》中就记录了曹魏时期的一个官员想请假回家看生病的父亲，却没有被大司农王思允许的事情。相对而言，唐朝请假方面就自由很多，而且就算从假日的时间上来看，唐朝也依然不少。因为除了这几天一休的"休沐"或"旬休"以外，还有许多的节庆假日。在古代，主要有三个主要的节庆：新年、冬至和皇帝的生辰。据统计，在唐代一年中共有五十三个节庆假日，包括新年和冬至各七天，皇帝诞辰的三天和释迦牟尼、老子诞辰各一天。唐朝不愧是我国古时的巅峰时代，连休假也是如此人性化，我甚至怀疑，现在七天的小长假是不是向唐朝学习的。相对于唐朝，宋朝的假期就少一些，元代、明代和清代就更少了。

在这里，我们似乎可以总结出一个规律，也就是从唐朝开始，中国的休假不断地削减。造成的原因是什么呢？一方面可能是因为国家机构越来越复杂，公务越来越多；另一方面就可能是中央集权越来越加强，皇帝这个老板越来越严厉。试举朱元璋为例，他连工资都给官员克扣到那一点点儿，更何况假期呢！

当然，遇到婚丧嫁娶这样的特殊情况，多数朝代的官员还是可以临时休假的，这种休假叫作"急假"。比如《晋令》中称："急假者一月五急，一年之中以六十日为限，千里内者疾病中延二十日。"就是说最多理论上一年可以有六十天左右的"急假"。有时候，如果官员实在不想工作，而恰巧又是家中独子，说句母亲生病了也可以休假。正如太平天国时期在中国的英国议员迈多士在《中国人及其叛变》中所说："政府即使明知官员是在逃避公务上的困难，也不敢拒绝身为独子的官员，以照顾母亲为由告假；但是另一方面，官员却从来不敢因为照顾病痛中的妻子而告假。"

需要指出的是，在古代有一些官员非常热爱工作，不喜欢休假。在这个时候，领导就会用伦理道德来教育这些人，让他们不得不休假。

《汉书·薛宣传》中就记载了这么一个故事：

及日至休吏，贼曹掾张扶独不肯休，坐曹治事。宣出教曰："盖礼贵和，人道尚通。日至，吏以令休，所繇来久。曹虽有公职事，家亦望私恩意。掾宜从众，归对妻子，设酒肴，请邻里，一笑相乐，斯亦可矣！"扶惭愧。官属善之。

也就是说该放假了，只有张扶这家伙不肯走，仍然每日办公。薛宣教育他说，这个休假制度相传已久啦，自然不可能更改。你觉得公务重要，你家里老婆孩子就不重要吗？所以在古代，官员不休假一般不会得到"先进工作者"的美名，反而会落得"不忠不孝"的下场。

该放假的时候不可以办公务，那么该上班的时候自然也就不能偷懒。京官固然要半夜爬起来去早朝，而地方官如果上班迟到，所受的惩罚也是很严厉的。蔡申之的《清代州县故事》中记载，地方政府一般都用敲打传梆来做上班的信号，如果迟到，就会受到被鞭子或木板打脊背或者臀部的惩罚。元代著名的书法家赵孟頫就有一次因上班迟到而被打。至于怎么判断迟到，和现在一样，采用签到的方法。这种方法具体从哪朝开始已不可查考，但是在《唐会要》中记载，从唐朝开始，定期值夜班的官员就要在"直簿"上签到。到了明、清，许多机关使用签到本已经成为常例了。当然，官员们也有逃避签到的方法，根据宋代沈括《梦溪笔谈·讥谑》中记:"馆阁每夜轮校官一人直宿,如有故不宿,则虚其夜,谓之豁宿……遇豁宿,例于宿历名位下书'腹肚不安,免宿'。故馆阁宿历,相传谓之害肚历。"就是说北宋时期,很多官员常常冒称肚子痛而躲避值夜班,结果馆阁值夜班的签到本"宿历"就得到了一个"害肚历"的外号。

虽然有这些啼笑皆非的事情出现,但是,中国古代官僚机构的作息时间表还是比较严谨的。古代所强调的美德是勤劳,《左传》中就引用有"民生在勤,勤则不匮"的话,而古代官员从小受到儒家教育,自然牢记心间。孔子曾说"一张一弛,文武之道也",说明孔子也认识到了用休息和娱乐来缓解工作紧张的必要性。古代人和现代人一样,喜欢轻松的休假和喜庆的节日,有时会偷懒,还会为请假而撒谎。当我们为每天加班痛苦,因压力不胜其烦的时候,我们要知道,古代人也和我们一样。

国学论评

岳飞"起复"与守丧制度

◆丁凌华

《新民晚报》在2008年底曾刊登一则"宋高宗手敕岳飞《起复诏》"重现岳庙公展的消息,其后又有消息称,该件国宝级藏品在2009年1月3日的西泠拍卖会上被杭州买家以830万元人民币价格拍得。对此件《起复诏》之真伪,行家虽有争议,但岳飞居母丧为宋高宗诏令起复之事,确为史书明载。

起复,也称"夺服"、"夺丧"、"夺情",或称"金革夺丧"、"夺情起复",是指官吏为父母守三年丧未满期而被朝廷征召复职,主要对象是武将与高级文官。起复与守丧制度密切相关。

所谓守丧,也称居丧、服丧、守制、持服、丁忧、丁艰等,最初是指从死亡到安葬的一段时间内,死者家人和亲属在饮食起居等方面表现出的异于平时的行为,这种行为是为了表达生者心情之哀痛,又因人、因时、因地、因民族而各异,并无统一的标准。直至春秋末期,儒家学派的先驱(胡适认为即孔子)才对此产生了特殊的兴趣,并将其发展为礼制,其中最大的创造,就是《仪礼·丧服》中所提出的子为父母、妻为夫、臣为君的三年丧期(实际为二十七个月)。其后直至汉初汇集成的《礼记》一书,又对三年丧期内的守丧行为在容体、声音、言语、饮食、衣服、居处等方面提出了具体的标准,如丧期内不得婚嫁,不得娱乐,不得洗澡,不得饮酒食肉,夫妻不能同房,必须居住在简陋的草棚中,有官职者必须解官居丧,等等。这就是宋高宗《起复诏》起始即称的"三年之丧，古今之通礼也"。但这些理论在未得到统治者首肯之前，还不能落实为强制性的规范。因此整个春秋战国至秦及汉初，除了孔子弟子曾为孔子守丧三年外，并无一例守满三年者。即便是孝子，如齐国晏婴为其父晏桓子、吴王诸樊为其父吴乘、刺客聂政为其母，也都是安葬后即结束居丧，时间一般为三个月或百日，称为"既葬除服"。儒家的三年丧制度还遭到其他学派的抨击，其中最激烈的就是墨子，见于《墨子·节葬下》篇。

两汉之时，正如清人赵翼《廿二史劄记》所指出的："两汉丧服无定制，……行不行听人自便。"但由于"独尊儒术"的影响，能为父母守三年丧者都会受到舆论的赞扬，如西汉武帝时善于察言观色的丞相公孙弘为后母，成帝时薛修为后母，哀帝时原涉为父，刘茂为母，河间惠王刘良为母太后等都曾因守满三年丧而得到好评，哀帝还专门下诏表彰河间惠王是"宗室仪表"，并"益封万户"。东汉时为父母守丧三年已成为官僚士大夫的一种时尚，成为评判人品高下的重要标准，这就使得一些本不想服丧的官吏为了脸面与前途也会提出辞官守丧的要求，这在一定程度上就影响了国家的政务运转，给皇帝出了难题。好在儒家理论是讲情理、留余地的，"原则上"的事情都可以打折扣、有例外。《礼记·曲礼》就认为守丧期间如身上有溃疡或创伤也可以洗澡，年纪大了也不必去住草棚，病弱体虚和年迈之人也可以饮酒食肉以补养身体。《礼记·曾子问》也提出"金革夺丧"之说，认为在战争（金革）等紧急状态下，官吏因急于王事，父母死可以不解官居丧，可以穿着特殊的黑色丧服（即"墨衰"。正常情况下的丧服则为不染色的本色麻布所制）继续在战场上为国效力。这就是宋高宗《起复诏》中所说的"以墨衰视事，古人亦尝行之"的意思。于是东汉的皇帝对那些服三年丧的大臣，就在三月既葬后派使者带上祭奠用的牛和酒前去慰问，同时宣布因国家政务之急需强制其中断守丧，回朝复职甚至升官，这就叫"夺情起复"。这样一来就把经典中的"金革夺丧"扩大成了"政务夺丧",夺丧对象也从武官扩大到了文官。

两晋时儒学昌盛,晋武帝司马炎又率先为其父司马昭守三年丧,于是守丧制度逐渐成为官僚士大夫的强制性道德规范。受士大夫影响,民间守三年丧风气也开始兴起。北朝在拓跋氏统治时期走向汉化,为纠正鲜卑无三年丧的"陋俗",《北魏律·职制律》明确规定:"居三年之丧而冒哀求仕,五岁刑。"开创了三年丧入于刑法的先例。宣武帝元恪时偏将军乙龙虎居父丧二十七个月后请求复职,大臣元珍弹劾其没有扣除闰月,实际居丧未满二十七个月,依律应处以五年徒刑(《魏书·礼志》)。魏晋南北朝时虽也有起复,但控制较严,唯南朝官风淳厚,起复虽多而真心守丧者亦多,如刘宋时孔季恭、殷景仁、沈演之,萧梁时任昉、王佥等,都是固辞皇帝起复而坚持服完三年丧的,称为"夺服不起"。大唐高宗时颁布的《永徽律》规定为父母守丧三年是全体官民的法律义务,但民众违律罕见处罚,重心在管束官吏。这以后起复范围大大缩小,但大臣守丧起复仍为惯例,如房玄龄、褚遂良等均被起复。起复既为特权,于是"是时风教类素,多以起复为荣",以至于有人生怕朝廷忘了"夺情"或嫌"夺情"太慢而申请"起复"的。像宰相张说那样对皇帝夺情"固节恳辞,竟终其制,大为识者所称"的官吏,终唐之世只是凤毛麟角。

宋初为防起复过早,规定"起复须经百日",也是古来"即葬除服"的意思。由于起复的人数太多,京朝官及地方要员由吏部负责(**后明代吏部稽勋司专设有"起复科"**),武将则由枢密院负责,至于地方上的中小官吏则要碰运气了,看朝中有没有权贵帮你说话保奏了。于是奔走钻营以求起复形成风气,但事情又要做得谨慎,否则后果就比较严重,如庆历二年欧阳修奏疏中就提到:"臣近见丁忧人茹孝标,居父之丧,来入京邑奔走权贵,营求起复。已为御史所弹。"只有朝中重臣,皇帝才会亲自手书《起复诏》,给足面子。如果连皇帝面子也不领情,坚持终丧,那就会成为道德典范,青史留名。如仁宗嘉祐六年宰相富弼居母丧:"帝虚位五起之，弼谓：此金革变礼，不可施于平世。卒不从命。自此宰相多终丧者，由弼始也。"（《宋史·富弼传》）又如明武宗时内阁首辅杨廷和居父丧三次恳辞起复，得以终丧，其《恳乞终制疏》"羸瘠之躯，遽难驱于道路；哀毁之状，亦有腼于班行"传颂一时，载入史册。

但岳飞的情况不同：第一，岳飞是武将，历代不管有无战事，武将守丧一般例从起复，主要是从战备需要考虑；第二，岳飞当时正在鄂州练兵，准备再次渡江北伐，收复中原，战事一触即发，主将岂可擅离？应该说完全符合"金革夺丧"的古制，与富弼、杨廷和在和平时期的文臣终丧不同。岳母姚夫人于绍兴六年三月二十六日去世，岳飞"跣足扶榇"徒步前往庐山葬母，匆忙落葬后，四月初七"飞不俟报，解官去"（《续资治通鉴》卷一百十六），即不等朝廷批准，就辞官在庐山东林寺守丧了。高宗在四月初九、四月二十七日、五月二十八日（现存宋高宗《起复诏》所署日期，但有专家认为与史载日期有"九"而断其为伪品）三次下诏起复，后两道诏书均为高宗手书，这对重文轻武的宋代来说，已是一种殊遇了。岳飞是极重名节的人，其三次辞免起复，也许是觉得即使起复也应百日之后，才是尽了人子之道，也许已感觉到高宗之志与己不同，自己的抱负难以抒展，还不如以终丧求名节。但岳飞的身份毕竟不是富弼那样的宰执大臣，高宗第四次不再下诏，而是以枢密院名义下札严令起复，命岳飞"不得再有陈请"，否则对其部下将领以敦请不力罪"并当远窜（流放）"（岳珂《金佗续编》卷七）。这一来岳飞不得不被迫起复，重返鄂州。

起复也往往成为政治斗争的工具。如南宋理宗时右丞相兼枢密使史嵩之结党营私、弄权误国，激起上下公愤。淳祐四年（1244年）史嵩之因父丧解职守丧，未满三月，理宗下诏起复，史嵩之佯作推辞，理宗又亲书手诏，遣使臣催促起复，导致群议沸腾。于是京师太学生、武学生、京学生、宗学生三百三十九人联名上书反对起复，之后多名官吏又上疏或密奏，终于使理宗认识到史嵩之为公议所不容，下了抛弃的决心。史嵩之在家闲居十三年后死去。明神宗万历五年（1577年）内阁首辅张居正父丧，张居正表面上上表乞归守丧，实际上奔丧落葬也不想去，生恐动摇其政治地位，于是怂恿其党羽李幼孜、吕调阳等倡夺情起复之议。结果引发公愤，人言汹汹，编修吴中行、检讨赵用贤等上疏反对，张居正用杖笞、罢归、谪戍等手段镇压反对派而最终得胜，但其人品却大受贬议，被称为"蔑伦起复"。

商鞅是帝国英雄还是历史罪人

◆杨师群

近期东南卫视、广东卫视诸家电视台都推出电视剧《大秦帝国》，洋洋洒洒近五十集的鸿篇巨制，把商鞅塑造成一位因主持改革而使帝国日益强大的英雄，一位主张以法治国的先驱，一位最后以身殉国的伟人。

我非常"佩服"编剧者的用心良苦与大胆构思，把商鞅打造成一位"高、大、全"的英雄。问题是剧本在对历史记载的处理方面太过片面，如果说对于渭水之滨一天杀七百多人的案子与太子诸案的具体案情由于历史没有详细记载而给予作者一定的编造空间，那么对变法中许多祸害人民、阻碍社会进步的有具体历史记载的措施，剧中却大都回避，如对连坐法的专制、抑工商的反动、燔诗书与禁游学的愚昧……这一系列危害社会进步的改革措施在剧中基本看不到有多少用笔，为什么作者要如此阉割历史？商鞅那一套法家专制统治手段，能称作"以法治国"吗？

商鞅变法的内容

商鞅变法的内容约可分成五个方面：①什伍连坐，轻罪重刑。什伍为军队基层编制，商鞅将它应用于民间村邑，即将民众置于严密的军队式组织控制之下，并开乡村邻里间告奸连坐之先河，用轻罪重刑等严酷手段，有效地加强了对全体民众的专制统治。②奖励耕织，摧抑工商。主要是"事末利及怠而贫者，举以为收孥"。这一举措不遗余力地摧残工商业，严重僵化了社会经济的运转机制，重农抑商遂成为此后统治者长期奉行的国策。③奖励军功，严禁私斗。主旨在以极大的诱惑力驱使民众去为国家作战卖命，并按军功调整贵族爵秩，大大增强秦国的军事实力。同时增收军赋，保障军需。而统一度量衡主要目的是为了便于国家田租、军赋的征收，以及军功赏赐、官员俸禄的发放。由于变法基本禁止各地的经济文化交流，摧抑着私营工商业的发展，所谓有利于经济文化交流的客观作用实在微乎其微。④推行县制，迁都咸阳。初步完成中央集权统治模式。并明确加强国家土地所有制，使它成为中央集权政治统治下最可靠的经济基础。革除落后的戎狄风俗，也是要造就有利于专制集权统治的小农家庭基础。⑤焚烧诗书，禁止游学。极端地将农、战需要作为衡量一切文化生活取舍的标准，用"燔诗书"诸野蛮手段竭力摧毁当时优秀的文化成果，把君主专制统治和加强军事力量建筑在牢靠的愚民政策之上。

综观上述变法的目的与各项措施，我们找不到任何要改革旧的生产方式的内容，也没有改变奴隶地位的任何动作，反而增加了一些奴隶制度。变法基本围绕秦孝公图强诏令的两个目的，在某些方面还有相当大的创造性发挥，使秦国的中央集权君主专制的统治模式基本定型，并把国家的政治、经济、文化各方面的立体运转完全纳入了军事轨道，可以说商鞅变法是由极端君主派法家领导下进行的一场旨在加强中央集权君主专制统治，又带有相当军国主义色彩的改革运动。至于说它加强了秦国的专制集权统治与军事实力，乃至为后来的统一大业奠定了基础，这点无须否认。然而我们认为，评价商鞅变法的历史作用，其关键问题不在于此。

春秋战国之际是中国古代社会一个重要的转型时期，随着旧的宗法社会结构的逐步解体，个体家庭成为社会基本经济单位，生产力在提高中推动了经济的发展繁荣，其中工商业市场经济尤其突出；政局在动荡中打破了僵化的等级秩序,阶级升降变动空前活跃;这样,荒野的大量开发,城市商业都会成分的增加,士人的参政议政,百家争鸣局面的形成,各地经济文化交流频繁……社会开始爆发出前所未有的活力。那么,在这样一个良好的社会发展氛围中,商鞅变法究竟扮演了一个什么样的角色呢?

君主独制的统治模式

在经历了千余年的宗法君主制社会之后,人们在社会转型的动荡中,开始上下求索,寻找一条适合自己的治政之路。其中虽然旧的文化传统仍有明显的烙印,但也不乏一些新思想新气象,比如许多士人提出了重视民众地位和藐视君主权威的思想。《左传》中师旷说:"天之爱民甚矣,岂其使一人肆于民上,以从其淫,而弃天地之性,必不然矣。"还有孟子的"民贵君轻"之说,荀子的"水则载舟,水则覆舟"的绝妙比喻等,都多少给当时的政治发展带来一些开明的取向。一些诸侯国统治者也采取了某些较为宽松开明的政策,从郑国子产"不毁乡校",认为:"其所善者,吾则行之;其所恶者,吾则改之,是吾师也。"到齐国创建"稷下学宫",汇集了当时的一些学人名士,"不治而议论",专门为齐国出谋划策,评议时弊,讥谏朝政,进退自由。这些开明政策,应该说含有相当进步的意义,对当时社会发展起到了促进的作用。

然而法家在这样的社会发展关键时刻,却竭力推销其赤裸裸的君主专制理论,完全不把民众放在眼里,要求实行严刑酷法的恐怖统治。就连当时日益普遍的要求君主兼听、纳谏以制约专权的呼声,法家都不屑一顾。商鞅变法将这一专制理论付诸实践,用连坐法、轻罪重刑诸残酷手段来治理、打击民众,用全面军事化的组织措施来对内强化控制、对外争霸战争。不允许民众有任何议政的权利,《史记·商君列传》载:"秦民初言令不便者，有来言令便者，卫鞅曰'此皆乱化之民也'，尽迁之于边城，其后民莫敢议令。"用流放边境的刑罚来压制舆论，哪怕改变初衷，赞成变法者也不例外。并用燔诗书、禁游学等野蛮措施来消灭不同政见，以完成"权者，君之所独制也"（《商君书·修权篇》）这一专制统治模式。可以说，这样的政治改革方向，在社会发展中无论如何也没有什么进步意义可言。

狭隘农耕阻碍全面发展

战国是中国古代商品经济得到相当发展的时期，城镇工商业空前繁荣，货币经济也全面铺开，新兴起一个令人刮目的工商业阶层，部分富商大贾已可与贵族王侯分庭抗礼。商品货币经济得到这样高度的发展，必然对整个社会发展产生巨大影响。比如说它能促进私有经济的进一步深化蔓延，促进社会秩序在市场经济竞争中进行贫富贵贱的合理调整，从而促发人性的逐步觉醒，改变人们价值观念的取向，并在此基础上发生社会格局崭新的变革。秦国在公元前378年"初行为市"。然而就在这个起点上，商鞅变法中严厉的摧抑私营工商业的政策，将这一社会发展的重要契机，扼杀在襁褓中。在东方诸国出现众多商业都会的情况下，秦国这方面的发展却几乎为零。加上其强化土地国有制等措施，完全堵绝了当时的私有制经济发展之路，将其社会的经济结构完全封固僵化起来，极其有效地稳固了君主专制统治体制。抑商政策在漫长的封建社会中为统治者所长期奉行，极大地阻碍了古代社会的正常发展，由此而形成的轻商贱商不良传统，至今还需要我们花大力气给予纠正，而商鞅正是始作俑者。可以认为，抑商政策扼杀了社会中的变革因素，它是一项极为反动的经济政策。

一般都认为，商鞅变法奖励耕织的措施，解放了生产力，促进了经济的发展。其实这论点只看到事物的表面，是十分肤浅的。变法将农业生产发展建立在摧抑私营工商业和愚民政策等项措施之上，这必然为农业生产的进一步拓展，尤其是国家整体经济的长远发展套上枷锁，而这方面恰恰是问题的实质所在。《商君书·垦令篇》要求"使商无得籴，农无得粜"，禁止正当的粮食贸易流通渠道。"重关市之赋，则农恶商。"用提高关税来压制农民经商，从而杜绝农业方面的商品生产。"废逆旅"，禁止农民从事开设旅店等副业以增加收入，更是阻断了各地经济文化的交流。"壹山泽"，国家垄断山泽之利，不许人们开发利用。"无得取庸"，甚至不允许富裕人家雇用帮工。只要农民"愚则无外交"，并在"重刑而连其罪"的强控制下专一农耕。这实在是一种极其狭隘的农耕经济观，是一种强迫生产力只得单一从事农业的短期行为。这种狭隘农耕观一旦实施于国家的经济政策，在短期内或许会有些"效益"，有所谓"家给人足"之誉。但从长远来看，它必将窒息国民经济的全面发展，也会反过来阻碍农业生产的长足进步。这种狭隘农耕政策传统的影响，以后也长期严重危害中国经济的正常发展。

焚书禁学的愚民政策

商鞅变法中没有任何改变奴隶地位的举措，恰恰相反，却在某种程度上积极推行，乃至发展了一些奴隶制度。如"事末利及怠而贫者，举以为收孥"。按军功、家次分配"臣妾"，"爵吏而为县尉，则赐虏六"（《商君书·境内篇》）。《商君书·垦令篇》要求："以商之口数使商，令之厮、舆、徒、童者必当名。"即官府录有商家奴仆的名册，令其按顺序到官府服役。如此等等的奴隶制度，都是商鞅的新举措，并非沿袭旧制的某些做法。变法后，秦国的奴隶数量大增，使用也较普遍，这方面《云梦秦简》诸史料上有详尽反映，乃至秦、汉两代成为中国历史上奴隶数量最多的时期。诚然，我们也并不由此而认为秦、汉是奴隶社会，而奴隶数量的大量增加，至少是社会奴役方式的局部倒退。这一倒退，虽还有其他社会因素，但与商鞅变法中的这些举措应有密切联系。

《商君书·垦令篇》还规定，"使民无得擅徙"，任何人临时外出，也得有政府开验的证明文书，否则连旅店也不能借宿，"商君之法，舍人无验者坐之"（《史记·商君列传》）。以此来禁止人口的合理流动，阻隔各地经济文化的交流，将人们的视野局限在极其狭小的天地中。《农战》诸篇要求人们除了积极从事农业耕耘与参军作战之外，必须舍弃杜绝其他一切社会生计与文化生活，"诗、书、礼、乐、善、修、仁、廉、辩、慧"之类都在禁绝之例，与焚烧诗书、禁止游学诸措施配合，把民智、民力限制在一个极其单调、简陋的世界里。这种政策使本来已日渐活跃、不断昌盛的社会再次封闭僵滞起来，要民众在相当蒙昧的状态下，听任统治者的摆布，无法萌发自己的创造力。这样的社会状况，在古代乃至近代给我们中华民族所造成的各类劫难，难道还不够惨痛吗！

短期效应不足为训

《史记·商君列传》赞誉变法道："行之十年，秦民大悦，道不拾遗，山无盗贼，家给人足，民勇于公战，怯于私斗，乡邑大治。"其实在严酷的强控制统治之下，一时取得这些"成绩"并不奇怪。在如此高压统治下所获得的社会暂时安定局面，只是一种虚假的表象，并不值得称道。尤其是商鞅那"天资刻薄"的个性，在秦国处境日渐孤立，每次外出都要"后车十数，从车载甲，多力而骈胁者为骖乘，持矛而操戟者旁车而趋，此一物不具，君固不出"（《史记·商君列传》）。在如此严密残酷的统治之下，商鞅的神经还这样紧张，每次外出都如临大敌，害怕别人暗算已到了杯弓蛇影、草木皆兵的地步，其统治愈益不得人心的境况已不言而喻。孝公一死，商鞅即遭车裂之祸也就很自然了。由于变法对君主专制统治和增强军事力量都很有作用，所以"及孝公、商鞅死，惠王即位，做法未败也"(《韩非子·定法篇》)。而秦奉行商鞅之法，虽后得军事统一，却很快二世而亡，便是最好的注解。

《荀子·议兵篇》、《汉书·刑法志》中的一些记载，将秦民生计穷隘，统治者专用刑罚和功赏去强迫利诱民众从战，以保持军事强国的概况，刻画得入木三分。在中国古代文化最为灿烂多彩，经济不断发展繁荣，政治步入开明竞争的时代，商鞅变法却要把社会拉向一个极其愚昧单调、统治残酷且军事色彩很浓的专制社会结构中，难道是值得赞誉的历史事件吗？我们认为，商鞅变法的成功是中国古代社会发展史中的一场悲剧。战国时期法家所完成的这一整套专制理论及其实践活动，不但在春秋战国时期的社会变革中产生极坏后果，而且日后一直萦绕在中华文明的中枢神经中作祟，将社会的丰富性异化为最简单暴戾的统治关系，而极难产生新的因素。长期以来，理论界、文化界不惜扭曲历史以肯定商鞅变法的做法，造成许多思想理论方面的混乱，需要我们去深刻反省，重新认识。

国学论谭

商鞅与"秦国梦"

◆小 山

2010年1月31日《新民晚报》"国学论谭"发表的杨师群《商鞅是帝国英雄还是历史罪人》一文,对近年来影视剧多把商鞅塑造成"帝国英雄"的做法提出了批评,认为商鞅其实是一个不折不扣的"历史罪人",其论述还是有相当说服力的。不过,对于商鞅变法的历史作用,是否应该全盘抹杀,我们觉得还有讨论的余地。

商鞅的那场轰轰烈烈的变法,连今天的小学生都耳熟能详,当今的人们多称他为改革家,提起他时还常常带着对其不畏险阻、除旧布新的赞赏。但大约是深受儒家思想的影响,历史上就对使用暴力手段让秦国迅速兴起的商鞅并无多少赞美之词,史书中提到的秦国也常是让东方六国既恨又无奈的"虎狼之国"。

司马迁曾在《商君列传》末评价过商鞅,开头就给他下了个"刻薄"的定义:"商君,其天资刻薄人也。"接着写他为得官位,不惜心口不一,"挟持浮说";既得任用,又"刑公子虔,欺魏将卬,不师赵良之言",干出一件件刚愎自用、严刑少恩的事。最后司马迁感叹:"余尝读商君开塞耕战书,与其人行事相类。卒受恶名于秦,有以也夫!"《汉书·贾谊传》中记载了一篇贾谊上汉文帝的奏章,其中提到商鞅时说:"商君遗礼义,弃仁恩,并心于进取。"用今天的话说,就是为了自己飞黄腾达,什么缺德事都干。这样做的后果就是新法"行之二岁,秦俗日败"。紧接着,贾谊还栩栩如生地描绘了一番秦俗败坏的场景:"故秦人家富子壮则出分,家贫子壮则出赘;借父耰鉏,虑有德色;母取箕帚,立而谇语;抱哺其子,与公并倨;妇姑不相说,则反唇而相稽。"最后得出结论,秦人"不同禽兽者亡几耳"。如果说太史公还只是批评商鞅刻薄的话,贾谊则明明白白是在骂他"教化"下的秦人与禽兽无异了。

肯定商鞅功绩的人倒也有,《史记集解》引刘歆《新序论》就赞扬商鞅为推行新法殚精竭虑,公而忘私,实施法令时又赏罚严明:"夫商君极身无二虑,尽公不顾私,使民内急耕织之业以富国,外重战伐之赏以劝戎士。法令必行,内不私贵宠,外不偏疏远。"行之几年,"令行而禁止,法出而奸息"。秦国称霸诸侯、一统天下,"亦皆商君之谋也"。但好话到此结束,刘歆笔锋一转:"今商君倍公子卬之旧恩,弃交魏之明信,诈取三军之众,故诸侯畏其强而不亲信也。"接着又列举了他如何实行严刑峻法:"今卫鞅内刻刀锯之刑,外深鈇钺之诛,步过六尺者有罚,弃灰于道者被刑,一日临渭而论囚七百馀人,渭水尽赤,号哭之声动于天地,畜怨积仇比于邱山。所逃莫之隐,所归莫之容,身死车裂,灭族无姓,其去霸王之佐亦远矣。"如此一对比,商鞅明显功不抵过。呜呼,虽有强秦之大功,商君到头来也逃不过严刑少恩的"刻薄"名声!

不过以现代人的眼光来看,乱世用重典也无可厚非。在礼崩乐坏的时代,胜者为王败者为寇,国君们为苟全国家于乱世,急需的不是"仁政"之类说教,而是富国强兵的谋略。在这种情势下,商鞅说秦孝公以"帝道"、"王道"均不被理会,最终亮出"霸道"的底牌,也是顺应时势的无奈之举吧?

说到商鞅变法的内容,其中有一条尤其值得关注,那就是军功爵制。"有军功者,各以率受上爵","宗室非有军功论,不得为属籍","有功者显荣,无功者虽富无所芬华"。简单地说,就是奖励军功,没有军功,就不会受到优待,贵族身份也没用。这一点也只是在秦国,这个游离于中原文化之外的"戎狄"之邦,才有施展的空间。秦人重实利,轻礼仪,宗法观念淡薄，没有礼乐的传统，也没有传统的拖累。所以当商鞅的一套军功爵制推行出来，原始的等级制度就被动摇了，下层平民因此有了一条通过建立军功向上进阶的通道，虽然这条进阶之路在现在看来足够野蛮也足够残忍——"能得甲首一者，赏爵一级，益田一顷，益宅九亩，一除庶子一人"(《商君书·境内》)。

商鞅新法的理论基础是人性自利说。他清楚地看到："名利之所凑，则民道之。"(《商君书·算地》) 人有欲望，那是天性使然。所以商鞅没有像儒家那样要求克制欲望，而是给出了一条疏导欲望的通道："民之生，度而取长，称其取重，权而索利，明君慎观三者，则国治可立而民能可得。"(《商君书·算地》) 于是，在商鞅的改革下，"民勇公战，怯于私斗，乡邑大治"，秦国国力大增，秦军所向披靡。商鞅自己，虽贵为王孙后裔，但"庶孽"的身份已然不能带来任何实际的利益，家族与姓氏没有给他任何荣耀，后人称他"商君"，只是因为他曾封于商，而那块封地的获得，也与他的身世没有任何关系，而是他自己打拼的所得——他因变法、作战有功，由一个靠嬖臣引荐的流亡王孙，一步步升为左庶长、大良造，终至封商十五邑，号曰商君。商鞅的政治生涯是靠个人努力达到顶峰的。

站在儒家角度批评商鞅"遗礼义、弃仁恩"自有其道理，现代人看来他重刑、愚民的一面也难以称是，何况商鞅到底在为谁谋利仍值得掂量，但除却这些不说，新法中的奖励军功这一条，在认清和善用欲望这一点上还是非常难得的。一个社会保持稳定的前提，大约就是要提供给一般公众以进阶之路。借用西方流行的"美国梦"的说法打个比方，商鞅的军功爵制可以说是一种"秦国梦"。毋庸置疑，商鞅的"秦国梦"与"美国梦"的不同是根本性的，"美国梦"声称基于平等，追求平等，而中国古代历来没有"人生来平等"这一观念，"礼莫大于分"，大家各守本分，安于其职，这才是正道。其实绝对的平等也是不可能实现的，但问题是，人是有欲望和追求的，不是所有的人都心甘情愿"安于本分"

的。何况，什么是本分？如果说是一个人的出身决定了他应守的本分，那出身凭什么就可以决定本分？一个社会如果不能给底层有才华的人一个进阶的渠道，那么他们很有可能成为社会的不安定因素。中国封建社会的长期存续，未尝不是得益于阶层之间的流动，尤其是隋唐以后采用的科举制，给了普通人一条进身的出路。因此，商鞅的新法虽然不以追求平等为目标，但客观上为下层民众提供了一条向上攀升的阶梯，秦军战斗力迅速提升就是显证。

当然，商鞅的局限性也是明显的，他满足的与其说是秦国小民的利益，不如说是秦君谋霸权的野心；他的严刑峻法虽然在短时间内让秦国称霸天下，但他的愚民政策只能让百姓因畏惧而盲目顺从。至于在商鞅的领导下"秦俗日败"，政治不能以道德为唯一评判标准，但脱离了道德评判的政治也绝对不可能是合理的政治。商鞅死后一百一十七年，秦并六国；可仅仅二世之后，江山易主。其商君之功欤？抑其过欤？

但是无论商君功过如何，他曾经给了秦国的平民一个"秦国梦"，哪怕这并不是他的初衷。而人活着，有梦总比没梦强。

秦因匈奴而兴,因匈奴而亡

◆周锡山

秦国的开国国君襄公在刚执政的元年(公元前777年),就把他的妹妹缪嬴嫁给西戎丰王做妻子。襄公二年(公元前776年),戎包围犬丘。世父反击,结果被戎俘去,一年多后,又被释放。在这个时期,秦一面与戎作战,一面又与戎通婚。

秦国建立和初期战争

秦襄公七年(公元前771年)春,周幽王因宠爱褒姒而废除太子宜臼。此时关中已多戎人。西戎和岐山之戎背叛周朝,攻下京城,杀死幽王时,秦襄公率兵营救周朝,作战有力,立了战功。周平王为躲避犬戎的骚扰,把都城向东迁到洛邑,周平王与秦襄公立下誓约:"西戎不讲道义,侵夺我岐山、丰水的土地,秦如果能赶走西戎,西戎的土地就归秦。"秦襄公带兵护送周平王东迁,平王将岐山以西土地赐给秦,秦襄公被封为诸侯,建立秦国。

秦襄公十二年(公元前766年),他讨伐西戎,到达岐山时去世。

秦国本为西方一个小国,各方面都比较落后,到后来相当强大了,还被中原各国看作为戎狄——落后的匈奴部落(至今仍有学者认为秦是戎族),大受鄙视。但秦国一方面在戎族地区扩充土地,一方面与中原各国来往,通婚,吸取中原文化,逐步发展成为强国。秦是在戎狄的包围中成长和壮大起来的，秦与匈奴的战争频繁：

文公十六年（公元前 750 年），派兵讨伐西戎，西戎败逃，秦的势力大概此时才完全占领了岐西的地方。岐东则献给周，实际上还在戎人手里。

宪公（公元前 715 年～公元前 704 年在位）三年（公元前 713 年），与西戎的一支亳部落作战，亳王逃往西戎。秦又进一步向东发展，已渐渐到了岐东。

武公元年（公元前 697 年～公元前 678 年在位）伐彭戏氏戎族，至于华山。武公十年（公元前 688 年），攻打邽、冀戎两地的戎族（约在今甘肃天水附近），灭了小虢。秦在邽戎之地，置上邽县。秦在向东发展的同时，又向西北发展。秦国不断向东发展，岐东的戎被迫向东奔窜，沿着黄河，散布于河西河东之间。后来晋西、晋东以及周的洛水、伊水一带都有戎人的踪迹。当时北方的狄人也很盛，戎狄也就混合起来。

穆公时期，称霸西戎

秦穆公时期，秦国已有很大的发展，开始参加华夏诸侯的争霸战争与会盟。穆公已尽量模仿华夏的礼乐文化，可是华夏诸侯仍把秦国看作"戎狄"。

秦穆公元年（公元前 659 年），秦攻伐茅津（山西和陕西交界处和山西平陆附近）戎，获胜。茅津的戎族，在秦国的东面，阻挡了秦国向东发展的出路。秦穆公亲率大军战胜茅津，就打开了东进的通路。

秦穆公前期，原在瓜州（今甘肃敦煌和河西走廊一带）的姜戎氏即姜氏之戎，与其他迁居于伊洛的戎族一样，其中有些人在东周初年与周、晋杂居，虽然也有时叛乱，但已经有不同程度的华化了。他们在秦占领关中，土地被夺后被迫东窜，幸而晋惠公给他们南边的土地，才得以定居于河东、晋西。这些戎人用草盖身,剪除荆棘,驱走了狐狸豺狼,开辟土地,辛勤耕种,还帮助晋与秦作战。

秦穆公一面与晋国不断发生战争,一面与西戎交战。

秦穆公二十五年(公元前635年)秋,周襄王的弟弟子带,借助狄人的军队攻打襄王,襄王出逃,住在郑国,派人向晋国、秦国通告了发生祸难的情况。晋文公刚即位,就率兵攻伐子带,助襄王入国。秦穆公也同时派兵到了河上,帮助晋文公护送周襄王回朝,杀死襄王的弟弟子带。

周襄王被戎狄赶逐,避居在郑国的时候,秦、晋已经都是强国。晋文公赶跑的戎狄,居住在河西的圁水、洛水之间,称为赤狄、白狄。秦穆公得到由余的帮助,使西戎八国都服从秦国,从陇地往西有緜诸、绲戎、狄、豲等戎族,岐山、梁山、泾水、漆水以北,有义渠、大荔、乌氏、朐衍等戎族。这时晋国北部有林胡、楼烦等戎族,燕国北部有东胡和山戎。他们各自分散居住在溪谷里,都各有自己的君长,经常聚集在一起的竟有一百多个戎族部落,但都不能相互统一。

戎王听说穆公贤明,就派由余出使去观察秦国。穆公看到由余有远见卓识,用计疏远他们君臣之间的关系;送给戎王十六名年轻貌美的歌妓,引诱他荒淫误国。秦穆公三十七年(公元前623年),秦伐西戎,大胜,史称其"益国十二,辟地千里,遂霸西戎"。

秦穆公的一生不断积极东侵,但没有成功。秦自文公以后,虽然收复了周在关中的失地,巩固了秦的基础,但是散布在今甘肃、青海的羌戎人数是很多的,部落也不统一,陇西陇东一带还有緜诸、义渠之戎等。这些戎族部落或叛或从,来去无踪。秦穆公由于不能实现东进的计划,于是向西去征伐这些落后的部落,从他们那儿扩张领土,成效卓著。

秦穆公荡平西戎,使秦国的百姓摆脱戎族入侵、骚扰的困境,可以安心生产。被俘获或投降的戎人,由漂泊到定居,被秦同化,壮大了秦的力量。秦国在西边的后方已无后顾之忧,就可以全力东进,积极发动对中原的征战。

宣太后用色相诱杀义渠戎王，并吞义渠领土

战国初期（公元前5世纪末），匈奴屡屡侵犯中原的北方诸国：义渠是秦国西北最强大的戎族，此时，匈奴经常驰骋于楼烦一带（今山西宁武一带）。在东线，山戎不仅攻伐燕国，甚至越过燕国攻打齐国。战国时匈奴族在内地者为林胡、楼烦、义渠。

《史记·匈奴列传》说："当是之时，冠带（有文明礼数的国家）战国七，而三国边于匈奴。"当时与匈奴相接界的这三国是秦、赵、燕。这三国对匈奴的不断骚扰和入侵，感到不胜其烦，于是先后筑长城以防匈奴。

起先，秦国的西、北两面受异族的压迫，其中义渠是秦国西北最强大的戎族，它的都城在今甘肃宁县，疆域包括今之陕西北部、甘肃东北部泾水、渭水以北地区和宁夏的一部分，占地广阔。秦国和义渠战事不断，义渠的戎族，筑城郭自卫，而秦不断地蚕食他们的领土。厉共公三十三年（公元前444年），攻打义渠戎族，俘虏了戎王。

秦孝公（公元前361年～前338年）元年，发兵东进，围攻陕城，西进杀了戎族的獂王。三年（公元前359年），孝公实行商鞅变法。秦惠文王十一年（公元前327年），戎族的义渠国君向秦国称臣，秦在义渠设县。惠文王更元十年（公元前315年），攻占了义渠的二十五座城邑。秦与义渠战事，都是秦国主动侵伐对方。自十一年（公元前314年）起，秦国不断攻打魏、韩、赵、楚国，皆胜。十四年（公元前311年），戎族的丹国、犁国向秦国称臣。

秦昭襄王（公元前306年～前251年在位）的母亲芈八子是楚国人，称为宣太后。秦昭襄王三十五年（公元前272年），匈奴义渠戎王与昭襄

王的母亲宣太后淫乱通奸，生二子。宣太后在秦国甘泉宫，用计谋杀死义渠戎王，于是趁机起兵攻伐和并吞义渠。于是秦有陇西、北地、上郡，筑长城以拒胡。

秦始皇大胜匈奴，却因匈奴而亡

秦王政（公元前246年起在位）二十六年（公元前221年），他统一全国后，称秦始皇帝。同年，他就计划攻打匈奴，却因李斯的反对而未成。于是将原来三国修筑的长城修缮和连接贯通起来，西"起临洮至辽东万余里"，这便是最早的万里长城。

秦长城远在山海关以北二三百公里。我们今日东起山海关西至嘉峪关的万里长城则建于明朝。当代人心目中的长城是宋代防御辽金，明代防御满清而建筑的，实际上长城最早是用来抵御匈奴的，孟姜女哭长城的民间故事，讲她的丈夫万喜良在秦朝时筑长城，就是指抵挡匈奴的长城。

秦始皇于三十二年（公元前215年）巡视北边时，到达上郡（治肤施，在今陕西榆林南），察看边境形势。燕人卢生奉使入海求仙后还咸阳，报告寻找鬼神的情况，并奏录图书，说："亡秦者胡也。"始皇因长年受匈奴侵扰，以为将来要亡秦之"胡"即被称为"胡"的匈奴，于是速派名将蒙恬发兵三十万北击匈奴。

蒙恬出兵，当即收复河南和榆中一带的广大地区（今内蒙古伊金霍洛旗以北）。次年夺回高阙（今内蒙古临河县北的狼山口），收复阳山和北假（均在今内蒙古乌加河以北和乌梁素海一带），直抵阴山，重建九原郡，分设三十四（一作四十四）县。接着连年徙去大批刑徒，于三十六年（公元前211年）从内地迁移民户三万家，充实边地，以防匈奴。

自三十三年（公元前214年）起连年修筑长城。

于三十五年（公元前212年）派长子扶苏到北方上郡做蒙恬的监军，与蒙恬一起修筑长城。又修起直通大道，从九原直到云阳，利用山边、险要的沟堑、溪谷等可以修缮的地方筑起城池，此时的长城起自临洮，终于辽东，长达万余里。又渡过黄河，占据了阳山、北假一带。

秦始皇的军事胜利，沉重打击了匈奴，匈奴只好不断向北迁移。秦军逼使匈奴后退七百余里，胡人不敢南下而牧马，士不敢弯弓而报怨。匈奴恐惧，不敢南面而望十余年。河套内外的广大地区摆脱了匈奴的侵扰，得到安定。

秦始皇在最后一次出巡期间，于沙丘（今河北平乡东北）猝死。死前为玺书，令长子扶苏迅即"与丧令咸阳而葬"，此即立扶苏为继承的皇帝。

赵高扣书不发，在李斯的支持下，阴谋改立始皇第十八子胡亥为二世皇帝，又矫诏逼迫扶苏自杀，逼死蒙恬。此即"沙丘之变"。这次政变，让凶恶无能的胡亥夺得皇位，他的骄奢淫逸、倒行逆施和胡作非为，造成秦朝迅速灭亡。

秦朝之亡，间接上也可以说是匈奴促成的，因为"亡秦者胡也"，预言得非常准确，此"胡"虽非匈奴之"胡"，而是"胡亥"之"胡"，但始皇因误以为"胡"指匈奴，为严防匈奴而派扶苏监边，扶苏因此而远离秦朝的权力中心，于是在秦始皇猝死后形成秦朝短暂的权力真空，造成赵高勾结胡亥乘机篡政和因胡亥、赵高的残暴无能而促使秦朝迅速灭亡。

秦始皇为了对付匈奴而修建长城，付出了非常大的代价。几十万民众被迫远离家乡，大批死亡，造成许多家庭家破人亡，加剧了秦朝社会的动荡，这也是秦朝失去民心，造成灭亡的原因之一。

忠臣也靠不住
——一声叹息中的汉末形势

◆姜 鹏

《资治通鉴》"跑题"

《资治通鉴》长篇叙述某重大历史事件时,经常会发生"跑题"现象。在第五十九卷谈到何进谋诛宦官而引起的混乱时,也出现了这一现象。这一部分的叙事,以袁绍说何进尽诛宦官起,以董卓入朝任司空终,中间穿插着宦官和外廷势力的火并、少帝与陈留王(后来的汉献帝)流亡宫外等复杂的历史场景。但在完成这一单元的叙述后,《资治通鉴》并没有急于进入对董卓专政的描述,而是插入了一段关于汉末名士蔡邕的文字:

> 初,蔡邕徙朔方,会赦得还。五原太守王智,甫之弟也,奏邕谤讪朝廷;邕遂亡命江海,积十二年。董卓闻其名而辟之,称疾不就。卓怒,詈曰:"我能族人!"邕惧而应命,到,署祭酒,甚见敬重,举高第,三日之间,周历三台,迁为侍中。

介绍了因得罪权贵而流亡江湖多年的蔡邕,在董卓的威胁和安排下重入仕途,并得到了快速迁升。在这段文字之后,《资治通鉴》才正式开始叙述董卓专政。从结构上看,蔡邕的个人遭际横亘在诛杀宦官和董卓专政这两起汉末重大历史事件之间，显得有些突兀。虽然蔡邕重入仕途和董卓有直接关系，但属于末节细事。若把这段文字删节或腾挪，在董卓任司空之后，直接进入董卓专政时代，文脉似乎更通顺些。《资治通鉴》以顾惜纸墨著称，为何在这里没注意到这点？

《资治通鉴》很多看似错乱的地方，实有深意寓焉。此处的"跑题"，是否也隐含了编辑者文字以外的深意？这段文字和前后两大历史事件相联系的线索是董卓。编者是否想通过蔡邕和董卓之间的关系告诉我们什么？读者不必着急，只须耐心阅读至下一卷，即第六十卷叙及蔡邕生命终结处，再回过头来理解这段文字，就会发现，这是《资治通鉴》编者为解析汉末形势留下的一则精妙伏笔。

蔡邕的一声叹息

对于蔡邕来说，不仅这次重入仕途和董卓有直接关系，最终他也因与董卓的这层关系而丧生。

董卓自中平六年（189年）入洛乱政，挟献帝西迁，至初平三年（192年）在长安被王允、吕布联手诛杀，前后历时三年。当刺杀董卓得手的消息传回王允居所时，蔡邕恰好在座。因谋杀董卓的计划是在王允、吕布的秘密策划下实施的，而一旦成事，无疑是当时政坛最具爆炸性的新闻。故对此毫无心理准备的蔡邕"闻之惊叹"。这本是正常人的一个正常反应，蔡邕万万没有料到，这一叹，叹丢了自己的性命。

听到蔡邕的惊叹声，王允勃然大怒，当即痛斥道："董卓国之大贼，几亡汉室，君为王臣，所宜同疾，而怀其私遇，反相伤痛，岂不共为逆哉！"（《资治通鉴》卷六十）王允认为蔡邕的这一声叹息，是因感念董卓的私恩而表达的伤痛之情。所谓私恩就是前文提及的，蔡邕是在董卓的直接关心下重入仕途的，并且晋升迅速。王允由此断定，蔡邕同属董卓逆党，不由分辩地将他打入大狱。

蔡邕这几年与董卓相处不错是事实，若要给蔡邕戴上一顶"逆贼"的帽子，则是莫须有。蔡邕最初也嫌恶董卓的名声，但慑于其权势而不得不加盟，其间曾设想逃亡而被弟弟劝阻。在和董卓的交往过程中，蔡邕用自己的方式弥缝于权臣与王室之间。比如，曾经有人为了取媚董卓，劝董卓模仿姜太公，自称"尚父"。董卓犹豫未决，咨询于蔡邕。蔡邕答以"愚意以为未可"，董卓因而作罢。初平二年（191年），长安地震。古人重灾害，强霸如董卓者亦难免惊恐，遂就教于蔡邕。蔡邕以为，这次地震是由"阴盛侵阳，臣下逾制之所致"，阴气代表大臣，阳气代表君权，强臣压制帝王这一人世现象感应天地，导致地震。并随即举出了一个董卓逾制越分的例子。当年春天郊天大礼，董卓为汉献帝的车驾做前导，但董卓没有坐符合大臣身份的车，而是用了皇太子、皇子才能乘坐的"金华青盖车"。这在礼制上当然是非常严重的僭越。因为有这样的事，所以才会引发地震。听完蔡邕这番话，董卓赶紧把车子换成"皂盖车"，这是一种符合二千石、中二千石身份乘坐的车子。

从上述两个例子来看，蔡邕维护汉室的政治立场鲜明，只不过他同时得到了董卓的信任。而董卓对蔡邕的很多意见，居然能倾心接纳，也是一件值得玩味的事。文人重情感，对于一个长期共事，且还算能尊重自己意见的人，即便他身负万千罪孽，当意外得知他死于非命时，也难免扼腕叹息。故我们可以将这一声叹息，看作是蔡邕的性情流露。但王允也正是根据这声叹息，将他划入了"董卓反动势力集团"。

蔡邕下狱后，四方援救辐至。为蔡邕求情的理由集中在两点：一，蔡邕身为名士，极具人望，因为这点小事杀他，不利于政府形象；二，蔡邕是编修东汉历史的最佳人选，杀之则汉史难续。汉灵帝时，蔡邕曾与卢植等当世大儒共同供职于东观（东汉宫廷庋藏、校勘典籍，并负责历史著述的机构），撰补《后汉记》，后因遭世流离而未能竟章。此番得罪王允后，蔡邕自己也在狱中上书陈情，表达了"愿黥首刖足，继成汉史"的意向。谁知，正是"继成汉史"这一点，再次触怒王允，促使这位政界大佬发表了一通中国史学史上著名的言论："昔武帝不杀司马迁，使作谤书流于后世。方今国祚中衰，戎马在郊，不可令佞臣执笔在幼主左右，既无益圣德，复使吾党蒙其讪议！"（《资治通鉴》卷六十）把司马迁的《史记》评作谤书，即典出于此。王允不仅把修纂历史看作是无意义的事，甚至认为这是有害的。最终，一切都未能挽回王允戮杀蔡邕的决心。不久之后，蔡邕即死于狱中。蔡邕的死，引发了另一位学问大家郑玄"汉世之史，谁与正之"的感慨。郑玄，那个时代最伟大的经学家，用怅然若失的语言伤悼同时代最优秀史才的无妄之死，意味深长。

通过蔡邕事件，大臣马日䃅对王允的未来也做了一个预判："王公其无后乎！善人，国之纪也；制作，国之典也。灭纪废典，其能久乎！"（《资治通鉴》卷六十）执一己之固见，杀善人，废国典，对舆论毫无敬畏之心，如此做派，马日䃅认为王允维持不了多久。

奸臣与忠臣

马日䃅不幸说中了。蔡邕之死，给了各类和董卓有着或深或浅关系的人很不好的心理暗示。就当时形势而言，光杀董卓，并不能解决所有问题，还有很多遗留问题亟待妥善处理。一个最棘手的问题，就是如何处置董卓旧部。旧属董卓的将领们，有鉴于蔡邕之死，难以自安。而在蔡邕问题上果断冷酷的王允，在处理更为重要的董卓残余势力的时候，却犹豫不决，措置失当，最终引起董卓余部暴乱。不仅自身人亡政息，也把东汉王朝彻底带进了死胡同。

王允本来有充分的时间和手段处理董卓遗留问题，但机会被一次次浪费。有人建议以朝廷名义发布诏书，赦免董卓旧部，以起到安抚作用，王允先诺而后悔。又有人建议派宿将整编董卓旧部，为朝廷所用，王允也没接纳。吕布建议，干脆杀尽董卓余党，王允又觉得太残忍。

对那些董卓的老部下来说，董卓被刺的消息无疑是晴天霹雳。最初的时候，他们同样心神不宁，完全弄不明白朝廷手上有什么牌，接下来又会打什么牌。对他们中的多数人来说，可能是有生以来第一次体验如此巨大的恐惧感，前路渺茫叵测。于是有部分将领主动跑到长安，请求朝廷赦免。但这些包裹着畏惧之心的和平请愿却被王允以"一岁不可再赦"的理由挡回，当年新春皇帝已经发布过一道大赦诏书，一年之内不能有两次大赦。此时，王允所体现出的在政治上的顽固与短见，与处理蔡邕事件时正同，所不同的是，他能成功逼死蔡邕，却拿不出良策应对这些兵匪。

时间在慢慢流逝，那些无法洗脱"董卓余孽"烙印的人，都感觉头上悬着一把刀，随时可能掉下来。而朝廷始终没有公布如何处置董卓余部的方案。与此同时，朝廷将尽杀凉州人（董卓是凉州人，其部众也多为凉州人）的谣言哗然四起。谣言让他们联想到了蔡邕的遭遇。连蔡邕这样的人，都能因为一声叹息而枉死，董卓旧部余党更是人人不能自安。于是这些人由失措而惊恐，由惊恐想到了铤而走险。属于董卓阵营的谋士贾诩登高一呼："不如相率而西，以攻长安，为董公报仇！"（《资治通鉴》卷六十）军队一路向长安，到达长安城下时已经集结了十万人。长安城应声而破，王允也在这场变乱中被杀。接下来，比董卓素质更低的军阀们开始把持朝政，相互攻伐。所以，王允杀董卓，并没有终结历史的糟糕局面，而是让糟糕走向了更糟糕。而这一切，马日䃅似乎在蔡邕临死的那一刻就已经预料到了。

这时候再回过头来看穿插在《资治通鉴》第五十九卷那两大历史事件之间的蔡邕小插曲，我们才恍然大悟，原来让蔡邕在董卓专政之前出现，正是为了与下卷蔡邕之死相呼应。而以蔡邕生命中这最后几年的际遇为线索，牵出董卓和王允的比较。用老百姓惯用而又简单明了的两分法，董卓是奸臣，王允是忠臣。奸臣董卓让汉末形势变得糟糕，但他还容得下蔡邕。忠臣王允却容不下一个蔡邕。王允诬修史为作谤，体现出他的独断专横不亚于董卓。逼死蔡邕，则增加了董卓余党的疑惧心理，把他们推向了朝廷的对立面，这又体现了王允在政治上的短见。正是这种度量、局器，使得东汉历史在他手里变得更糟糕。看来忠臣并不比奸臣更可靠。

董卓与名士

其实，董卓时代被迫加盟政府的名士，不止蔡邕一人。董卓秉政之初，即有人建议他"矫桓、灵之政，擢用天下名士以收众望"。董卓接纳，随即派人着手从事"沙汰秽恶，显拔幽滞"的工作，征召荀爽、陈纪、韩融、申屠蟠四位处士。荀爽未及登程，又遣人就地拜为平原相，行至宛陵，迁为光禄勋。到任后视事三日，进拜司空。从被征召，到拜登台司，前后九十三天。这一经历与蔡邕三日之间周历三台很相似。陈纪和韩融也分别得到重用。只有申屠蟠不肯合作，董卓最终也没拿他怎么样，以七十余岁高龄寿终乡里。

董卓固然残暴专横，他征集这些名士，甚至不惜用一些强制性手段来迫使他们就范，但这一行为本身说明了，董卓内心深处有被主流舆论接纳的渴望。而这一心理成立的前提，是他知道自己的不足之处，知道自己和主流价值观之间的差距。虽然董卓这么做，本质上是想利用名士们的声望缓和舆论，收拢人心，和他的专制相比，只是一种掩耳盗铃的做法。但至少我们可以看到，董卓愿意这么做，说明在董卓的内心深处，对舆论是有敬畏的，他也知道这些名士的价值在哪里，所以他还要做点装饰功夫。董卓对待这些名士，无论是真心还是假意，都让我们看到，他毕竟还是一个有所畏惧的人。一个有畏惧的人，总比毫无顾忌的人好。

董卓谋议废立之初，遭士人反对，卢植曾当廷予以驳斥，激怒董卓。董卓盛怒之下，意欲斫杀卢植。蔡邕等人出面解劝，卢植方得免。后袁绍起兵关东，以讨董卓为名。为避锋芒，董卓抛出迁都之议，又遭到公卿们的反对，杨彪、黄琬等当世名公纷纷起而责难。被董卓看重、欲委以副相国重任的朱儁，也因此事和董卓发生激烈争执。董卓以"卿勿妄言，且污我刀"，向朱儁发出威胁。但董卓的威胁，也只是停留在口头上，当听到盖勋"昔武丁之明，犹求箴谏，况如卿者，而欲杜人之口乎"的告诫时，还是不得不自抑谢过。最终董卓虽然依仗手里的暴力工具成功地把朝廷"驱赶"至长安，却也不曾靠杀戮持异议者来巩固己见。纵观这段历史，平时残暴成性的董卓曾对很多名士发出过口头威胁，却始终不敢以刀枪杜绝人口。

反观王允则不同，"忠臣"身份的自我定位，使他有恃无恐，自信真理在握，不假他虑。故当年卢植得罪董卓，蔡邕能救；而当蔡邕自己得罪王允时，无人能救。如马日䃅所言，刚愎自用，毫不顾惜舆情，杀善人、废国典，以正义的名义。

检查我们对这段历史的通常理解，董卓早已被钉在了历史的耻辱柱上，王允因敢于冒着巨大风险勤王除贼而名垂青史。《三国演义》中还特有"王司徒巧使连环计，董太师大闹凤仪亭"一回，以文学手法凸显这对忠奸矛盾。但就史论史，以蔡邕的命运遭际为标尺，衡量董卓与王允，又当作何论？看来品评历史人物，不能光看贴在表面上的忠奸标签。蔡邕在王允座上的这一声叹息，叹送了自己的性命，却也叹出了忠臣王允的原形，叹出了汉末形势无可挽回的江河日下。

宏观历史视野中的楚汉相争

◆姜 鹏

亡秦必楚

两千多年前的楚汉相争,至今仍是中国历史中永不褪色的话题之一,有人物,有冲突,有戏剧性转折,最适合做茶余饭后的谈资。电影《王的盛宴》,导演强作历史解人,声称项羽具有民主思想,颇受网友嘲讽。声未绝耳,长达八十集的电视连续剧《楚汉传奇》又开始热播,依然毁誉如潮。

说项羽很民主,当然荒谬,但大家的讨论倒使我想起另一个问题。记得中学历史课上,老师讲到楚汉相争时,总要提这样一个问题:项羽为什么会失败?刘邦的成功说明了什么?一般老师给出的标准答案都是这样:秦朝的统治虽然残暴,但统一中国、施行郡县制,具有进步意义;项羽代表陈旧的贵族势力,在推翻秦朝统治后,恢复诸侯割据局面,开了历史的倒车,所以必然失败;而刘邦代表着先进的封建地主阶级,他的胜利说明了先进势力总是能战胜落后势力,推动历史进步……考试的时候,必须把这些话都写上,否则扣分。

不知道现在的中学老师还是不是这样讲。项羽真的是因为阶级立场落后于刘邦才失败的吗?早在20世纪80年代,著名历史学家田余庆先生就发表过一篇题为《说"张楚"》的论文(初刊于《历史研究》1989年第2期,后收入氏著《秦汉魏晋史探微》),这篇论文已经摧毁了项羽落后说的基础,但学术成果要和中学教育衔接,看来是一件很难的事,至少到20世纪90年代后期或21世纪初,用项羽落后来解释楚汉相争的结局,仍然在中学课堂上盛行。

那么我们究竟该如何看待楚汉相争?这话得从秦末形势说起。谈到秦朝灭亡,人们不会遗忘陈胜吴广起义。但陈吴起义仅持续了六个月,此后数年,涌现出了齐王儋、赵王歇、魏王咎、韩王成等人,或自立,或被拥立,成为反抗秦朝统治的领袖。这些人有一个共同特征,即都是秦统一之前,关东六国的旧贵族势力。尤其值得一提的是楚怀王熊心,被拥立之后,迅速成为各方灭秦势力的盟主和精神领袖。实际主导灭秦战争的项梁、项羽叔侄,其家族又世为楚将。从这一形势来看,引领灭秦潮流的似乎是楚人,这场战争是楚国贵族联合其余关东各国旧势力发动的反秦战争。

盟主为什么是楚王?主将为什么是楚将?对于这个问题,田余庆先生在《说"张楚"》一文中有非常精辟的剖析,我在这里贩卖些田先生的旧说。《史记·项羽本纪》记载了一则盛行于战国晚期的预言:"楚虽三户,亡秦必楚。"楚国哪怕只剩最后三户人家,也要亡秦复仇。为什么会有这样的预言出现?司马迁假范增之口,提供了一个解释:"秦灭六国,楚最无罪,自怀王入秦不反,楚人怜之至今。"这里的楚怀王指的是与秦昭王同时的熊槐。秦人失信,诓骗熊槐入秦,并将之幽禁。数年后,熊槐在秦国郁愤而卒。楚怀王的经历备受楚人同情,同时也加深了楚人对秦国的仇恨。当秦人把楚怀王的遗体送回楚国时,"楚人皆怜之,如悲亲戚"。到秦朝末年项梁起事,立熊槐之孙熊心为王,同样称为"楚怀王",就是为了激活楚人的这段记忆和仇恨。

楚国是秦国的劲敌。观察战国晚期局势,秦灭六国的战争,以与楚国的战争持续最久,也最为激烈。当时还是秦王的嬴政就灭楚问题咨询宿将王翦,王翦说非六十万兵力不足以攻楚。嬴政未能采纳王翦的建议,而是轻信了许诺以二十万兵力灭楚的少壮派将领李信。结果李信被楚人打得大败。嬴政不得不补足六十万兵力，重新起用王翦。除了秦楚战争之外，在战国后期连横合纵的"国际"关系格局中，楚国也一直是关东六国合纵攻秦的纵长，也就是盟主。

在战国晚期秦国与关东六国的对抗关系中，楚是关东六国的盟主。秦朝短暂统一之后，战争再度风起云涌，六国旧贵族纷纷裂地为王，以小怀王熊心为盟主，以项氏叔侄为主将，事实上是迅速恢复了秦统一之前，六国以楚人为盟主合纵攻秦的格局。也就是说，秦始皇去世之后的战争，是战国晚期七雄战争格局的反复与延续。如果把秦汉历史看作一个整体，秦末战争像是穿插在两个统一王朝之间的小插曲。换种眼光，如果把战国晚期的争霸战争与秦末战争看作一个整体，那么秦朝的统一才是插曲。只是今天的人们熟睹于大一统王朝史观念，不太习惯用后一种思维考虑问题。

在秦末战争中，各国旧贵族以楚国为盟主的最初目的，是要恢复到秦统一前的状态，而不是要楚国代替秦国统一。灭秦的任务最终在项羽的主导下完成，项羽废郡县而行分封，使旧贵、功臣裂地而王，自己不称帝而称霸王，其实是顺势而为，将各方灭秦势力的诉求兑换成现实，并非一意孤行地开历史倒车。当然，说项羽代表旧贵族利益，倒也是事实。问题是，这是不是就成为项羽败给刘邦的原因呢？

刘项同归

刘邦出身卑微，不能和项羽比，身边聚集的人物也多为屠狗皂隶之辈。故赵翼《廿二史札记》总结汉初政治，有"汉初布衣卿相之局"一则。从出身论的角度将项羽、刘邦判入不同的阶级阵营，没什么大问题。但这就能引申出,项羽和刘邦之间的对决是两个阶级的PK吗？一个时代的最大局限来自于技术和观念，当历史积累与人类整体智慧尚不足以突破这些局限时，任何英雄人物只能在时代框架下选择自己的行动方向。与之相比，阶级论是软弱的，因为这种局限可以被个人能力突破。刘邦和项羽两大阵营之间，相互叛亡的事例很多，刘邦身边的张良也是贵族出身。说项羽代表旧生产力关系的没落贵族，因此必然让位于代表新生产力关系的封建地主阶级，只是看到项羽输给刘邦这一结果后，用来解释这个结果的后见之明。仔细对比这两个人，我们会发现，刘邦并不见得比项羽更先进。

项羽在自称西楚霸王的同时，分封了包括刘邦在内的十八家诸侯。我们可以把这十八家诸侯分为三类：第一类是举旗反秦的六国旧贵，如赵歇、韩成、魏豹、田市等；第二类是出身卑微，却在反秦战争中立下大功的义军领袖，如刘邦、黥布等；第三类是秦朝降将，有章邯、司马欣、董翳三人。随后刘邦消灭项羽，自为汉帝，同样分封了七家异姓诸侯王（不计后来代替臧荼的卢绾）。分析刘封七家诸侯的成分，大家会发现，除了少去秦朝降将之外，与项封十八家并无本质区别，依然由六国旧贵与新军功阶层组成。七家中，韩信与彭越是在灭项过程中晋身的军功新贵，其余五家都是原先由项羽分封、在楚汉相争过程中因站队问题而被保留下来的诸侯，除黥布外，另四家又都是六国旧贵。

如果大家看看刘邦晚期汉帝国的地图，就可以发现两个特点：其一，掌握在诸侯王手里的封国总体面积大于中央政府直接控制的郡县；其二，东西界限分明，郡县集中在西部，东部地区几乎都在诸侯王手里。试想，如果我们把这张地图改编成战国晚期秦与东方六国的对抗图，中央政府直接控制的郡县不正是当年秦国所处的位置吗？诸侯王的封国不正相当于当年的关东六国吗？除了具体疆界有所改动外，东西对抗格局不是如出一辙吗？

刘邦花了很多精力，一一解决异姓诸侯王。尤其是他生命中的最后一年，在吕雉的帮助下，连续铲除了彭越、黥布、韩信三大功臣诸侯王。但之后呢？刘邦不得不在他的同姓中寻找合适人选，封他们为王，填补异姓诸侯留下的空缺。比如，由于黥布、韩信等人的殄灭，东南地区出现权力空白，刘邦并不是在这块土地上推行郡县制管理，而是分封侄子刘濞为吴王，接收该区域。也就是说，刘邦在有生之年同样推行分封制。他消灭异姓王，分封同姓王，是为政治安全而做的博弈，并不是有意识地逐步摆脱分封，更没有认识到郡县制是"先进"生产力关系的代表。这样看来，刘邦的行驶方向在本质上与项羽一致。如果说项羽实施分封是开了历史的倒车，那么刘邦也是在开倒车，凭什么说项羽的历史立场比刘邦落后呢？这个不等式看起来不成立，那么在这一前提假设下推理出来的刘项成败原因，自然也就不能成立。

太史公说，从秦末到汉初，"五年之间，号令三嬗"，指的是陈胜成立"张楚"政权，之后项羽灭秦，自称"西楚霸王"，最终刘邦灭项，建立汉朝。而田余庆先生说"三嬗皆楚"，这三次政权更替打的都是楚国旗号。刘邦不仅是楚人，他的势力也是从楚怀王旗下分出。鲁迅作《中国小说史略》，专有一章论"汉宫之楚声"。抛开个人出身不论，从历史大势着眼，不仅项羽的成败处于秦与六国势力反复争夺的潮流中，刘邦的功业也由这股潮流造就，因此他们都不得不顺应这股潮流。那么我们如何用历史眼光来定位这段纷争呢？

关于秦始皇废除分封制，以郡县制统一全国，我们应该认识到两个问题。首先，虽然在战国时期列强内部已经有郡县存在，但郡县制作为一种基本行政制度在全国推广，对当时的人们来说仍然是一桩新鲜事物。社会基础与人的观念转化需要漫长的过程。新的制度能否被全社会接受，关键并不在于这种制度是否"先进"，关键在于人们是否就这项制度达成了共识。有共识，才有可能共同接受。秦始皇去世后，六国势力重新抬头，在激烈反秦的同时谋划复国，说明秦始皇推行的这套新制度并没有得到全社会的广泛认可。这是项羽、刘邦不得不相继采取分封策略的观念前提。

郡县制与分封制的角力过程中，还应考虑当时的技术条件，这和中央政府的统治能力密切相关。汉朝建立后，为什么郡县集中在西部？这片地区以长安为核心，是中央政府在管理上力所能及的地方。为什么不尽早在东部地区推行郡县制？因为如果由长安直接对这些地方发号施令，在交通、通信、财政支付等各个方面，都有技术难度。从刘邦的让步，我们可以反过来思考秦朝为什么失败？秦虽然在军事上统一了全国，但要真正管理这么大一片地区，已经远远超出了当时技术条件所能支持的能力范围。人总是很难突破历史给定的条件。

秦皇汉武

谈到中国古代帝王，人们总是以"秦皇汉武"并称，即秦始皇与汉武帝，很少有将秦始皇与汉高祖刘邦相提并论的。刘邦虽然是一代开国雄主，但论历史功绩，秦始皇和汉武帝才是一对。为什么？因为秦始皇开创的政治制度，即以皇帝为元首、以郡县制为基础，建构大一统中央集权国家的政治蓝图，最终是由汉武帝完成并定型的。此后，这一基本制度在中国绵延了两千多年，其间有小的结构调整，没有大的框架变动。如果我们看看汉武帝后期汉帝国的地图就可以发现，中央政府的控制力足够强大，诸侯国彻底失去了与中央政府抗衡的可能。至此，我们方能说郡县制已经取得了决定性胜利。

汉武帝当然不是从石头里蹦出来的。汉朝建立后，封国与中央政府之间有长期的拉锯战。至汉景帝时爆发"七国之乱"，可以说是中央和诸侯的大决战，结果中央政府胜出，此后诸侯势力逐步遭到削弱。汉武帝即位后取缔了不少封国，同时颁行推恩令，将各诸侯国化整为零，才使得中央势力逐步渗透到地方，郡县管理模式得以步步为营。从中我们看到，分封制与郡县制的角力，是一个反复、漫长的过程。

着眼于郡县制在全国范围内的创设与确立，秦始皇和汉武帝之间的这段历史，可以构成一个相对独立的单元，我们姑且可以称之为郡县制的"创业史"。秦始皇去世后，郡县制遭遇暂时挫折。项羽和刘邦，都是分封制反扑过程中翻出的浪花。楚汉虽然形同水火，一直相争到其中一方消失，但他们并不代表不同的历史方向。他们的成败，更不能以先进或落后来解释。历史的演进被复杂的合力推动着，它最终在汉武帝时期走出分封时代，是缘于政治观念的逐步更新，以及统治技术的改进，并不是简单地由英雄人物操纵、引领。

我们只能说，时间总是让历史停留在它该停留的位置上；也是时间，让历史到达了它该到达的地方。

女主临朝与"女祸"论辨析

◆朱子彦

时下,电视剧《甄嬛传》在各地卫视不断重播,"后宫"题材再次成为大众瞩目的热点。自古至今,波诡云谲的宫闱秘事向来为世人所津津乐道,但所涉及的内容大都为后妃之间的狐媚争宠,阴谋夺嫡。此类故事虽然曲折离奇,但经历代文人加工演绎后常变得荒诞不经,如宋代"狸猫换太子"的故事就是典型之例。后宫题材虽然大部分被改编成戏剧,供世人消遣喷饭,但中国历史上常见的后妃临朝听政却不容忽视,因为她们在中古的政治舞台上也有一番作为,作为古史中最重要的国史,即二十四史也不得不为她们留下不可或缺的印迹。

一

据正史的不完全统计,从战国至有清,临朝称制(**唐代以降又称垂帘听政**)的女主约有三十八人。其中战国三人,秦宣太后、赵威太后、秦始皇之母赵太后;西汉两人,刘邦之妻吕雉、元帝之后王政君;东汉六人,和帝之母窦太后、和帝之后邓绥、安帝皇后阎姬、顺帝皇后梁妠、桓帝皇后窦妙、少帝之母何太后;西晋一人,惠帝皇后贾南风;东晋两人,明帝皇后庾文君、康帝皇后褚蒜子;北魏两人,孝文帝祖母冯太后、孝明帝母胡太后;唐代两人,武则天和中宗韦皇后;宋代九人,真宗刘皇后、仁宗曹皇后、英宗高皇后、神宗向皇后、哲宗孟皇后、高宗吴皇后、宁宗杨皇后、理宗谢皇后、度宗杨淑妃；辽代三人，述律平、萧燕燕和萧耨斤；元代五人，脱列哥那、斡兀立海迷失、阔阔真哈敦、答己、卜答失里；清代三人，慈安、慈禧、隆裕太后。其中最著名的吕后、武则天、慈禧都是耳熟能详的女主。武则天甚至自立为帝，创造了中国历史上女皇专制的奇迹。

女主临朝称制时，在形式和权力上与皇帝基本相似。司马迁甚至将西汉第一个临朝称制的吕后列入"帝王本纪"之中，完全将她作为天子看待。东汉蔡邕在《独断》一文中记载了母后临朝之制："少帝即位，太后即代摄政，临前殿，朝群臣。太后东面，少帝西面。群臣奏事上书，皆为两通，一诣少帝。"可见，太后和皇帝一样，都坐在朝堂上，接受群臣参拜。群臣上书奏事，"一诣少帝"，仅是徒具形式，真正掌握实权，处理朝政国事的是太后。汉代太后临朝时，自称"朕"，其所下命令为"制"，臣下称太后为"陛下"，其死则称"崩"。太后还可服天子衮冕拜谒宗庙，并代替皇帝祭祀祖宗。可见，母后临朝就是代替皇帝上朝，行使皇权，统治天下臣民。

后妃干政或女主临朝听政，历来为世人诟病。汉代儒学兴起后，根据夏桀、商纣、周幽王宠爱女色、荒政亡国的事实，史家得出"女色亡国"的结论，甚至把帝王宠妃视为"祸水"。汉成帝宠幸赵飞燕、赵合德，宫人无不为赵氏姊妹美貌所惊叹。唯有一位名叫淖方成的宫女，惊呼"此祸水也，灭火必矣"。按照五德终始说，汉以火德而兴，水能灭火，所谓"祸水"，即指赵飞燕姊妹是一盆祸水，她们将给汉朝带来灾祸。此本阴阳五行家以事借喻之辞，后来人们便往往将王朝衰亡的罪责加在帝王宠幸的后妃身上。历代统治者还惯用"女祸"来评判后妃干政或诠释历史上某些王朝盛衰兴亡之因。刘向《新序》曰："禹之兴也，以涂山（禹之妻）；桀之亡也，以妹喜（夏桀之后）。汤之兴也，以有莘（汤之妻）；纣之亡也，以妲己（纣王之妃）。文武之兴也，以任姒（周文王之母）；幽王之亡也,以褒姒(周幽王之后)。"《旧唐书》作者刘昫说:"三代之政,莫不以贤妃开国,嬖宠倾邦。秦汉已还,其流寖盛,大至移国,小则临朝……历观前古邦家丧败之由,多基于子弟召祸,子弟之乱,必始于官闱不正。"刘向、刘昫等人将三代的兴盛归功于"贤妃"涂山、有莘、任姒,而把三代的衰亡归咎于"宠嬖"妹喜、妲己、褒姒等人,还认为历代王朝的祸乱都"始于官闱不正"。这实际上和孔子的"唯女子与小人为难养也"的观念一脉相承。其实,历代王朝的盛衰治乱有着极其复杂的原因,后妃并不能起决定性作用。即使历史上多次出现宠嬖引祸、后妃乱政的事实,也仅仅是那些王朝衰亡的诱因,导致衰亡祸乱的真正根源并不在她们身上。

在以男权为中心的古代社会里,妇女始终处于依附从属的地位,后妃不可能与帝王具有同等的权利,她们时常被排斥于政治领域之外,因而有后妃"干政"一词的出现。帝王掌权被认为是天经地义,女子擅政即遭人非议,称王称帝则更是大逆不道。如武则天改唐为周,自立为帝,就被后人唾骂:"僭窃天号,恣行凶虐,毒流内外,逾二十年。"总之,古代女子的职责仅是相夫教子,孝敬公婆。如果参与政事,就被认为将给社会带来祸乱。

二

那么,历史上为何又会频频出现后妃临朝的状况呢?其实,女主听政制的产生并非偶然,它是由各种因素造成的。一旦出现这类情况:幼主登基,天子多病,君主昏庸,皇帝无子,外藩继统等,后妃就有可能临朝听政,行使皇权。换言之,后妃临朝是帝王统治天下的另一种表现形式。实际上,后妃临朝、外戚干政与宦官、权臣专权一样,都是在君主本人不能亲政情况下的替代形式,是君主专制制度的一种变通的实现方式。而历史早已无可辩驳地证明,以天下为一人私产的君主专制是一种权力最无制约的体制,也是最容易导致腐败的制度。正如黄宗羲在《明夷待访录》中说,君主专制"为天下之大害"。唐甄在《潜书》中说:"自秦以来,凡为帝王者皆贼也。"旧史家在论及后妃外戚干政所表现出的腐朽性和残暴性时,似乎忘记了一点,即一旦无道昏君在位,其统治的腐朽、残暴程度比后妃、外戚干政实有过之而无不及。另外还要看到,有些王朝之所以出现后妃干政和政治祸乱,本身就是那个时代政治腐败和社会政治总危机的结果。

《史记·夏本纪》说:"帝孔甲立,好方鬼神事,乱淫,夏后氏德衰,诸侯叛之。"《国语·周语》说:"孔甲乱夏,四世而陨。"孔甲以后第四代君王是夏桀,夏桀是历史上著名的暴君。《尚书》说桀不用贤良,不忧恤士民,"乃大淫昏"。在商汤讨伐夏桀的誓词中说到当时人民咒骂夏桀说:"时日曷丧,予及汝偕亡。"意思是说人们痛恨夏桀这个暴君,宁可与其同归于尽。殷纣王昏庸残暴,他杀比干,逐忠良,不理朝政,终日歌舞,厚征暴敛,以酒为池,悬肉为林,男女裸逐,彻夜长饮,最后以淫暴亡国。可见,夏、商之亡应归咎于夏桀、殷纣,同妹喜、妲己并无多大关系。从表象上看,周幽王宠爱褒姒,为求其一笑,不惜妄举烽火,失信诸侯,致使国破身亡。其实,西周之亡并非因一朝一夕之故,即使没有褒姒和烽火戏诸侯等偶发事件,西周也会覆灭。覆亡西周的是以犬戎为主体的申、缯、犬戎三族的联军,当时犬戎文明虽然落后于中原,但军事力量却超过西周。说什么"赫赫宗周,褒姒灭之",其实是"女祸"谬论的源头。那是借偶然性事件来掩盖历史的必然性。西周姬姓王朝由盛转衰,至幽王时期,社会矛盾和民族矛盾都空前激化,王室已经完全丧失了统治能力,这个衰朽的王朝只能走向覆灭。周秦以降,因帝王沉湎于女色、怠于政事而败身误国者,代不乏人。但这并不能完全由后妃负责,连封建政治家也知道这一点。王安石在《宰嚭》诗中写道:"宰嚭亡吴国，西施陷恶名。浣纱春水急，似有不平声。"王安石认为，吴王夫差不辨忠奸，误用奸佞宰嚭，杀害忠臣伍子胥，才是吴亡的真正原因，而西施则完全是个无辜者，连浣纱的春水都为之鸣不平。又如唐玄宗时期杨贵妃受宠、杨国忠专权，根本原因就是玄宗自己晏安耽乐、昏庸腐朽所造成的。《新唐书》在总结唐玄宗宠幸杨贵妃时说："溺其所甚爱，忘其所力戒。"乃颇有见地的看法。安史之乱，唐王朝由治而乱，由盛而衰。造成这种原因，岂能由杨贵妃负责？若不是唐玄宗"春宵苦短日高起，从此君王不早朝"，杨贵妃又怎能"承欢侍宴无闲暇，春从春游夜专夜"？若不是"君王游乐万机轻"，又怎会酿成安禄山叛军的"渔阳鼙鼓动地来"。鲁迅在《花边文学·女人未必多说谎》中说："关于杨妃、禄山之乱以后的文人就都撒着大谎，玄宗逍遥事外，倒说是许多坏事情都由她。"并且指出："女人替自己和男人的伏罪真是太长远了。"古代中国是以男子为中心的宗法社会，由昏君、奸佞而造成的社会动乱远远超过后妃所引起的祸乱，但封建统治者和旧史家却从来不提"男祸"，而只把宠妃视作祸水，这显然是一种社会偏见。

三

然而，我们在否定"女祸"论的同时，也不可否认，历史上的后妃临朝或外戚干政确实容易导致天下扰攘，社会动乱，如东汉何太后、西晋贾南风、唐代杨国忠、北魏胡太后、清末慈禧就是典型。这就成了一个二律背反的现象。因此，如何正确评价后妃外戚专权并非易事，我们很有必要对这一问题进行更深层次的考量。

对这个问题，旧史家往往从后妃的自身素质方面寻找原因。王夫之就批评汉代母后"所见所闻不出于闱闼，其择贤辨不肖、审是非、度利害，一唯琐琐姻亚之是庸"，故"母后临朝未有不乱者也"（《读通鉴论》

卷 7）。应该说，王夫之的话是有一定道理的。一般来说，后妃之所以取得君主的宠信，之所以能够进入政治核心，主要是凭借色相而非才能，即所谓"女以色进"。所以，大多数后妃文化低，素质也较差。再加上自年轻时即选入深宫，与世隔绝，对于国情民意一无所知，更没有政治经验和政治眼光。一旦让这些毫无政治经验和素质的人掌握了国家最高权力，确实容易滥用权力，或者委政外家，宠信亲党，或者排斥贤良，卖官鬻爵，从而导致政治腐败。但是，如果仅仅根据后妃缺少政治见识和能力这一点就得出"母后临朝未有不乱者"的结论，把后妃临朝所带来的问题全部归之于她们的素质低下，则不免有些绝对。实事求是地讲，后妃临朝的负面影响并不完全由她们的素质所决定。如果我们将目光集中于整个君主专制政体就会发现，所谓"女祸"从根本上说是由于后妃的统治合法性不足造成的。

后妃临朝虽有一定礼法上和道义上的合理性，但这也只是相对而言。因为女主临朝毕竟不是君主专制制度的一种正常形态。从帝王制度的正统性来看，只有君主的身份才是至高无上的，才是国家的最高法人代表，而君主的权力又是不可分割让渡的。所以，由后妃来代表君主、行使皇权的做法，实际上存在着僭越君权、"窃弄威柄"之嫌。再加上男尊女卑观念的长期影响，皆将男性当权视为理所当然，而习惯性地把女性当政视为阴盛阳衰，当作是一种阴阳失调的不祥之兆加以反对。所以，无论后妃临朝有多少条理由，也无论某些后妃，如武则天多么有才，但从儒家的伦理纲常，以及君主专制的基本精神来看，都比不上君主本人，甚至不如唐中宗一类昏君亲自掌权来得名正言顺、令人心服口服，从而使后妃临朝一开始就潜伏着合法性的危机。

王夫之曾对史书上褒奖后妃贤德一事非常不满，认为不论贤德与否，后妃干政都是不应提倡的："故奖妇贤者，非良史之辞也；事女主者，非丈夫之节也。司马温公历鉴于汉、唐，而戴宣仁后以行其志，佞者为之说曰:'母改子道。岂非过乎?'"(《读通鉴论》卷7)他的这一态度正可以透露出,女主干政的合法性的确是"先天不足"。连司马光"奉戴"高太后,辅佐朝政,都给人以攻讦的口实。在这种情况下,临朝听政的后妃为了实现和巩固自己的统治,必然会更多地诉诸暴力和威慑手段。因为从政治学的角度看,任何统治都不能缺少两个要素,一是暴力的强制性,二是意识形态的合法性。通过前者,使被统治者由于慑于暴力而被迫服从;通过后者,使被统治者由于意识到这种统治的正当性、合理性而产生自觉的服从。在通常情况下,一种合法性高的统治,会使统治者感到安全,使用暴力就少,合法性低的统治则会使掌权者缺乏安全感,因而也更多地依赖于暴力手段。后妃或外戚掌握最高统治权既然没有君主本人当权那样具有合法性,遇到的阻力或反对力量必然会更大,当然就会更多地诉诸暴力镇压,而滥用暴力必然会导致统治集团内部矛盾进一步激化,引发社会动乱。

正是由于缺乏安全感与政治合法性,母后临朝一般都会采用两种手段来巩固自己的权力:其一,重用外戚,利用裙带和血缘关系建立后党派系,扩大统治基础。古代重视男女大防,且宫禁森严,后妃一般无法直接与外廷官员接触。但是,母后之所以信任外戚而不敢让其他人参与政治,最主要的还是因为缺乏合法性,害怕其他政治势力,特别是皇族的反对,而只能以同姓亲属作为统治骨干,如西汉吕后临朝时,即"贵外家,王诸吕以为辅,而以吕禄女为少帝后,欲连固根本牢甚"(《史记·外戚世家》)。其二,宠幸宦官。大凡女主当政时,由于女主同身为男性的外廷朝臣交接不便,遂不得不依赖宦官来沟通内外,这就为宦官专权提供了机会,同时亦成为女主临朝的重要特征。《后汉书·宦者传序》云:"女主临政,而万机殷远,朝臣国议,无由参断帷幄,称制下令,不出房闱之间,不得不委用刑人,寄之国命。"随着女主对宦官的依赖,宦官的职权范围便突破了内廷杂役的限制,开始在政治舞台上扮演重要角色。

他们"手握王爵，口含天宪"，此类情形，在女主听政时期屡屡出现。

　　需要澄清的是，后妃干政虽然易致动乱，但也不全是"女祸"，不能一说"后妃干政"就直接与"女祸"画等号。也应该看到，某些情况下后妃临朝也确实在维护专制帝国的政治稳定方面起过积极的、正能量的作用。在皇权至高无上的封建社会里，皇后在封建国家中的地位颇为尊贵。史载"皇后之尊与帝齐体，供奉天地，祇承宗庙，母临天下"，称之为"海内小君"。当皇帝因突然死亡或因其他原因不能理政、继承人未定的情况下，母后在某种程度上就成了皇权的象征，其身份最具有权威性和说服力。这时候只有由母后出面选择皇位继承人、主持新君继位才最合乎礼法，才能使皇位继承人具有合法地位。否则，就无法度过政治危机，就会使整个国家机器陷于瘫痪。在这种情况下的后妃临朝，无疑是有利于皇权的顺利继承的。此外，在皇帝年幼或患病不能理政的情况下，由太后临朝听政，由外戚实际当权，毕竟可以部分地填补权力真空。至少可以使皇权得到某种象征性的维持，使国家机器得以继续运转。在这一问题上，我们确实要跳出旧史家的窠臼，避免不加分析地夸大后妃临朝干政的祸患。

实干兴唐

◆韩 昇

唐朝确立了以德治国的大政方针，这需要有持之以恒的政治信心和耐心，从历史上看，容易出现两方面的问题，第一是最高当政者是否真心实干，而且能不能长期坚持。第二是官员们是否都想得通，怎么排除阻力。

空谈误国

绝大多数的统治者都会讲"以德治国"来博取喝彩。但是，这个口号最容易流于空谈。对于统治者来说，不少人是读过书，发布政令和训导百姓的时候，总是信誓旦旦，把尧舜禹的治国理想说得头头是道，深明大义。但是，为什么他们中的许多人依然失败呢？

这些统治者大致可以分为两类，第一类如梁武帝萧衍、梁元帝萧绎父子。第二类如隋文帝、隋炀帝父子。

先说第一类，他们有什么特点呢？四个字：空谈误国。梁武帝萧衍出身于兰陵萧氏，这一门在江南非常显赫，据传是汉朝名相萧何的后代。萧衍自幼聪明绝顶，而且博学多才，和大史学家沈约、大文学家谢朓等人号称"竟陵八友"，是那个时代文化江南的领军人物。可知梁武帝的才学不得了，更高出这八个人一筹的是他胆魄过人。南齐末年政治乱局，梁武帝崛起，开国称帝，建立梁朝，给江南带来了难得的和平安宁、文化繁荣。南方文化可以同北方相抗衡，就是从这个时期开始的。梁武帝在政治上不折腾，不乱整人，崇尚文治，都是优点。但是，他小富即安，特别是晚年沉迷于佛教，大建寺庙，"穷极宏丽，僧尼十余万，资产丰沃"，"南朝四百八十寺，多少楼台烟雨中"。偏安江南的王朝全然忘记了北方大敌当前，陶醉在江南春暖之中，男人涂脂抹粉，世家子弟听到驴叫以为是老虎，吓得抱头鼠窜，个个弱不禁风。梁武帝成天和大臣们谈论佛教道家，探讨宇宙终极道理，奢谈人生理想，把国家大事都放到脑后，仿佛说了就是做了，终于政治矛盾激化，梁武帝好心收留的北方叛将侯景，看穿梁朝是泥塑的菩萨，徒有其表，悍然称兵作乱，把梁武帝困死在都城里。

梁武帝死了，他的儿子总应该吸取教训吧。恰恰相反，梁元帝萧绎玄谈的功夫更在乃父之上。"侯景之乱"平定之后，萧绎当了皇帝。这时南方王朝在长江上的战略要地已经都落入北周的控制之中，在这种形势下，谁都会发愤图强，梁元帝当然也大谈文治，还组织百官听讲学习，他亲自讲解，津津有味。一直到北周军队包围都城，枪林箭雨，杀声震天。你知道梁元帝在做什么吗？他若无其事，依然在大殿上讲论《老子》，百官戎服静听，仿佛有大义在此，神明保佑，何惧强敌？后来发生的事情既在意料之中，又出乎意料。城自然被攻破了，梁元帝期待的神明没有出现，他彻底绝望了，迁怒于书籍道："读书万卷，犹有今日。"放一把火，把四十年收集来的珍贵古今图书十二万卷付之一炬。梁元帝不明白自己宣扬道德，为什么会国破人亡。南北朝著名的文人庾信的《哀江南赋》替他做了回答："宰衡以干戈为儿戏，缙绅以清谈为庙略。"空谈道德便万事大吉，把国务兵事当作儿戏，能不灭亡吗？这是真人版的阿Q群正传，精神胜利法。

唐太宗向大臣们讲这两个故事，引以为戒：空谈误国！梁武帝、梁元帝面对深层次的政治社会问题，不去解决，而是靠空谈道义，说到底就是在混，在回避矛盾。社会问题决不是念念经就能敷衍过去的。因此，空谈以德治国不但虚伪，更是不想担责任解决问题的幌子。

作秀败德

第二种类型，是把"以德治国"作为花瓶来点缀，粉饰太平。隋文帝、隋炀帝父子可以说是代表性人物。隋朝税费的征课是最严重的，把老百姓剥削到家无三日粮，连妇女都被征调去服沉重的劳役，开河筑城。但是，我们在隋朝官方文件中见到的是另一种情况。隋文帝在位的时候，多次宣布，因为国库充实，把部分租税赏赐给百姓。这些赋税的减免都被记入史册。隋炀帝在这方面丝毫不比他爹差，他把成丁的年龄大幅度提高，还宣布免除妇女的课役。要知道，成丁才收税，提高成丁年龄就等于推迟征税收税年龄。这些措施多么动人，以至于后代研究历史的人，将这些记载串起来，觉得隋朝挺宽厚的，是被人抹黑了，为它鸣冤叫屈，甚至歌功颂德。

这其中的奥秘在哪里呢？唐太宗一语道破。贞观八年，唐太宗对大臣说道："隋代老百姓哪怕有财产也是保不住的。"为什么呢？因为朝廷经常在法令规定之外征调赋役，表面上看时不时会有朝廷的赏赐，但是很快又都被征调走了，这一边刚拿到手的东西，另一边就被加倍拿了回去，只留下空欢喜一场。这种恩赏还不如不要。原来隋文帝、隋炀帝父子的减税都是在作秀，为自己博取美名。

唐太宗有没有刻意抹黑隋朝呢？一笔账、一个事实就可以做出正确的判断。哪一笔账呢？我前文曾说到隋朝国库留到唐朝还能用几十年，按照隋朝的减税措施，这些钱粮难道是隋文帝、隋炀帝变魔术变出来的吗？一个事实是什么呢？隋炀帝时期因为劳动力不足，大量征调妇女服劳役，这在当时人的记录中比比皆是。

显然，隋朝统治者非常善于作秀，把自己粉饰得道貌岸然。这种游戏玩一两次也许可以蒙骗过去，经常做就穿帮了，天下老百姓眼睛都亮着，其结果反而伤了朝廷的本。什么本呢？那就是朝廷的信义，从此朝廷说话没人相信，甚至只能反过来听。一个王朝到了信义破产，离灭亡就不远了。

唐太宗吸取隋朝的教训，极力避免做这类粉饰的事情。他说我自从登基以来，用心养育百姓，没有劳役征发，让民众能够安心生产，守住财产，这就是我的赏赐。不扰民，不强征暴敛，让老百姓安居乐业，就是朝廷能给予百姓实实在在的好处。

所以，治国一不靠小聪明，二不靠作秀，三不靠小恩小惠，四也不靠自吹自擂。唐太宗说得在理，做得怎样呢？贞观初年，北方遭受突厥入侵，乡村受损。主管社会经济的民部尚书裴矩向唐太宗建议，每户给绢一匹，进行救济。这应该是个好主意，却被唐太宗打回来了，为什么呀，难道唐太宗到分钱的时候也像隋文帝一般小气吗？那倒不是。看看唐太宗的批示是怎么说的。他说我要以诚信治国，不贪图救恤百姓的虚名，所以要把事情做在实处。乡村每户人口差别很大，怎么可以按户分配救济物资呢？唐太宗真是了解乡村现状，唐朝户的大小相差多大，今天的人完全想象不出来，大的户人口成千上万，小的鳏寡独存。根据唐太宗的批示，采用按照人口分发物资的办法，真正起到了救济的作用，当然，朝廷的支出也相应增加了不少。老百姓拿到手里的管用，能不对朝廷产生信任感吗？

能吏丧邦

除了上面说的两种执政者之外，更常见到的是任何一个时代都出现的所谓"能吏"，他们对于以德治国的杀伤力一点也不小。

什么是"能吏"呢？就是特别能够挖空心思增税加收的官吏，因为他们能够让国家的税收快速大幅度增加，在皇帝眼中，他们显得特别能干，故称"能吏"，而唐史则称他们为"聚敛之臣"，也就是搜刮能手。

为什么在古代能吏层出不断呢？

核心问题是古代王朝高度集权，无人能够制约朝廷的开支。花钱没有制约，是多么开心的事情呀，再节俭的人都会变得大手大脚。于是，皇帝大兴土木享受荣华，四处征伐，很快钱就不够用了。朝廷财政有困难之日，便是能吏出现之时。

其实哪怕是朝廷财政富裕的时候都挡不住能吏的出现。这是什么道理呢？因为官吏是要考核政绩的，税收增长是最明摆不过的政绩，对于负责税收的官员更是如此。在他们眼里，增收就是硬道理，他们只想收税，提出种种收税的学说和办法来，迎合君主，却从来没有想过税收必须确定合理的用途，才构成开征的根据，否则加税只会助长官方不断扩张权力，刺激他们乱做事，乱花钱，甚至腐败。隋朝就是很好的例子，国库用不完，隋炀帝就纵欲妄为，大兴土木，穷兵黩武。乱花钱的邪门一开，上行下效，再多的钱都不够挥霍。钱不够了只能加税，税多了更加铺张浪费，这就是唐史中一针见血指出的"用于上者无节，而取于下者无限，民竭其力而不能供"，陷入恶性循环之中。

聚敛之臣一旦被重用，效果立马可见，国税大增，君王欢天喜地，又可以尽情挥霍了。可是，没有人去想这样一个问题，社会的财富不会突然激增，为什么税费可以快速增加呢？其实没有什么诀窍，只有一个办法，改变正常的税法制度，不立法便随意开征新税，变换花样，巧立名目，无所不收税，乃至重复收税，先收几十年后的税等，说白了就是以收税费之名，行抢劫之实。到朝廷中枢充斥着这样一批搜刮能手的时候，说给老百姓减税就反对，或者搬出许多理由来推三阻四，说到加税就来精神，巧立名目，花样百出，到了这时候离动乱就不远了。各朝各代的历史反复证明了这一点。

中国古代早就发现能吏的危害性，《礼记·大学》甚至说道："百乘之家，不畜聚敛之臣，与其有聚敛之臣，宁有盗臣。"什么意思呢？就是说国家不能重用专事搜刮的能吏，哪怕用贪污的"盗臣"，都不能用"聚敛之臣"。为什么呢？因为贪污是个人行为，国家损失的是一些钱财，而"聚敛之臣"破坏的是国家的信义和正常的税收制度，法外加征，让国家陷入与民争利的大博弈之中，危害的是整个社会，往往导致王朝灭亡。房玄龄为什么要亲自掌管财政事务，就是为了防止"聚敛之臣"上台。唐太宗时代，没用过一个"聚敛之臣"。

藏富于民作为国策，人事上出现了新的景象，这可以从一件事情上充分反映出来。有位名叫窦静的司农卿，相当于农业部长。那时候的经济以农业为主，所以这个部门非常重要，最能够体现朝廷政策的真实走向。窦静是个主张轻税养民的清官，他的副手赵元楷则是另一种类型，也就是能吏，或者叫作聚敛之臣。正副主官的理念截然相反，这个部门还怎么开展工作呢？别担心，窦静自有办法，他把官员召集训话，以赵元楷为例，说道："隋炀帝铺张奢侈，所以要拼命敛财，司农卿非你莫属。但是，今日的皇上节俭爱民，你就没有用处了！"说得赵元楷满脸通红，恨不得地上有条缝钻进去。从这则故事不难看出，在唐太宗时期，以搜刮财税为能事的官吏遭人鄙视，百姓能够安心过日子。

唐太宗大幅度减轻税负，朝廷的日子怎么过呢？唐朝主要采取了三个办法，第一是量出制入；第二是厉行节俭，反对奢侈；第三是鼓励民间自立自助。

量出制入

唐朝理财坚持三条原则，那就是"量人之力而授之田，量地之产而取以给公上，量其入而出之以为用度之数"。前两条讲的是发展生产和合理征税，第三条讲的是中国古代国家财政的基本指导思想，那就是要根据财政收入来决定政府开支，有多少用多少，不能无限制挥霍，用收入的盘子来限制支出的规模。这就是"量入制出"的原则。

有些人向西方看齐，说西方现代财政是倒过来的"量出制入"，是先进的财政思想，而中国的"量入制出"则是小农时代的产物，落伍了。好像咱们什么都得仿效西方不可，这是误导。西方有一套限制支出的制度，政府花一分钱都得议会来审批，所以可以采取开支决定收入的模式，中国古代没有人能制约朝廷的开支，所以要用收入来决定开支。说到根本上，这两种模式的内核是相通的，都是为了防止乱收税费。

唐太宗采取的办法是把征税纳入法制框架内，严格管住税外收费。这还有一个好处，就是朝廷能够真正控制住官府收入的总盘子，心中有数，这才谈得上贯彻量入制出的原则。唐太宗坚决实行减免赋税，朝廷的收入大大减少了，这个家要怎么当呢？

节约开支，反对奢侈

税收少了，就必须厉行节俭，反对奢侈。这一条看起来好做，实际上触动了利益集团，似易实难。唐太宗是难易都做，双管齐下，采取了两个办法。

第一个办法，是比较容易做的，那就是厉行节约。朝廷每做一件事情，先要想想对老百姓有利否，避免大兴土木，劳民伤财。唐太宗曾经对大臣们讲历史，说大禹开山治水，老百姓没有怨言，而秦始皇修建宫殿，天下起而叛之。同样是大型工程，为什么效果完全两样呢？因为大禹做的利国利民，双赢。秦始皇做的对统治者有利，却伤害了老百姓。吃好穿好，高楼大厦，这些是人人都向往的，但是，如果放纵不管，危亡就在眼前。我打算盖一座宫殿，材料都备好了，因为看到秦始皇的教训，马上停止了。希望王公以下众臣百官能够体察我心！唐太宗身为表率，在他的带领之下，史书称："由是二十年间，风俗素朴，衣无锦绣，公私富给。"

第二个办法难度就大多了，那就是精兵简政，限制特权。古代王朝渐渐烂掉，一个重要的原因是官吏无限制膨胀，特权阶层不断壮大。我们还是说唐朝的例子，在唐太宗勤俭建国方针之下，唐朝生产和纳税人口要多于享受免税的特权阶层，因此，整个社会良性运转，官府和私人都达到富裕。后来控制渐渐松弛了，官越来越多，不但享受各种待遇，而且家属也可以免税，在不知不觉中享受免税特权的竟然大幅度超过纳税人口，国家随之解体。显然，放任腐败是死路一条，而限制特权这条路充满艰难险阻。

唐太宗怎么做呢？首先从自身做起，管住皇族。

唐朝立国之初，唐高祖李渊认为西周之所以维持八百年，是因为实行分封制的功劳。所以，他大封宗室，亲王数十个，连孩童都封王。唐太宗即位后，征询大臣对于分封的意见。封德彝应对道："以前封王仅限于皇子和兄弟，此外的皇亲必须立下大功才能封王，但也没有像今天这么多的。王爵尊贵，待遇优厚，恐怕不公平。"

唐太宗听后，马上表态道："我当皇帝是为了养育百姓，怎么可以侵扰百姓来养肥皇族呢？"于是下令皇亲封王者都连降好几级爵位，待遇也跟着减低，只有立功者除外。

其次，建立精简的中央朝廷。对于朝官，唐太宗指示宰相房玄龄说："官在得人，不在员多。"选官和买东西一样，必须精挑细拣，不能见便宜就买，最后钱没少花，满屋没有一件值钱的东西。用人也要百里挑一，个个顶用才行。根据唐太宗的指示，房玄龄对中央朝廷的机构和官员进行精简裁并，总共只留下文武官员六百四十三人。唐初全国人口虽少，但也有两千万到三千万人，而朝官只有六百四十三人，朝官和总人口的比例之低，在历史上非常突出。然而，唐太宗贞观时代朝廷的效率之高，也是历史上少有的。

　　为什么官少了反而效率高了呢？隋唐时期对这个问题曾经有过讨论。当时就发现官府做的不少事情是为了官员的政绩，其结果只是扰民。因此，很多王朝三申五令不许官员随便生事。这些命令基本上成为一纸空文。为什么呢？哪有官员不做事的？管他做的是什么事，他一旦在位就要生事，禁都禁不住。每个官都做一通政绩，老百姓就连气也喘不过来了。有没有办法从根本上解决这个问题呢？有的，当时人总结道："省事不如省官。"把重叠的机构和冗官裁掉，天下就没有那么多事情了，还节约了许多政府开支。唐太宗其实就是贯彻这个思想，所以取得了很大的成功，君静民安，百姓安居乐业。

知人不易,重在"制度忠诚"

◆韩 昇

唐太宗得人之盛,在中国古代,没有一个时期可以与之相比。文臣有房玄龄、杜如晦、魏征、王珪、虞世南等,武将有李靖、李勣、尉迟敬德、薛万彻、薛仁贵等,这一大批人不但在唐朝声名赫赫,就是放在中国古代的历史长河之中,也是顶级人物。"房、杜"是宰相的楷模;魏征成为谏诤的代表;李靖在人间是战神,到天堂则是天王;老百姓逢年过节在门户上张贴门神,少不了秦琼和程咬金,他们全都是这个时代的人物,群星璀璨。

唐太宗以知人善任著称,这一大批人是他从五湖四海网罗而来的,不少人甚至来自敌对阵营。在这些人身上,有没有什么共同的特点呢?我们能不能从中看出唐太宗是如何鉴别人才的呢?

一、看人重信义

唐太宗说过,每个时代都有人才。人才从来不缺,关键是你要用什么样的人。唐太宗要用什么样的人呢?在众多人才中,被他选中的人有没有共同之处呢?

1. 李勣重道义。李勣是有代表性的例子。李勣本名徐世勣,曹州人,也就是今日山东省菏泽市人,家境富裕。隋末农民起义,李勣参加了瓦岗军,因为足智多谋而且作战英勇,很快脱颖而出,成为瓦岗军最主要的将领。瓦岗军同隋军主力决战，两败俱伤，统帅李密不得已投靠唐军，李勣也因此归顺唐朝。

李勣归降对于唐朝的价值太大了，因为他控制着东部的大片土地，他的地盘有多大呢？西起河南平顶山，东至大海，北面到河北邯郸，南面到长江，好大一片，足抵古代好几个国家。这是给唐朝最好的见面礼，足以让李勣取得高官厚禄。但是，李勣没这么做，他对部下说，这片土地是李密派我驻守的，所以不能由我献给唐朝，而应该交给李密，让他取得这功劳。李勣把辖地的地图、户籍和兵员名册编制成册，派使者前往唐朝交给李密。唐高祖李渊听说李勣投降的使者来了，却没有见到降表，只有给李密的密函，觉得非常奇怪，派人打探，才知道是这么回事，大为赞赏，把功德全都让给统帅，真是一个纯粹的人。唐朝给了李勣最高的礼遇，授予他皇帝的姓氏，故史书上都称他为"李勣"。

不久，心高气傲的李密不甘愿屈居人下，叛唐出走，被唐朝杀死。唐朝很快把这件事通知了李勣，这对李勣是一个考验，检验他的品格和内心真实的想法。李勣会怎么做呢？他马上向朝廷请求让他来礼葬李密，毕竟是自己多年的领袖，李勣不能看着李密暴尸野外，这是他对于李密个人的恩义。但是，他不赞同李密政治上的反复。在人心思定，国家走向统一的时候，既然选择归顺了唐朝，就应该忠于唐朝，不能因为个人的利益而违背历史潮流，这是他的政治道义。唐朝领导人再次看清了李勣的人品和政治立场，很有气度地允许李勣以礼收葬李密。

或许有人会猜疑李勣是不是在表演，甚至是伪善。李勣用行动一再证明了自己，既坚持政治原则，又顾全个人情义，公私分明，既不因公废私，更不因私背公。这里再说两个故事。

第一个故事，李勣自从归顺唐朝之日起，他已经看到唐朝才是真正能够结束动乱、统一中国的力量，从此对唐朝忠贞不贰。他受唐朝委任守卫山东，直接面对当时最有战斗力的窦建德起义军，尽了全力，还是抵挡不住，兵败被擒，被逼投降。李勣是难得的将才，窦建德非常想用他，可又担心他"身在曹营心在汉"，便将他父亲扣为人质。李勣家国不能两全，他毅然选择了国家，找到机会逃回长安。唐朝也很有气度，理解他忍辱报国的苦心，像以前那样信任他，从此他在唐太宗的麾下南征北战，平窦建德，降王世充，破刘黑闼，擒徐圆朗，斩辅公祏，荡平河北江南，长驱深入漠北，攻灭突厥，战功仅次于唐太宗。唐太宗对他信任有加，让他镇守并州（今太原）长达十六年，非常罕见。唐太宗说道："隋炀帝不懂得选用良将戍守边疆，只晓得修筑长城，见识之低，到了这等地步。我用李勣一人，威震突厥，北疆安宁，岂不胜于修筑长城？"战争最伟大的力量在于人，天下从来不缺乏人才，缺的是知人善任。

第二个故事，讲的是李勣与单雄信，他俩是瓦岗军中左右并称的骁将，生死交情。洛阳之战，单雄信差点枪挑唐太宗，被李勣喝住。后来，单雄信兵败被俘，李勣尽力为他求情，希望能够争取他归降唐朝，没有成功。单雄信将被处斩的时候，李勣亲自来到刑场和当年的战友痛哭诀别，哭到悲切处，李勣拔刀割下自己腿上的肉喂单雄信咽下，说道咱们从此诀别，让我身上的肉陪你同归黄土吧。全场为之震动。单雄信死后，李勣收养了他的儿子，尽兄弟情义。

李勣所作所为是有很大政治风险的，如果唐朝没有胸怀和气度，他这样的降将势必遭到猜疑，一旦没有利用价值就会被清洗。从这两件事情可以看出，唐太宗考察人并不是从狭隘的私人忠诚出发，不搞以人划线。那么，唐太宗看重的是什么呢？他对李勣的器重最根本的还不是他的才干，这要到唐太宗晚年才说了出来。

唐太宗晚年发生更换太子的政治变故，唐高宗性格温和，唐太宗十分担心，亲自选定一批忠诚可靠的老臣来辅佐太子，其中就有李勣。唐太宗对李勣说道："朕将托孤于你。当年你不曾辜负李密，现在你也一定不会辜负朕。"由此可知，唐太宗看人，非常重视信义，也就是从根本之处考察一个人。一个有品格,重信义的人,才靠得住。

李勣算不算个案,有没有代表性呢?我们再看唐太宗亲自处理的其他事例。

2. 禁军三将讲忠诚。我们知道,一个人内心最真实的一面,平常很少表露,往往要到危机关头才显山露水。所以,大是大非的关头是考察人的难得机会。唐太宗平定天下,功劳太大,对长兄李建成的太子地位提出挑战,最后演变成历史上著名的"玄武门之变",唐太宗发动兵变杀死李建成和弟弟李元吉,登上皇位。可是,李建成和李元吉的部属不服气,抵抗失败后,有些人带着武器跑进山中,准备继续抵抗。唐太宗怎么处理呢?

先说玄武门兵变当天的事情,李建成的部属冯立、薛万彻和谢叔方三位将军听说李建成遇害,奋起反击,率领东宫和齐王府的两千精兵赶来攻打玄武门,战事激烈。薛万彻是被唐太宗称作三大名将的将军,他看玄武门一时攻不下,便想出一计,准备分兵攻打唐太宗的根据地秦王府。形势变得非常危急,幸好是唐太宗的部下向对方将士展示李建成和李元吉的首级,士兵们见大势已去,才溃散而去。冯立、薛万彻和谢叔方三人都逃入山野,观望形势,准备抵抗到底。然而,这场宫廷政变并没有像他们希望的那样引起内外的反击,唐太宗迅速控制了局面,李建成和李元吉的势力彻底失败了。冯立是为了捍卫李建成所代表的政治秩序而战,并不是为了个人利益而负隅顽抗,所以看到形势比人强,他不能继续待在山中变成盗匪,便出山自首。唐太宗斥责他:"你带领部下杀了我那么多人,难逃死罪。"冯立回答道:"我是李建成的部下,就应该为他死战。而且打仗的时候,哪里会想到杀多少人呢?"冯立说的都是实话,如果因为忠诚而受到处罚,岂不是鼓励卖主求荣吗?唐太宗当下赦免了冯立,而且让他担任左屯卫中郎将,也就是禁军的将领,等于是把自己的安全交给他来保卫,这种气度和对人的信任,恐怕不是一般人做得到的。唐太宗相信讲信义的人靠得住。冯立被彻底感动了,他说:"我受到莫大的恩幸获得赦免,必定以死相报!"后来,突厥大举入侵,一直深入到京畿,冯立率领数百骑兵和突厥在咸阳城下死战,杀敌甚众,挡住了突厥的攻势,让在第一线指挥作战的唐太宗非常赞叹。

在"玄武门之变"时和冯立并肩抵抗唐太宗的谢叔方,和冯立一样第二天出来自首,他在作战中杀了唐太宗部下两员将领,直到唐太宗部队向他展示李建成和李元吉的首级,他才停止战斗,下马痛哭,向李建成和李元吉拜别,解散部队,自己逃入山中。他的抵抗是忠于职责,停止抵抗是为公而不为私。这一幕幕为唐太宗亲眼所见,所以,谢叔方前来自首领死,唐太宗同样赦免了他,说他们的行为是"此皆忠于所事,义士也"。谢叔方也留在禁军,继续担任将领。

第三位拼死抵抗的将军薛万彻,归顺唐太宗之后也受到重用,屡建战功,后来还被招为驸马。在唐太宗看来,忠于职守是必须加以鼓励的优良品质,而不应以私人恩怨进行政治划线,否则就等于提倡见风使舵的政治投机。

唐太宗对于李建成和李元吉的部属没有进行政治清洗,他甚至发布命令,在"玄武门之变"以前和李建成、李元吉有瓜葛的人与事,都不得检举揭发,否则反坐。

"玄武门之变"事关唐太宗的身家性命,即便如此,唐太宗在忠于职守和见风使舵两者之间,毅然选择了前者,这就是他用人的根本原则。

二、不要私人忠诚

唐太宗用人特别看重信义和忠于职守,在当时无疑是吹进一股清新的风气。自从西晋灭亡以后,长期的动乱,完全改变了任人唯贤的原则。北齐的实际缔造者高欢有一段对臣下说的话非常形象,而且具有代表性。

当时，高欢的部将贪污腐败、横行霸道，有正直的大臣一再劝谏高欢要约束部将，清除腐败。于是，高欢对他说，现在的形势是西边有北周和我对立，南边有梁武帝以正统自居，很有号召力，所以，我如果管束部下，不许他们腐败，武将就会投奔北周，文官则会投奔梁武帝，我就完蛋了。这段话告诉我们，当时普遍存在的用人原则是以私人忠诚为基础的以人划线，或者说政治帮派，而维系政治帮派的纽带是封官许愿等利益关系，甚至以腐败为代价来换取部属的忠诚。其结果一定是有利则合，无利则散，利合则国亡，利失则恶斗，西晋以来长期动乱的历史，就是一幅利益诱惑下丑恶毕露的地狱图。

这就是当时的现状，而唐太宗要改变的就是这种用人的现实。因为在这种用人风气下，政治败坏，道德沦丧。实际上，利益是换不来真正的忠诚的，甚至正好相反。因为忠诚于利益，必然见利忘义；忠诚于理想，则为道义而献身；忠诚于制度，则为国家尽心尽责。所以，用什么原则去凝聚人，必然得出不同的结果，这是用人者自己的选择，怨不得别人。有鉴于此，一定要把私人间的忠诚转变为对于制度、职责的忠诚，这样的政治关系才是健康和可靠的。

唐太宗一再告诫部下，语重心长地说道：

"隋日内外庶官，政以依违，而致祸乱，人多不能深思此理。当时皆谓祸不及身，面从背言，不以为患。后至大乱一起，家国俱丧，虽有脱身之人，纵不遭刑戮，皆辛苦仅免，甚为时论所贬黜。卿等特须灭私徇公，坚守直道，庶事相启沃，勿上下雷同也。"（《贞观政要·政体》）

以国家为重，忠于职责，政治风气就会从私人利益转向人怀公心，唐太宗先带头做起。他提拔一位非常优秀的官员杜正伦，当面对他说："我任用贤能，并不看他如何能给我办事，而看他能不能做有利于百姓的事情。我对于皇亲国戚和勋功旧部中的无能之人，都不予任用。今天提拔你，是因为你的忠诚与正直，希望你能以此自勉，不辜负我的期望。"唐太宗并没有向杜正伦讨要提拔的私恩，而是勉励他要做官为公。很清楚，唐太宗要建立的不是私人恩义，而是忠诚于制度。

三、依法执政，才有人气

在这种政治风气下，坚持公心和原则的官员会得到鼓励。有一位县令把官府的人夫用来干私活，这当然是贪污行为。唐太宗痛恨贪污，见到这件案子，批示处斩县令。这时候，监察部门的一位中级官员李干佑站出来反对，当面对唐太宗说："法律为陛下和天下人所共有，而不是陛下个人专有的东西。现在陛下不按照法律，县令犯的是轻罪，却处以重刑，我担心今后人人自危，手足无措。"唐太宗并不认为受到顶撞，他不但接受批评，而且还把这位监察官员提升了一大级，因为他尽职尽责，堪当重任。

唐朝的制度是用法令来规定的，遵守制度就是遵守法令，就是依法治国。法律对于所有的人应该都一样，而不能在法律之外另外开特殊通道，搞双轨制，甚至三轨制、四轨制。法律面前人人平等所体现的是平等的精神。但是，作为现实中生活的人，很容易在不知不觉中受到自身阅历和经验的影响而出现偏差，特别是权位越高的人，这种偏差影响就越大，甚至造成全局性的偏差。

我们知道隋朝和唐朝源出北周，从地域上说，都来自关陇地区。有些学者夸大了这个地域特色，把它上升到政治层面和组织路线上，制造了北周和隋唐三代存在着一个所谓"关陇集团"的说法。这种说法当然是不成立的。但是，关中地区和山东地区的人，存在着地域之间的相互歧见，这是客观的事实。秦始皇以关中征服中国，潼关以东，后来是太行山以东这片古代称为山东地区的人，已经形成对西部人的看法，并且长期延续下来。这只能说是地域间的歧见而已，并且广泛存在于中国的许多地区。唐太宗出自关中，自然不能免俗。当皇帝之后，不时依然站在关中的立场上，评论山东人。监察官员张行成听到之后，觉得皇帝这样说很不好，于是当朝向唐太宗进言道"天子以四海为家，不当以东西为限；若如是，则示人以隘"（《旧唐书·张行成传》）。张行成作为朝堂的监察官，他忠于自己的职责，不管是什么人，不管他官有多大，哪怕是皇帝，遇到错误的言行，即使得罪人也必须提出纠正。唐太宗不但接受了张行成的批评，而且还赏赐他，以表彰他尽职尽忠。以后，朝堂每次讨论重大事务，唐太宗都要求让张行成参加，让敢于直言和忠于职守的官员对朝廷的重大决策随时进行监督。

法律为天下人所共有，而绝不是一己之私，法律的外在形式就是制度，依法治国就必须严格遵守制度，因此，树立制度忠诚精神，并以此规范官吏，使他们成为法律和制度的践行者与捍卫者，国家才有长治久安的重要保障。制度忠诚是选任并管理官吏的根本精神，是弘扬正气之本。

公正用人，公平赏罚，培育了忠诚于国家的正气。上下同心，才能够锻造出大唐盛世。为什么唐太宗会取得如此辉煌的成就呢？大诗人白居易在《七德舞》诗中写道：

太宗十八举义兵，白旄黄钺定两京。擒充戮窦四海清，二十有四功业成。二十有九即帝位，三十有五致太平。功成理定何神速，速在推心置人腹。

曹魏"宫心计"
——有关《洛神赋》的几点真相

◆钟 菡

曹丕、曹植和曹丕甄皇后的三角恋,已经是个几乎被演绎烂了的故事。最近又出了一部叫《新洛神》的电视剧,在前人的基础上,更加进一步地戏说。然而,历史上真的有这一出吗?这个由《洛神赋》引发出的故事,其背后隐藏着怎样的真相呢?

"洛神"其人其事

曹丕甄皇后也许不会料到自己有朝一日会被神化,成为人们眼中的"洛神"。其实,在史书里,她是个连名字都不得而知的女人,所谓"甄宓"、"甄洛"都是后人根据《洛神赋》所造的"化名",包括"皇后"这个称呼,也是死后的追封,为了行文方便,姑且就叫她"甄氏"吧。

甄氏是中山无极(今河北无极)人,汉太保甄邯之后,世吏二千石。她先嫁袁绍之子袁熙,袁绍败后改嫁曹丕,曹丕登基后未得册封就被赐死,其子曹睿即位后,被追谥为"文昭皇后"。关于她的生平,陈寿的《三国志》记载得非常简单,裴松之对此进行了努力的补注,我们才得以知道她生活中的一些片段。

据后世考证,曹丕娶甄氏为妻时,刚满十七岁,而甄氏已经二十二岁了，这是十足的姐弟恋。对于此事，后世多有非议，当时恐怕也有流言。从裴松之补充的史料可见，甄氏为了保全自己地位，疯狂地讨好曹丕的母亲卞夫人。曹操出征关中时，卞夫人跟随，而曹丕奉命留守邺城。当时卞夫人身体微恙，甄氏不能去探视病情，竟然就担心害怕地昼夜痛哭，旁人怎么劝也不听。等到卞夫人回信说，自己身体已经康复，甄氏才露出笑容。卞夫人回来时，甄氏前往拜见，颇为动容，把卞氏也感动哭了，感叹"此真孝妇也"。

后宫之中，难免争风吃醋。甄氏刚入宫时是颇受宠幸的，但她越受宠，越是郁郁寡欢。这也难怪，甄氏年纪大，又是再婚，也许早料到自己好景不长。她一直努力搞好与其他姬妾的关系，"后宫有宠者劝勉之，其无宠者慰诲之"。甚至，她还主动劝曹丕"广求淑媛，以丰继嗣"，表现得极为大度，曹丕自然很高兴。有次，曹丕想要休掉一个姬妾任氏，甄氏声泪俱下地为她求情，诉说自己容貌才德都不及任氏，但曹丕终究没能回心转意。

甄氏可谓深谙后宫生存之道，如此贤良淑德，放到一般后宫剧里，必然是贤后、贤妃一类的正面角色。然而，她的结局却令人唏嘘。年老色衰，失宠毕竟在所难免，何况曹魏宫中不乏美色。《三国志·后妃传》中记载，曹丕登基后，汉献帝的两个女儿加上郭后、李贵人、阴贵人"并爱幸"，甄氏由此"愈失意"，因而"有怨言"，以至于帝"大怒"，"遣使赐死"。曹丕的冷面无情程度，比起"三郎"、"四郎"之辈可谓有过之而无不及。

奇怪的是，关于她的死，裴松之补注的一部名为《魏书》的史书里却有着截然相反的记载：曹丕对甄氏始终宠爱有加，决心要立她为后，只是她自己谦让不肯，"玺书三至而后三让"，让来让去，不想关键时刻却突然病死了。曹丕为此难过地痛哭流涕，还给她追赠皇后玺绶。对于甄氏而言，这也许是个完美的结局，至少她始终没有失去宠幸，死时应是面含微笑的。

原本,一个小心翼翼呵护自己脆弱爱情的女人形象已经在裴松之的补注里丰满起来,可是在最后,裴松之却将她一笔抹杀掉了:"我觉得,古人写史是充满同情精神的,大奸大恶就给它模糊处理,小恶就干脆不写了。魏文帝不立甄氏为皇后,最终又赐她一死,这是个不争的事实。如果这部史书觉得这是大恶,就应该隐而不谈,如果觉得这是小恶,也不应该编造这些虚假之词来掩饰,这是有悖于史学精神的。所以,据我推测,书里关于她美德的描写也多半不可靠,陈寿撰写《三国志》时一条都没采用,是很有道理的。"

补是补上了,却又不认可,仿佛侦探小说好容易看到了结尾,忽然告诉你前面的一切都不是真的。这几句分析,让甄氏这个人变得更加神秘了。不管怎么说,毕竟儿子做了皇帝,肯定要指导当时的史官给母亲说好话。后世的陈寿因为觉得不靠谱,就把这些都删掉了,故而她的生平变得很苍白,也才给了后人极大的想象发挥空间。

"洛神"背后的女人

然而,甄氏若只是失宠,将其休掉即可,魏宫中并非没有先例,何以竟导致杀掉?甚至,甄氏还为曹丕生了儿子和女儿,连对甄氏十分满意的卞夫人也没能护住她。正史中记载说,"甄后之死,由(郭)后之宠也",一语道破幕后"真凶"就是曹丕所立的皇后郭氏。

郭氏在正史中也没有被记载名字,但是提到了她的字,叫作"女王",这实在是个很好的字。早些年的一部电视剧《洛神》里,还给这位郭女王取了个名字,叫作"郭嬛",而甄氏则叫"甄宓",我一直疑心,后来大热的《甄嬛传》里甄嬛的名字,就是取了这两个人名字的结合。

说到心计,郭氏当远在甄氏之上。郭女王出身并不好,早年父母双亡,"没在铜鞮侯家",大约是做了奴婢的,后来"得入东官",侍奉曹丕,也未说是何名分。但是她"有智数,时时有所献纳",正史中甚至记载,"文帝定为嗣,后有谋焉"。直接襄助了老公奠定政治地位,这可比巴结婆婆来得厉害多了。曹丕后来要立郭氏为后,大臣上书极力反对,"无以妾为夫人之礼",甚至称"臣恐后世下陵上替,开张非度,乱自上起也",措辞严厉,近乎咒骂了,但曹丕硬是不听,一定要立她为后。能由奴婢出身最终一跃而成为皇后,郭氏绝对是个腹黑毒辣的角色,手段之高,令人发指。

据说甄氏临死时,心有不甘,写了绝命诗一首,叫作《塘上行》,诗云:"蒲生我池中,其叶何离离。傍能行仁义,莫若妾自知。众口铄黄金,使君生别离……"这首诗收在《古诗源》里,下面注引《邺都故事》说,"(甄)后为郭皇后所谮,文帝赐死后宫"。恃宠进几个谗言,杀人于无形之中,对郭氏而言绝非难事。更可怕的是,在裴松之的另一则注里面,甄氏的死状极为凄惨——"披发覆面,以糠塞口"。这已经不是一般的赐死,曹丕对她而言,可以说是恨了。郭氏到底用了什么计谋,能让曹丕如此憎恨甄氏,正史里面没有说,连裴松之的补注里也没提。尽管《塘上行》一诗的作者尚有争议,依据《乐府诗集》,它更可能是曹操的作品,但诗中的言辞与甄氏的遭际殊为贴切,读来颇为感人。

按照裴松之所补的史料,甄氏的儿子魏明帝曹睿继位后对母亲的死常怀怨愤,几次哭着问郭氏甄氏的死状,郭氏说,"是先帝自己杀的,为何要责问我?难道你要向死去的父亲复仇,为了生母而枉杀后母吗?"这番话导致曹睿大怒,因而"逼杀之",下葬时也将她"披发覆面,以糠塞口"。所谓报应不爽,曹魏后宫悲剧重演,倘若是真实的,想来也令人毛骨悚然。

《洛神赋》到底写的谁

真正令甄氏成为人们津津乐道传奇的是《洛神赋》，由此也牵扯进来另外一个男人——这篇赋的作者，曹植。

曹植的《洛神赋》写的是他从京师还归封地的途中，经过洛水，遇到美丽的"洛神"，两相爱慕，最后却又不能结合的悲伤故事。这固然是曹植自己的"意淫"，原本吹皱一池春水，干卿底事，但后人却凭借生生不息的八卦之心和天马行空的想象，从中演绎出许多秘闻来，用一句诗来总结——"思王赋感甄"，"思王"就是曹植，"甄"便是"甄氏"。

事实上，曹丕比甄氏小五岁，曹植比曹丕小五岁，曹植会跟甄氏产生男女之情，似乎不太可能。为何大家都一口咬定曹植笔下的"洛神"就是甄氏，归根结底，始作俑者在唐代注释《文选》的李善这里。李善在注文里引用了一篇《记》，原文很长，大意是说，曹植早年就想求娶甄氏为妻，结果未能如愿，反而被曹丕所得，因而颇为郁闷，以至于昼思夜想，废寝忘食。曹丕继位后，曹植入朝觐见，曹丕将甄氏用过的玉镂金带枕赐给曹植。当时甄氏已死，曹植见枕生情，思念不已，归还封地途中经过洛水，见一女子来，自称甄氏，坦陈当年本托心于曹植，可惜未能如愿，说了一番动情的话后就消失了。曹植感慨万千，于是作了《感甄赋》。其后魏明帝见了，大约觉得于母亲名节有损，就改为《洛神赋》。

后人的诸多猜想戏说，其实都是在这篇不知名字的《记》上添枝加叶，生发开来。早在唐传奇中，就有薛莹的《洛神传》。诗句里以此为典故的更是数见不鲜，比如李商隐就很喜欢写这事，他甚至说曹植"君王不得为天子，半为当时赋洛神"。做不了皇帝，竟归咎于暗恋嫂嫂的问题，若让李商隐来编一部有关"洛神"的电视剧，收视率必然极高。

然而，陈寿《三国志》与裴松之的注中都不见此事的相关记载，以记录魏晋人物逸闻著称的《世说新语》也未收录。有意思的是，《世说新语·惑溺》里还收录了一条所谓曹操攻打袁绍的"真相"——就是为了得到甄氏,活脱脱一场特洛伊之战。若非曹丕抢先一步,甄氏定要上铜雀台了。以这样的收录尺度,若当时确有曹植与甄氏密情的传闻,《世说新语》怎么可能放着不用?因此,后世的学者一直对此说持怀疑态度。

而且,就情节而言,李善注引的这篇《记》里也有许多说不通的地方,堪称古代的"狗血雷剧"。《记》中所讲述的故事,镜头中只见曹植、甄氏的情感互动,而忽视了其现实处境。且不说二人的年龄差距,曹丕向来忌恨曹植,怎会大方地把亡妻用过的枕头当礼物送给他?而曹植还就恬不知耻地接受了。这两人,实在都该吃药了。参考同时流传的"七步诗"的传闻,倘若曹植真给曹丕戴顶绿帽子,那再怎么吟"本是同根生"都无济于事了。南宋的刘克庄早已看出这点,他一针见血地指出:"使果有之,(曹植)当见诛于黄初之朝矣。"

所以,唯一的合理解释是,"本故事纯属虚构,如有雷同,实属巧合"。不过,奇怪的倒是它产生的缘由。甄氏和洛神,原本八竿子打不着的人,为何却突然联系到一起了?

这篇赋在流传之初,的确是有可能叫《感甄赋》,而非《洛神赋》的。《魏志》中记载,黄初三年,曹植被封为鄄城王,而依据《集韵》:"甄,音绢,同鄄,卫地,今济阴鄄城或作甄。"且《洛神赋》的序文中明言"黄初三年",那么曹植作赋称作《感甄赋》并不奇怪,只是此"鄄"非彼"甄"。大概后世的好事者以"甄"、"鄄"音同形近,古书相通,因而由此及彼,脑洞大开,参照赋中所叙,牵引附会,才编造出这么一段韵事来。

至于赋中的"洛神"到底是谁,有无影射,其实曹植在序文中已经说得很明白了:"古人有言,斯水之神,名曰宓妃。感宋玉对楚王神女之事,遂作斯赋。"说到底,曹植的本意只是"感宋玉对楚王神女之事",算作对《神女赋》的一篇拟作。将《神女赋》拿来与之对比,其中继承相通之处一目了然。如《神女赋》中,形容神女形貌的"眸子蛹其精朗兮，了多美而可观。眉联娟以蛾扬兮，朱唇的其若丹"，《洛神赋》中作"云髻峨峨，修眉联娟，丹唇外朗，皓齿内鲜，明眸善睐，靥辅承权"，模仿痕迹很是明显。甚至在文章结构上，《洛神赋》也与《神女赋》一脉相承。很显然，《洛神赋》只是化用《神女赋》的立意，又加以引申，与其说"洛神"以甄氏为原型，倒不如说她跟宋玉笔下的神女更为接近一些。

而且，从当时曹植的实际处境来看，惦记曹丕的老婆，大约给他一百个胆子，他也不敢的。曹丕当政期间，曹植一直在战战兢兢中度过。曹丕禁止诸侯王入京朝见，对曹植尤其严苛。他只是一个卑微的臣子，连作为一个家庭成员，去见一眼自己亲生兄长和母亲的机会都没有。曹植写了很多对曹丕和大魏王朝歌功颂德的诗，他把自己想象成一个可怜的怨妇，思恋着遥不可及的君子，终日如饥似渴地等待着曹丕的召见。而曹丕赐给他的，只有一道又一道降罪和徙封的诏书而已。

也许，后人之所以想到要乱点鸳鸯谱，让曹植和甄氏在纸间和光影里成为甜蜜又悲情的一对，是因为发现他们都做了无情帝王手里的牺牲品，是能够同病相怜的苦命人儿吧。

国学论衡

杨升庵谈片

◆刘衍文

在明代诗坛流派纷呈之际，能独立不移、不受牢笼、不屑攀附者，其唯升庵杨慎用修（杨慎，字用修，号升庵）乎？窃谓升庵之居明代也，其气节不可及，其聪慧不可及，其学问亦不可及也。而遭逢险衅，遂致行为怪诞，且好英雄欺人，至以此自娱，则可悲亦复可叹也。

升庵名父之子，父少师廷和石斋（杨廷和号石斋），首相两朝。升庵不唯幼承家教，性亦岐嶷。十五岁时作《马嵬坡》诗云："凤辇匆匆下九天，马嵬西去路三千。渔阳鼙鼓烟尘里，蜀栈铃声夜雨边。方士游魂招不返，词人长恨曲空传。蛾眉尚有高丘在，战骨潼关更可怜。"此系读长恨歌而作，以己之感受櫽括白诗而成七律，末联突出丧乱之痛，长言咏叹，有心哉！置诸历代咏杨妃诸作中，亦上乘之作也。

升庵正德六年辛未（1511年）大魁天下，授翰林院修撰，时年二十有四。夫状元及第，所以致之者多方，未必皆才、学、识、德相副者也。而升庵则人无间言。崇尚气节，直言敢谏。嘉靖三年甲申（1524年）七月，两上议大礼疏，遂于中元日下狱，十七日、二十七日，两受廷杖，毙而复苏，谪戍云南永昌卫，年仅三十七耳。当其挽舟由潞河而南也，有昔年为其父斥革者，竟募恶少欲加害于途，幸得有备始免。次年抱病力疾安抵戍所，几不起。自是或在滇，或往蜀，大吏虽皆重之，而有家不得归矣。王世贞凤洲（王世贞号凤洲）《艺苑卮言》卷六云："杨用修自滇中戍暂归泸。已七十馀，而滇士有谗之抚臣鄢者。鄢俗戾人也，使四指挥以锒铛锁来。用修不得已至滇，则昺已墨败。然用修遂不能归，病寓禅寺以没。"按升庵没于嘉靖三十八年己未（1559年）七月六日，享年七十有二。巡抚游公居敬，许殡葬归新都。次年，即嘉靖三十九年庚申冬，始祔葬其父石斋公墓侧。迨穆宗隆庆元年丁卯（1567年），乃奉遗诏追赠光禄寺少卿。此皇帝之酷虐直臣，亦可云极矣。然身后之事，升庵又岂能知之！其卒前一月，有《感兴诗》云："七十馀生已白头，明明律例许归休。归休已作巴江叟，重到翻为滇海囚。迁谪本非明主意，网罗巧中细人谋。故园先陇痴儿女，泉下伤心也泪流。"是则身前但感不克首丘，亦哀而难瞑其目矣。

清人皆讥明人不读书，唯独称升庵博洽。升庵多文为富，明人亦皆默认。前引王世贞书同卷即云："明兴，称博学饶著述者，盖无如用修。"列举其所著、所编诸作，乃复断之曰："杨工于证经而疏于解经，博于稗史而忽于正史，详于诗事而不得诗旨，精于字学而拙于字法，求之宇宙之外而失之耳目之前。凡有援据，不妨墨守；稍涉评击，未尽输攻。"而未知其杜撰古本之狡狯也。如《升庵诗话》卷九《丽人行逸句》云：

> 松江陆三汀语余：杜诗丽人行，古本"珠压腰衱稳称身"下，有"足下何所著？红蕖罗袜穿镫银"二句，今本无之。淮南蔡衡仲昂闻之，击节曰："非惟乐府鼓吹，兼是周昉美人画谱也。"

按钱谦益牧斋《草堂诗笺》云："遍考宋刻本俱无，疑杨氏伪托也。"窃意古人所作，不能无失，诗圣名篇，惮不敢言，而托之古本，且举友人之言为证，示己之非妄，此升庵微意所在。而凤洲乃不知其伪，于《艺苑卮言》卷四称其"皆泓淳有妙趣"，至误信为杜诗古本之最善者。就诗论诗，鄙意所增二句于上四句语意极为相配，深为得窍也。仇兆鳌《杜诗详注》卷二斥之云："今按两段各十句为界限，添此反赘。"顾此非律诗，焉得每段必整齐划一乎？

然升庵作伪影响最著者，莫过于小说《杂事秘辛》，其识语云：

《汉杂事》一卷，得于安宁州土知州万氏，前有义乌王子充印，盖子充使云南时箧中书也。然御览诸书亦有汉杂事而略不见收。此特载汉桓帝懿献梁皇后被选及六礼册立事，而吴姁入后燕处审视一段最为奇艳，但太秽亵耳。不谓冀威吓震人，犹得渎选如此。卷首有"秘辛"二字不可解，要是卷帙甲乙名目。余尝搜考弓足原始不得，及见"约缣迫袜，收束微如禁中"语，则缠足后汉已自有之。言脱于口，追驷不及，聊志于此，用塞疏漏之诮。成都杨慎识。

此书尝迷惑多人，海盐姚士粦跋初亦谓"非汉人莫能作"，后见胡震亨跋所辨，始知其伪。《四库全书总目》卷一四三《小说家·存目一》总括之曰：

汉杂事秘辛一卷，不着撰人名氏。杨慎序称得于安宁土知州万氏。沈德符《敝帚轩剩语》曰：即慎所伪作也。叙汉桓帝懿德皇后被选及册立之事。其与史舛讹之处，明胡震亨、姚士粦二跋辨之甚详。其文淫艳，亦类传奇，汉人无是体裁也。

若凤洲评升庵"博于稗史而忽于正史"之言乃《杂事秘辛》而发，则殊堪一噱也。

唯其好作伪，遂每致人生"假作真时真亦假"之疑，此有二事可述：其一，《升庵诗话》卷九《韦诗误字》云：

韦苏州诗"独怜幽草涧边生"，古本"生"作"行"，"行"字胜

"生"字十倍。

此说人多不取,然宋洪迈《唐人万首绝句》已作"行"字矣。而明何良俊《四友斋丛说》卷三十六《考文》云:

> 韦苏州《滁州西涧》诗,有手书刻在太清楼帖中,本作"独怜幽草涧边行,尚有黄鹂深树鸣。春潮带雨晚来急,野渡无人舟自横。"盖怜幽草而行于涧边,当春深之时,黄鹂尚鸣,始于情性有关。今集本与选诗中,"行"作"生","尚"作"上",则于我了无与矣。其为传刻之讹无疑。

此考得之,"上"之当为"尚",升庵尚未见及也。
其二,《升庵诗话》卷十二《武侯祠诗》云:

> 正德戊寅,予访余方池编修于武侯祠,见壁间有诗云:"剑江春水绿沄沄,五丈原头日又曛。旧业未能归后主,大星先已落前军。南阳祠宇空秋草,西蜀关山隔暮云。正统不惭传万古,莫将成败论三分。"后有跋云:"此诗始终皆武侯事,子美或未过之。"方池不以为然。予曰:"此亦显微阐幽,不随人观场者也。"惜不知其姓氏。

然后人多疑此诗系升庵自撰而英雄欺人者,故沈德潜、周准编《明诗别裁》,选入此诗,即隶于杨慎名下。唯末作评云:"古来武侯祠诗,以此章为最,情韵声律无一不合也。或云此升庵录元人作。"盖亦疑之。而朱庭珍《筱园诗话》卷二所引,即明标为升庵之作。然仇兆鳌《杜诗详注》卷九《蜀相》:"丞相祠堂何处寻,锦官城外柏森森。映阶碧草自春色,隔叶黄鹂空好音。三顾频烦天下计,两朝开济老臣心。出师未捷身先死，长使英雄泪满襟！"诗后引录此作云："今按杜诗先祠庙而后吊古，此诗先吊古而后祠庙。其云'春水'，指当时出师之时；又云'秋草'，乃后人谒祠之日。结用'万古'、'三分'，亦本杜咏怀诸葛诗。但杜是以虚对实，此则以实对虚，尤为斟酌耳。此诗升庵阙其姓名，后阅《七修类稿》，载戴天锡集句，知是元人吴漳作也。"此外，张邦伸《云栈纪程》卷四，则又以此诗为元贡师泰《题沔县武侯祠壁》之作，主名仍有待考，要之，绝非升庵所为也。此诗气象平正，深沉高远，得未曾有；或有以刻露浮浅、不及杜陵含蓄深厚责之者，乃已知其非唐人所为而吹毛索瘢耳。

又升庵亦有立论偏执入魔者，《升庵诗话》卷五《唐诗绝句误字》云：

唐诗绝句，今本多误字，试举一二。如杜牧之《江南春》云"十里莺啼绿映红"，今本误作"千里"。若依俗本，千里莺啼，谁人听得？千里绿映红，谁人见得？若作十里，则莺啼绿映红之景，村郭楼台，僧寺酒旗，皆在其中矣。

按何文焕《历代诗话考索》论之曰：

余谓即作"十里"，亦未必听得着、看得见。题云"江南春"，江南方广千里，千里之中，莺啼而绿映焉。水村山郭，无处无酒旗；四百八十寺，楼台都在烟雨中也。此诗之意既广，不得专指一处，故总而命之曰"江南春"。诗家善立题者也。

夫诗文抒写，原多浑言、约言之法，若处处寸较尺量，宁不蹈沈存中（沈括）论杜诗《古柏行》"霜皮溜雨四十围，黛色参天二千尺"之笑柄乎！不意博雅如升庵者亦为之也。

王士禛《香祖笔记》云:"'夜夜月为青冢镜,年年雪作黑山花',唐人尉迟匡诗也。匡以诗干李林甫,反遭斥辱。《云溪友议》具载其事,而未见全篇,升庵补作《塞上曲》,极工,今载集中。"按渔洋(王士禛)记此事欠明晰,又未录杨诗。今先节录《云溪友议》卷中《李右座》条如下:

举子尉迟匡,幽并耿介之士也,以频年不第,投书于右座,皆击刺之说。匡有《暮行潼关》之作……又《塞上曲》云:"夜夜月为青冢镜,年年雪作黑山花。"……及得相见,右座曰:"有一萧颖士,既叨科第,轻时纵酒,不遵名教,尝忤吏部王尚书丘,……几至鞭扑。子之诗篇幸未方于颖士,且吾之名复异于王公,重欲相干,三思可矣。"匡知右座见怒,惶怖而趋出,栖迟无依,退归林墅。

杨诗题为《足唐人句效古塞上曲》,见《升庵集》卷十四《古乐府》中。诗曰:

长榆塞上接龙沙(一作"龟沙"),碎叶城边建虎牙。
夜夜月为青冢镜,年年雪作黑山花。
苏武白头持汉节,文姬红泪泣胡笳。
可怜苜蓿迷征马,谁见蒲桃入内家?

按此诗除颔、颈两联失黏外,八句五十六字中,叙事太密,作料过滥,各相挤压,以致宾主难分。而渔洋以为极工,盖只知诗中古人名、古地名之能点染生色,而不知物极必反之理也。鄙意升庵之补实为蛇足,反不若仅存一联之完美深沉也。

至升庵之作,人每称道其《柳》诗,诗曰:

> 垂杨垂柳绾芳年，飞絮飞花媚远天。
> 金距斗鸡寒食后，玉蛾翻雪暖风前。
> 别离江上还湖上，抛掷桥边与路边。
> 游子魂销青塞月，美人肠断翠楼烟。

此诗赏之者颇多，王夫之《明诗评选》卷二论之尤详："此讵可以明诗求，又讵但从唐诗求也。寄思着笔，全于空界着色，千年来无斯作矣。第三句逗开写神，第四句又直对，明明是一株活柳，更不消道是咏柳诗。杜陵一鱼一麂，乃似西狩获麟诗，寒净杀人。"《明诗别裁》卷六则以其"带六朝格，八句皆对，又体中之变者，杜老'风急天高'，其开先也"。

而陈子龙《皇明诗选》不选此篇，其故何欤？窃意其于前后七子影响较多，正嫌其带六朝风味，措语欠壮严穆肃故耳。考胡应麟《诗薮·续编》卷二谓"杨用修以六朝语作初唐调，而雕缋满前，则离盛唐尚隔一间"。《艺苑卮言》卷五云："杨用修如暴富儿郎，铜山金埒，不晓吃饭着衣。"恐子龙辈之意亦犹是也。《艺苑卮言》卷六又载升庵轶事二则云：

> 用修谪滇中，有东山之癖。诸夷酋欲得其诗翰不可，乃以精白绫作袱，遗诸伎服之，使酒间乞书。杨欣然命笔，醉墨淋漓裙袖，酋重赏伎女购归，装潢成卷。杨后亦知之，便以为快。
>
> 用修在泸州，尝醉，胡粉傅面，作双丫髻插花，门生异之，诸伎捧觞，游行城市，了不为怍。人谓此君故自污，非也。一措大裹赭衣，何所可忌，特是壮心不堪牢落，故耗磨之耳。

是亦伤之甚矣。

升庵天分高、学力深，而声气前不若李（梦阳）、何（景明），后不若李（攀龙）、王（世贞），亦未能如公安、竟陵之独开门户，谪戍西南一角，时扰之、地限之故耳。倘能仕宦称心，情性自正，必能继李长沙（李东阳）而为别开生面、自立坛坫之人。顾人焉能择时择地而后生哉，吁！

破镜重圆的原委和真相

◆陈尚君

破镜重圆是一则流传很广的爱情故事。故事的来源，一般都认为是唐末孟棨的《本事诗》，原文如下：

陈太子舍人徐德言之妻，后主叔宝之妹，封乐昌公主。才色冠绝。时陈政方乱，德言知不相保，谓其妻曰："以君之才容，国亡必入权豪之家，斯永绝矣。倘情缘未断，犹冀相见，宜有以信之。"乃破一镜，人执其半，约曰："他日，必以正月望日，卖于都市。我当在，即以是日访之。"及陈亡，其妻果入越公杨素之家，宠嬖殊厚。德言流离辛苦，仅能至京，遂以正月望日访于都市。有苍头卖半镜者，大高其价，人皆笑之。德言直引至其居，设食，具言其故，出半镜以合之。仍题诗曰："镜与人俱去，镜归人不归。无复嫦娥影，空留明月辉。"陈氏得诗，涕泣不食。素知之，怆然改容。即召德言，还其妻，仍厚遗之，闻者无不感叹。仍与德言、陈氏偕饮，令陈氏为诗曰："今日何迁次，新官对旧官。笑啼俱不敢，方验作人难。"遂与德言归江南，竟以终老。

故事的背景是隋代统一北方后，对于偏安东南一隅的陈朝虎视眈眈，最终在589年灭陈，陈后主君臣被俘。后主时陈国政事不修，亡国可期，徐德言有鉴于此，与妻早做准备，破镜为约，以求乱后还有机会见面。

这一乱前之约还居然实现了。公主虽然进入权贵杨素之家，得到宠幸，但难忘旧情，终于在某年正月望日让仆人卖半镜于都市，徐得其下落而题诗相赠。杨素得悉情委后倒也没有为难她，让她随徐而归。夫妇历经磨难终得团圆。所引两首诗，徐的诗写睹物思人，公主诗写面对前后两个男子时悲喜交集的心境，都很动人。

故事里的另一位人物越公杨素（544年～606年），是隋代的权臣，早年即依附隋文帝，参与隋的开国规划，在伐陈之战中有重要建树，并因此受命为荆州总管，封越国公。以后累任宰辅，在隋炀帝立为太子和继位过程中起了关键作用。《隋书》本传称其"兼文武之资，包英奇之略"，"声振幽遐，势倾朝野"，是隋代有名诗人，有不少作品流传。他的墓志也已经出土，前面括注的生卒年就据墓志确定。

由于徐德言夫妇的事迹不见于《陈书》、《南史》，其故事的真实性一直受到怀疑。钱钟书认为破镜事正如白居易《长恨歌》所说"钗留一股合一扇，钗擘黄金合分钿。但教心似金钿坚，天上人间会相见"，杜牧《送人》诗："明鉴半边钗一股，此生何处不相逢。""以示情偶之原为合体，分则各残缺不完。"（《管锥编》第二册695页）但是他认为镜为铜铸，"非有削金铁如泥之利器不办"。为此他还做了实验，"旧藏古镜十数枚，尝戏一一掷诸地，了无损裂"（同前753页）。因而有所质疑。更进一步的判伪则为已故学者曹道衡、沈玉成二位，在他们合著《中古文学史料丛考》（中华书局，2003年）中，有《乐昌公主破镜事志疑》一篇，力陈"此事虽广为流传而实不可信"，主要意见是：一、徐德言"应为东海徐氏，与徐陵同宗"，但《陈书》仅载陈亡时太子舍人有孔伯鱼，"不闻徐德言"。二、隋灭陈以"吊民伐罪"为口实，"自不致纵其将帅系虏公主为奴仆"，且陈亡时，"其百官皆随后主入关，德言若官太子舍人，必在其列"，"不当贵显如德言，乃至乞丐流离方得至长安也"。三、平陈时，杨素名位尚微，岂得"掠陈之公主"，而主官不之禁，又其时隋文帝独孤后尚在，其为人最恶人纳妾，杨素安敢"以此取咎"？四、镜"破之即成废物，宁有可市之理"？且相约以元宵至市，公主顾能使苍头买破镜，岂非怪事。且以长安之大，市非一处，徐德言何至，而苍头适能遇之？因此"疑是中唐以后人臆造"。所述似乎论据充分，足以定谳。

　　然而，仔细推敲，并核以史料，对诸前辈所述不能不有所怀疑。独孤后之恶人纳妾，似乎首先是对隋文帝的严格要求，其次是对她的几个儿子的品德规范，至于其他文臣武将的内帏私事，偶尔也会干涉几句，多数情况下还是眼开眼闭，不然整部《隋书》哪会有那么多以女乐或罪女赏赐的记载。隋平陈后，陈后主携百官入关，得到礼遇的只是少数人，多数只是降一级或几级留用，至于被俘获者命运更加不济，皇室也不例外。《隋书·贺若弼传》就载，弼在平陈之役立下大功，归朝后文帝特别邀请他登御坐，赏了大量物品，还特别"赐陈叔宝妹为妾"。杨素的功劳与贺若弼相当，得赐叔宝另一妹即乐昌公主为妾，当然也在情理之中。著名的《虬髯客传》就述杨素的生活状况："奢贵自奉，礼异人臣，每公卿入言，宾客上谒，未尝不踞床而见，令美人捧出，侍婢罗列，颇僭于上，末年益甚。"《隋书·杨素传》也称其"家僮数千，后庭妓妾曳绮罗者以千数，第宅华侈，制拟宫禁"，可以作为《本事诗》的一则注脚。至于《本事诗》的文本来源，则可追溯到玄宗时韦述的《两京新记》卷三：

　　　　次南曰延康坊，西南隅西明寺。本隋尚书令杨素宅。（中略）初，杨素用事隋朝，奢僭过度，制造珍异，资货储积。有美姬，本陈太子舍人徐德言妻，即陈主叔宝之妹。才色冠代。在陈封乐昌公主，初与德言夫妻情义甚厚。属陈氏将亡，德言垂泣谓妻曰："今国破家亡，必不相保。以子才色，必入帝王贵人家。我若死，幸无相忘，若生，亦不可复见矣。虽然，共为一信。"乃击破一镜，各收其半。德言曰："子若入贵人家，幸将此镜合于正月望日市中货之。若存，当冀志之，知生死耳。"及陈灭，其妻果为隋军所没，隋文以赐素，深为素所宠嬖，为营别院，恣其所欲。陈氏后令阍奴望日赍破镜诣市，务令高价，果值德言。德言随价便酬，引奴归家，垂泣以告其故，并取己片镜合之，及寄其妻题诗云："镜与人俱去，镜归人不归。无复姮娥影，空馀明月辉。"陈氏得镜见诗，悲怆流泪，因不能饮食。素怪其惨悴而问其故，具以事告，素憪然为之改容。使召德言还其妻，并衣衾悉与之。陈氏临行，素邀令作诗叙别。固辞不免，乃为绝句曰："今日何迁次，新官对旧官。笑啼俱不敢，方验作人难。"时人哀陈氏之流落，而以素为宽惠焉。

《两京新记》是天宝年间成书的一部讲长安、洛阳都城坊里的专著，原书五卷，不存，只有第三卷存于日本。此节因为介绍到西明寺，原本是杨素的豪宅，因此附录了这段故事。相信韦述也不是始作者，而是抄录他书，只是现在已经无法找到更早的记载了。在韦述的记述中，故事的细节比《本事诗》要详密得多：一是徐对乱后命运的考虑，设想了几种可能，破镜只是如果得以有生相见的一种联络手段。二是公主的经历，是先为隋军所俘，再由隋文帝赐给杨素，与贺若弼的待遇一样。三是公主到了约定的时间正月望日，也即后世所说的元宵节，让阍奴到市中高价售镜，终于得值德言。四是杨素得知原委及处置过程，也更为具体周密。至少可以确定这一故事不是中唐以后人伪造的，在玄宗时已经广为流传。

虽然正史没有记录徐德言事迹，但还不是全无踪迹可寻。唐林宝《元和姓纂》卷二东海郯州徐氏下载："陵，陈尚书仆射，生俭、份。俭，右军将军。生德言，陈太子舍人、隋蒲州司功。"据此可以知道，徐德言是梁陈间大诗人徐陵之孙。徐陵在陈代官位崇高，后主即位后去世时已经七十七岁，其孙按理应已三十岁左右。后主在陈亡时才三十五岁，其妹与德言年龄正合。德言在陈为太子舍人，入隋仅官至蒲州司功，虽在官，

但地位很低。蒲州在今山西永济，距离长安还不算太远。

至于杨素其人，由于他既是隋炀帝的亲信，其子杨玄感在他死后曾起兵反隋，因此史书上评价差别很大，这里不必展开来说。他晚年的情况，《虬髯客传》里则借私奔出来的红拂妓之口，有一段生动的叙述：

（李）靖曰："杨司空权重京师，如何？"（红拂妓）曰："彼尸居余气，不足畏也。诸妓知其无成，去者众矣，彼亦不甚逐也。计之详矣，幸无疑焉。"

杨素对于逃走的妓人也不太在意，而对于心爱女人的伤感往事，出于同情或理解，放其夫妻团聚，也非绝不可能之事。唐代颇多此类故事，如《柳氏传》中李将军以爱妾柳氏赠诗人韩翃，《云溪友议》在于頔将爱婢女还诗人崔郊。

至于铜镜是否能够断开，断开后还有无使用或销售价值，是另外一回事。前几年就看到有古墓发掘中得到破铜镜的记录，现在一些博物馆展示的铜镜，也颇有破损后重新缀合的痕迹，本人手边也有一块碎成两半的古镜。由于徐德言与公主约定了时间（正月望日）和地点（市中，当时长安的东市和西市，不是一般泛指的城市），因此具备了再遇的机缘。

破镜重圆故事记载虽然简单，但已经具备了后代大团圆戏曲、小说的一切经典桥段。镜既是女性妆容的物品，也是夫妻生活的见证，同时还具有特殊的象征意义，即圆镜如同满月，月圆则家人团聚，镜残则夫妻分飞。故事中的两首诗，是否徐德言夫妇的原作，已经不必深究。前一首很好地将镜合人离的思念婉转写出，后一首则写再一次面临人生歧途时的无奈，就如同蔡琰《悲愤诗》写到终于可以回到汉地，但同时又面临与胡地亲人分别的痛苦，因而具备感动人的力量。在这里，故事另一方的杨素还是讲道理的，他与公主之间也还有感情，因此能尊重公主的选择。

尺牍浅说

◆郑诗亮

在这样一个 E 时代，专门作文来谈已沦入故纸堆的尺牍，似乎有些过时。不过，一个英国文人的妙语可以引来壮壮胆："如果我想看陈词滥调，就去读新书；如果我想找些新东西，就去翻旧书。"准此，谈谈尺牍，也无不可。

所谓尺牍，实则就是书信。在纸张发明之前，古人是将信写在削好的竹片或木片上的，一根竹片或木片在一尺到三尺之间，所以叫尺牍。而我们现在习称的书信，在古代虽有连用，意思却要分开来讲。书，指函札；信，指使者。两者连用表示现代意义上的信件，是唐宋以后的事了。

广义的尺牍，作为古时文体之一种，可谓异常繁荣。按应用材料的不同，有简、牒、策、札之别；依照通信对象的尊卑亲疏，有笺、启、表、移、教之分。据欧阳修《与陈员外书》，笺、启是下级写给上级的书信，所谓"下吏以私自达于其属长而有所候问请谢者"，表则是臣下递交给帝王的书信。此类尺牍，行文往往极尽恭谨审慎之能事。骈文兴起以后，就多被应用于其中，骈四俪六，堆砌故典，用来表示敬重。至于移和教，一则用于平辈之间，一则用于上级与下级之间，等级森严，不可逾越。而狭义的尺牍，则专指宋以后文人间往还的小简短札。这些小简短札虽然好之者众，常常被射利书商搜罗刊印成集，当事人却不太看重，觉得这些东西只是为文之余事，不是正儿八经的文章，甚至有人随写随弃。不过这样也有一个好处，就中可以看到作者的真面目、真性情（当然，总有人一提笔就存着要刊印成文的念头，真诚不免要打几分折扣）。

春秋战国之际，尺牍往来多属公事性质，涉及政治军事要务，内容以论说为主，较少掺杂个人的感情成分。但是也还有乐毅《报燕惠王书》这样把家国大事与个人抒怀熔为一炉的名作。等到秦朝以后，私人性质的尺牍越来越流行。东西两汉，留下了不少名作，其中最有名的，当数围绕李陵事件的两则尺牍：司马迁《报任安书》和李陵《答苏武书》。这两篇名作都收入了蒙学课本《古文观止》，旧时的人，但凡粗通文墨，都应该读过。其抒发个人情怀的笔法，和后世的尺牍一脉相承，只是文风的刚健质朴、大气磅礴为汉人所特有，与后来的纤巧繁缛、逞才炫技大相径庭。

到了魏晋南北朝，进入文体自觉时代，尺牍的风格为之一变。一派借助方兴未艾的骈文，或描摹山水，或申说事理。前者的代表是鲍照的《登大雷岸与妹书》和吴均《与朱元思书》。两篇名作一则长，一则短，一则华丽铺张，一则清丽工细，但都做到了写景如在目前。后者的代表则是丘迟《与陈伯之书》和徐陵《与杨愔书》。瞿兑之在《中国骈文概论》中说，"骈文用在说理的文字——一是论说一是书札——都最合宜。尤其是书札，必须于陈说事理透彻详尽以外，更用妍美的色泽声调，来发挥他的情韵"。所举的例子，就是前面提到的两则尺牍。另一派则意气娴雅，行文信笔所至，情趣盎然。如曹丕《与群臣论粳稻书》："江表唯长沙名有好米，何得比新城粳稻邪？上风炊之，五里闻香。"又如王羲之《采菊帖》："不审复何以永日，多少看未？九日当采菊不？至日欲共行也。但不知当晴不耳。"

及至唐宋，尺牍的范围逐渐变窄了。一方面，是因为韩愈、柳宗元等人，把日常书信当载道的文章来作，豪气多而逸致少，言志多而言情少；另一方面，则是因为苏轼、黄庭坚致力于尺牍，写得既多且好，而且首次将尺牍编入自家文集中。这样一来，苏黄二人的短简小札，就成了后世尺牍的典范，"所以讲起尺牍，第一总让人想起苏东坡黄山谷"（周作人《关于尺牍》）。试举一则为例，如苏东坡《与毛泽民》："轼启，寄示奇茗，极精而丰，南来未始得也。亦时复有山僧逸民，可与共赏，此外但缄而去之尔。佩荷厚意，永以为好。"寥寥数十字，文情俱佳。

明清以降，尺牍文学极大繁荣，坊间书商也大量翻刻尺牍文集。无论是标榜性灵的小品，还是号称新体的家书，都在市场上有一席之地。而在博闻强识的清朝学者手中，尺牍成了他们交流论学心得的有力工具，自然，信件往还之间，少不了骈四俪六，引经据典。到了这个时候，尺牍的规范也发展到了最森严的地步。旧时官府里的老吏，有的官场沉浮数十年，各类文书样样来得，偏生就是写不好尺牍。原因就在于尺牍对格式要求实在太严，一不小心，就会出丑露乖，惹人笑话。

晚清的书仪规范最严，民国加以继承而稍有变化。一篇正式的尺牍，除开正文，至少由以下几个部分组成：称谓语、提称语、思慕语、祝愿语、署名。措辞、程式随人际关系的亲疏尊卑，涉及事项的轻重缓急各有不同。而措辞是否恰当，程式是否谨严，则直接反映了写信人的文化修养。正因为此，旧时读书人家，对子弟都会进行严格的尺牍训练。杨绛在《记〈钱钟书〉与围城》中提到，受父亲钱基博的严格训练（当然，体罚是免不了的——"额角上挨了不少'爆栗子'"），钱钟书"写客套信从不起草，提笔就写，八行笺上，几次抬头，写来恰好八行，一行不多，一行不少"。不过，事情总有例外。闻一多给他欣赏的弟子陈梦家去信，称之为"梦家吾弟"，陈梦家老实不客气地回信说"一多吾兄"，惹得闻一多大大的不高兴。这，就是不懂规矩了。这种情状，今天的人恐怕是很难想象的吧。关于此，最近也最易得的参考读物，应该是蒋竹荪编的《书信用语词典》，就中可以一窥尺牍一事之难。

在晚清民国时，流行三本尺牍入门书：龚未斋的《雪鸿轩尺牍》、许葭村的《秋水轩尺牍》和袁枚的《小仓山房尺牍》。文化水平较低的人，学尺牍多半从前两本书入手；层次高一点的，就学《小仓山房尺牍》。但到底还是前两种最流行，因为作者都是所谓的绍兴师爷，久作刀笔吏，尺牍中应酬庆吊的作品占了大部分，合于实用，而格式又比较固定，正好拿来作写信的蓝本，依样画葫芦。不过，这些尺牍稍稍多看几篇，就会厌烦，原因在于行文变化无多而重复多有，且言之无物，徒有铿锵韵调。有个老作家说，年轻时背《雪鸿轩尺牍》，觉得文辞秀美，很是喜欢；老了再看，就觉得满篇套话，令人生厌。的确，如果我们把眼光放远一点，回看汉魏六朝自然清新的书信，就会觉得《雪鸿轩尺牍》有几分说不出的寒酸气。

不过，我们大概是没什么资格苛责龚未斋的。《雪鸿轩尺牍》行文虽然未脱刀笔气，到底还是正宗的骈四俪六；用典虽然既滥又俗，到底还为旧时读书人家所能理解。而现在，少有人再把写信一事放在心上了。

读诗五识

◆胡中行

去年高考有两件事引起轰动的。一件是有一位考生居然用甲骨文写作文，惊世骇俗！后来经专家考证，这篇甲骨文混合了大篆小篆，再加上自己生造的字，很不严肃地在糊弄人。所以只得了8分。著名文字专家裘锡圭先生认为8分也给多了，应该得0分。我很同意裘先生的意见，因为这里牵涉到一个学风问题。还有一件是出现了一篇被称为"史上最牛的高考作文"，全文用古体诗写成，共102句，就连前言后记都是文言的，虽然也是半文不白，但是精神可嘉，并且镇住了当地的阅卷老师们，于是得了满分。我认为这个满分是很不应该给的。因为既然是用古体诗，那就要用古体诗的标准去衡量。而这首诗在这方面的谬误有几十处。这两件事说明什么？说明我们在传统文化的传承上存在着严重缺失。

这种缺失不是个别现象，可以随手举出许多例子来。

例一：有个外国朋友居然把《唐诗三百首》当作对付中国人的武器。他说中国的年轻人热衷于学英文，所以走在街上经常有人会同他搭讪希望能借此练习口语。一次在火车上有个大学生来找他，他无意中掏出一本《唐诗三百首》请教，那个学生立即借故跑了。之后他碰到中国人搭讪就用这种办法，竟然屡试不爽。

例二：我们学校有一次搞对联大赛，吸引了新华社的记者，要来采访。当时入围500多幅作品，我们中文系三位老师各自在家里终审，最后看法惊人地一致：建议一、二等奖空缺。为什么？就是因为尽管同学们都很有才，但是不会写对联，不懂规律格式。这样的"对联"拿出来会出洋相的。

以上例子反映的还是同样的问题。

还想说一点，一些学理工科的朋友有时候太注重逻辑，这对于读诗不一定好。因为中国古典诗词讲究的主要不是逻辑，而是美感，亦即诗意。

举个例子，华罗庚先生曾经批评过唐代卢纶的《塞下曲》："月黑雁飞高，单于夜遁逃。欲将轻骑逐，大雪满弓刀。"他说这首唐诗缺乏逻辑：其一，月黑就是无月，无月如何看得见天上的大雁？其二，大雁南飞应是秋天，秋天又何来大雪？华老的话似是而非，毛病就在于他不懂得中国古典诗词看重的是诗意而不是逻辑。宋代的沈括也犯过类似的问题，他曾对杜甫的《古柏行》提出质疑。诗中有两句写道："霜皮溜雨四十围，黛色参天二千尺。"沈括曰："老杜谬矣，无乃太细乎？"意思是四十围和二千尺不成比例。如此较真不是很好笑吗？

其实不但是诗，重美感、重意境，可说是中国传统文化艺术的基本特点。记得有位美国学者曾经批评徐悲鸿的一幅奔马图，说马如果按图中的架势奔跑，两条前腿便会折断。如果从解剖学的角度看，这话或许有一定道理；但从美感意境的角度看，只能说明这位美国学者对中国传统文化艺术的无知。

还有个笑话是说古时候的一个中秋之夜，苏州有位老翁跟两个女婿赏月，大女婿是秀才，小女婿是讼师，都是文化人。于是诗兴大发，大女婿脱口而出："清光一片照姑苏。"二女婿当即指出："大哥差矣！难道月光只照在姑苏吗？"遂提议改为"清光一片照姑苏等处"！这样一来逻辑倒是逻辑了，但这还是诗吗？这是二女婿的"职业病"使然。

今天我讲"读诗五识"，目的正在于为大家学习古典诗词提供一个门径。

第一,识字

我知道我一讲这个你们下面不少人就会反感。想想我都读到大学了难道连字都不识吗?但是请问你们,现存汉字一共有多少个?据权威的讲法至少有六万个。那我们每个人能识多少个字呢?大概四千吧。这是个什么概念呢?也就是说随便翻开一本稍微高级一点的汉语字典,十个字里面最多有一个字是你认识的。所以识字对每个人来说都是任重道远、永无止境的事。

曾经有一道高考题:"坐"的部首是什么?答案:从"土"。后面还有一问:为什么?这一问考倒了一半学生。答案是"古人席地而坐"。这只是一道高考题哦。那我再问,"坐"是个什么姿势?回答"膝盖着地"。那和"跪"又有什么区别呢?其实臀部靠着脚后跟叫"坐",臀部离开脚后跟叫"跪",上身挺直叫"长跪"。"跪"和"坐"的差别很小,因此在古代,"跪"不是一个表示恭敬的姿势,"拜"才是,五体投地,因为动作大,所以尊敬啊。汉乐府有一句"长跪问故夫,新人复何如"(《上山采蘼芜》),有些人就说"长跪"表现了这位妇女对前夫的谦卑之态,其实"长跪"并没有这个意思。

汉字不是随便造的,所以字形就显得特别重要。比如"國"这个字,原来没有外面的框子,"或"就是国家的意思,为什么呢?"口"表示人口,下面一横是土地,"戈"表示军队,这就是上古时期的国家概念。后来外面加上一个大"口",表示疆域。国家便有了现代意义。

又比如"荤"这个字是什么意思?大家都知道鸡鸭鱼肉叫"荤",可它为什么是草字头呢?既然是草字头就表示植物,这是一定的。所以"荤"的古代意义是指有辛辣味的植物,比如大蒜、韭菜、洋葱之类,这种植物有刺激作用,据说吃了容易乱性,因此和尚尼姑也是不吃的。

国学论译

李煜有首词大家应该都会背,其中有一句"独自莫凭栏,无限江山,别时容易见时难"。这个"莫"是什么意思?我看了很多诗词鉴赏的书籍,对于这个字要么不注释要么就写"不要"。一个人不要靠着栏杆,什么意思呢?难道怕他掉下去?"莫"其实就是"暮",两者是古今通假的关系。李煜是一个亡国之君,黄昏的时候一个人倚在栏杆上看着夕阳,生发出许多感慨来。所以准确把握"莫"这个字的意思是理解这首词绝妙意境的关键。

孔子说过"郑卫之声淫",有人便认为孔子批评郑风卫风淫荡下流。仔细想想,孔子怎么可能把黄色文学当作教科书呢?其实"淫"这个字的本义并不是指不正当男女关系,而是"多而过分",比如"淫雨霏霏"。再注意这个"声"字,可见孔子是在讲音乐。

我也不是说要你们每个字都钻研到如何的深度,那是文字专家的事,但是对待文字要严谨。我们有些同学喜欢乱用词汇。比如说很多同学喜欢用"豆蔻"这个词,动不动就说自己"正值豆蔻年华"。豆蔻是指十二三岁的少女。"娉娉袅袅十三余,豆蔻梢头二月初。春风十里扬州路,卷上珠帘总不如"(杜牧《赠别》)说得很明白,"十三余"。二十好几了,怎么还是"豆蔻"呢?

古今意义越接近的字越要注意,特别是同形异义字。比如古文中"少年"指的是十八九岁的大小伙,跟现在的年龄段就不一样。又如"黄昏",原来是指半夜,与现在的时间完全不同,"月上柳梢头,人约黄昏后"。如果约在"黄昏"见面,你傍晚五六点钟就去了,那要等多少个小时啊?

阅读古诗文还要注意"避讳"这个问题。《种树郭橐驼传》里面"得养人术",其实是"养民术",但为避唐太宗李世民讳只能这样写。《水浒传》里面武大郎究竟卖的是什么?写的是"炊饼",多数人以为是大饼,就是烧饼。但其实应该是馒头之类的食品,因为"炊饼"本来叫"蒸饼",只是为了避宋仁宗赵祯之讳才改的。

第二，识人

了解每个诗人不同的个性对理解他的作品也是至关重要的。有个笑话，说商人、秀才、地主和农民四个人被雪困在一座亭子里。闲来无聊，秀才便提议大家联句作诗。商人随即作了第一句"大雪纷纷堕地"，有些商人总喜欢附庸风雅，有点像现在所谓的"儒商"。其实这句诗也有点不伦不类的，"堕地"为什么不直说"落地"呢？接着秀才脱口而出："都是皇家瑞气。"秀才因为要写考试文章，奉承拍马成习惯了。游手好闲的地主觉得雪景非常美丽，不禁说道："再下三月何妨？"这下农民急了，跳起来骂道："放你娘的狗屁！"这四句诗就非常符合四个人的身份特征。

我们来看看白居易，大家印象中的"人民诗人"。白居易留下的诗歌是唐代诗人中最多的，有近三千首。为什么白居易会留下那么多作品呢？因为他这个人对自己的诗歌比较偏爱，不仅自编诗集，还抄了好几遍放在不同的地方。假如我们通读他的全部作品，就会发现其实这三千首诗中只有一百多首是为民请命的诗歌，大部分也只是吟风弄月而已。

再看王维，他是信佛的，虽说他的诗歌是一幅幅山水画，但是中国古代的诗文从来没有纯粹写景的，柳宗元的《永州八记》哪里是写景，分明在写自己！不像日本俳句"闲寂古池旁，青蛙跳进水中央，扑通一声响"。它不表达什么诗人的思想，只是纯粹的景色描写。这是中日文化的差别。王维的不少诗是有佛教思想的。一首"空山不见人，但闻人语响。反景入深林，复照青苔上"就是一部佛经。佛经讲"色中有空，空中有色"，这个"色"指的是存在，看不见人即是空，有人语响又是色，看不见太阳，却又在青苔上看到太阳光，真是游刃于色空有无之际，充满了禅的意味。

小李杜对于爱情的态度是不一样的。杜牧可以算是唐朝诗人中最有政治才干的一位，对于军事、政治、经济都很精通。但是生不逢辰，因此他变得玩世不恭，生活上留下了种种"劣迹"。他虽然也写过赞美妇女的诗，但他对女性的态度总体上还是一种玩弄的意思。李商隐则不同，尽管性格上有些黏糊，却是一个很重感情的人。我们在欣赏他们关于爱情的作品时，就应该注意这一点。

第三，识世

就是要认清诗歌创作所处的时代。这里应该破除形而上学的观念。比如讲到《孔雀东南飞》，就批判地说诗歌体现了封建社会对妇女的压迫。其实仔细想一想，这是妇女压迫妇女啊，它讲的是婆媳矛盾。婆媳矛盾是个永恒的话题，我们现在社会主义社会就没有这种矛盾了吗？婆媳矛盾在本质上永远也无法调和的。除非今后家庭结构发生根本性的变化。撇开这个问题，这首诗给我们的信息恰恰是，当时的社会是很开明的。刘兰芝被休之后，太守派人来说媒，要娶她做儿媳。太守相当于地区级的一把手，这样的事在现代都很难做到，可见当时的社会真的很开明。唐朝社会更是如此，离婚率比现在还高，而且公主带头离婚，正史上经常可以看到一个公主今天结婚，不久离婚，后来又结婚的情况。

还有《诗经·硕鼠》，很多人说这表现的是奴隶反抗奴隶主的呼声。这也是违反史实的。在奴隶社会，奴隶是什么？奴隶生来就是工具，跟动物没有什么区别。所以，当时奴隶还不会觉悟到说自己的东西被别人抢了去。因为他根本没有东西。所以这首诗讲的应该是小奴隶主对于大奴隶主的怨恨与反抗，是那些大奴隶主把他们的东西抢去了。

孔子讲"学而优则仕"，有人批判说这是"读书做官论"。但是孔子那时候根本没有科举制度，哪里来读书做官的途径？问题就在这个"优"字，"优"在这里做"优裕、丰裕"解。就是说如果读书有余力的话不妨去做做官。这与读书做官论风马牛不相及。

第四，识物

这里的"物"，是指名物、事物，包括制度习俗等等。对"物"，我们知道得越多越好。比如"关关雎鸠，在河之洲"，这个"雎鸠"是一种水鸟，但是我相信它肯定在古代跟爱情有关系，否则怎么不说"关关麻雀"呢？但是这根链条断了，我们已经无从知道真相。中国的神话传说大量失传，跟儒家"不语怪力乱神"有关。

孔子在抹杀神话方面可谓不遗余力。比如说"黄帝四面"，别人问孔子黄帝真有四张脸吗？孔子说你理解错了，它的意思是黄帝在四个方向派了四名大臣执行他的旨意，就好像他有四张脸一样。还有说"夔一足"，夔是掌管音乐的鸟，有人问这鸟是一只脚吗？孔子说不是这个意思，应该句读成"夔一，足"，意思就是管音乐一个人就足够了。两则神话就这样变成了"历史"。

为什么古诗文中许多的物在今天看来很难理解了呢？因为时间过去了。比如木制的马桶，现在变成抽水马桶了，人们对它逐渐淡忘。三千年以后大家都不知道这个木制的桶是派什么用的，只要一个人说原来这是用来"方便"的，他就可以评上教授了。想想我们现在花了很大功夫弄明白的东西，古代随便一个老太太都觉得很熟悉。这就是时代的隔阂。

第五，识法

就是大概知道一下诗歌是怎样写成的。包括诗的格律、诗的韵味等等。再有尽可能了解作家对于作品的修改过程也很重要。比如欧阳修《醉翁亭记》一开始写的是"滁州四面有山"，后来改成"环滁皆山也"。毛泽东的"红雨随心翻作浪,青山着意化为桥",原来是"红雨有心翻作浪,青山无意化为桥"。比较一下,优劣自现。

毛泽东另有一首诗《为女民兵题照》:"飒爽英姿五尺枪,曙光初照演兵场。中华儿女多奇志,不爱红装爱武装。"原本这个第三句写的是"中华女儿多奇志",但是为了协调平仄,只能把"女儿"改成"儿女",这样一改,意思就没有先前贴切了。

岳飞有首诗,题为《登池州翠微亭诗》:"经年尘土满征衣,特特寻芳上翠微。好山好水看不足,马蹄催趁月明归。"这首诗的第三句不合平仄,但只要把"好山好水"改成"好水好山"就可以了。这说明什么?说明通行的版本错了。

我真诚希望通过今天的讲座,能够提高大家对于古典诗词的兴趣,能如是,则吾愿足矣。

学诗六要

◆胡中行

陈思和教授和我一起主编的关于探索诗词创作理论与实践的大型丛刊《诗铎》首辑问世以来,在同行以及诗词爱好者中引起不小的反响。这再一次证明,作为最能体现我们传统文化精髓的古典诗词创作形式,至今仍然具有顽强的生命力。关于它在当代社会生活中的地位和作用,我们在《诗铎》的"弁言"中已经做了阐述:"我们无意于振兴旧体诗词,因为我们深知,旧体诗词风行的时代已经过去。我们只是希望,旧体诗词作为传统文化的一个重要组成部分,作为现代人的一种文化素养,能够如涓涓细流绵延不绝。"当然,这只是一家之说而已。

书友们要我谈谈如何学写旧体诗词,我认为,由于各人的禀赋、经历、学养不同,应该存在多种不同的学习途径,在这里只能择其大要,从六个方面谈一些自己的心得。

第一要 "知行并举"

所谓"知行并举",就是理论与创作并重。在古代,"知行并举"是普遍现象,学者会写诗,诗人会做学问,很难分出你我来。例如东汉王逸在为《楚辞》作注的过程中,掺入了自己的作品,证明他也是个楚辞作家。从现在的眼光看,王逸的做派不免有点可笑,但反映了他那个时代"知行并举"的普遍性。再如曹丕,也是个"知行并举"的典型。他的创作成就,应该不逊于他的弟弟曹植。我很赞赏刘勰的说法:"文帝(曹丕)以位尊减才,思王(曹植)以势窘益价。"看来,同情弱者这条人性法则也影响了文学评判的公正性。事实上,曹丕不仅是一位杰出诗人,他的《典论论文》,更奠定了他在文学理论方面的崇高地位。再以宋代为例,看看几部诗话的作者:梅尧臣撰《梅氏诗评》、苏轼撰《东坡诗话》、苏辙撰《诗病五事》、黄庭坚撰《黄山谷诗话》、秦观撰《秦少游诗话》、姜夔撰《白石道人诗说》,加上李清照的《词论》,充分证明"知行并举"在古代是题中应有之义。

到了近现代,许多著名学者继承了"知行并举"的优良传统,比如陈寅恪,真正的国学大师,在著书立说之余,同样不乏吟诗作对的雅兴,请看他的无题诗:

> 乱眼繁枝照梦痕,寻芳西出忆都门。
> 金犊旧游迷紫陌,玉龙哀曲怨黄昏。
> 花光坐恼乡关思,烛烬能温儿女魂。
> 绝代吴姝愁更好,天涯心赏几人存。

再如翦伯赞,杰出的历史学家。他在说到王昭君的时候,曾经用一首绝句表达自己对重大历史题材的深刻见解:

> 汉武雄图载史篇,长城万里遍烽烟。
> 何如一曲琵琶好,鸣镝无声五十年。

反观现在的学术界,情况就不容乐观了。"知行分离"成了理所当然的普遍现象,研究古典诗词的学者不会写诗词,似乎是天经地义的事情。我无意探讨个中原因,但是有一点,这种"知行分离"的状况无益于学术与创作两个方面。研究古典诗词而不会写诗词,研究起来终觉"隔";

反之，写诗词而缺乏古典诗词的学养，写起诗词来终觉"薄"。所以，作为有志于诗词创作的朋友来说，在"知"上下点功夫是非常必要的，不要以为光凭天赋就能写出惊世之作来。

第二要"游刃诗内"

陆游有句名言："汝果欲学诗，功夫在诗外。"于是乎，"功夫在诗外"仿佛成了学诗的第一要义。其实，这句话应该是有条件的，条件就是初学者必须首先做好"诗内功夫"。因为只有把诗内功夫做扎实了，诗外功夫才会起作用。《红楼梦》里有一个香菱学诗的故事，具体写了学诗词的过程，足资参考：

> 黛玉道："什么难事，也值得去学！不过是起承转合，当中承转是两副对子，平声对仄声，虚的对实的，实的对虚的，若是果有了奇句，连平仄虚实不对都使得的。"香菱笑道："怪道我常弄一本旧诗偷空儿看一两首，又有对的极工的，又有不对的，又听见说一三五不论，二四六分明。看古人的诗上亦有顺的，亦有二四六上错了的，所以天天疑惑。如今听你一说，原来这些格调规矩竟是末事，只要词句新奇为上。"黛玉道："正是这个道理，词句究竟还是末事，第一立意要紧。若意趣真了，连词句不用修饰，自是好的，这叫作'不以词害意'。"香菱笑道："我只爱陆放翁的诗：重帘不卷留香久，古砚微凹聚墨多，说的真有趣！"黛玉道："断不可学这样的诗。你们因不知诗，所以见了这浅近的就爱，一入了这个格局，再学不出来的。你只听我说，你若真心要学，我这里有《王摩诘全集》，你且把他的五言律读一百首，细心揣摩透熟了，然后再读一二百首老杜的七言律，次再李青莲的七言绝句读一二百首。肚子里先有了这三

个人作了底子,然后再把陶渊明,应、谢、阮、庾、鲍等人的一看。你又是一个极聪敏伶俐的人,不用一年的工夫,不愁不是诗翁了!"

在这里,曹雪芹借黛玉之口,谈了自己的诗学观点,为初学者提供了一条门径。当然,门径可以各异,但是必须从基础做起,从正路入手,却是一样的。对此我亦曾写过自己的心得:

"初,余之作诗,务先得韵味而后就声律。盖诗者,韵味为体,声律为用也。无声律犹可作古体,无韵味则不成其为诗。以是观之,余学诗之途,不亦正乎?后作诗渐多,乃求韵、律之交融。余于韵味,务求详辨。五七之言,律绝之别,乐府歌行,乃至小令长调,各有其韵,宜细细品味,久而稍得之。余于声律,则多求正格。如七言,多首句入韵者;五言则反之。而于诗家之忌,如孤平、三平调之属,则避之如恐不及也。窃以为,诗之古近二体,于韵、于律皆备矣。凡作文言诗应循此道。"

第三要"功夫诗外"

我经常说,在所有的文体创作当中,只有旧体诗词是设有门槛的。因为其他文体(包括新体诗)只有好坏之分,唯独旧体诗词另有真伪之别。正如邓拓所说,你不会写满江红,那只能去写满江黑。因为满江红自有满江红的一套规矩在,要写就必须遵守,没有商量通融的余地。所以我们说,"游刃诗内",解决的是门槛问题;而"功夫诗外",则是解决好坏问题。在这里我们以王维为例:如果我们在中学生中做个调查,问一问唐代三大诗人是谁?回答几乎肯定是李白、杜甫、白居易。其实这不是正确的答案,因为白居易和李杜相比,明显地差了一个档次。而在古人眼里,真正能和李杜匹敌的,便是王维。"吾于天才得李太白,于地才得杜子美,于人才得王摩诘;太白以气韵胜,子美以格律胜,摩诘以理趣胜。"(清徐增《而庵诗话》)"(王维)自李杜而下,当为第一。"(宋许顗《彦周诗话》)而王维的艺术成就,主要便是得益于他的"诗外功夫"。苏东坡曾经说过:"味摩诘之诗,诗中有画;观摩诘之画,画中有诗。"为什么?就是因为王维是一位大画家。他是南宗画派的开创者,在中国画史上影响至巨。除此,他还是一位出类拔萃的音乐家,所以能够做到熔诗歌绘画音乐于一炉。诸如"泉声咽危石,日色冷青松"、"声喧乱石中,色静深松里"、"大漠孤烟直,长河落日圆"之类的句子,如果不是对声色有独到的感悟,是断断写不出来的。另外,王维对佛教也有很深的造诣,经常用诗歌的形式来阐释佛理,比如他的《鹿柴》诗:"空山不见人,但闻人语响。返影入深林,复照青苔上。"讲的就是佛教色空有无的观点。对我们来说,诗外的知识掌握得越多越好。我的老师陈允吉先生曾经打过一个很好的比方:拿菜刀和斧头去砍柴,菜刀会卷刃,斧头则不会。就是因为斧头有个厚实的背,而菜刀没有,两者的差别仅此而已。

第四要 "细品韵味"

如前所说,诗词的格律十分重要,因为它是判定真伪的标准。但是解决了真伪问题的诗并不一定就是好诗。我认为,所谓好诗的第一要素应该就是韵味。粗一看,韵味似乎很玄,既看不见又摸不着,只是一种只可意会不能言传的感觉。其实不然,通过多看多读,韵味还是能够体会得到的。有出京剧叫作《汾河湾》,讲的是薛平贵投军别窑,十六年功成回家,见家中有一双男人的睡鞋,于是引出一场与妻子的误会。这出戏到法国演出,剧名译成"睡鞋的秘密",活脱变成了一则西方童话故事,哪里还有京剧的韵味呢?需要注意的是,在诗词当中,各种体裁自有其各自的韵味,是绝对不能"串味"的。举一个典型的例子,"无可奈何花落去,似曾相识燕归来",既是晏殊一首词里的名句,也是他一首七律中的败笔。原因就在于上述二句所具备的是词的韵味而不是诗的韵味。再比如寇准曾把韦应物的七绝"独怜幽草涧边生,上有黄鹂深树鸣。春潮带雨晚来急,野渡无人舟自横"改成一首五言绝句,结果被讥讽为"点金成铁"。问题也是出在韵味上。韦诗中的"独怜"、"上有"、"带雨"、"野渡",看似可有可无,其实关涉韵味气脉,绝非多余累赘。

除了体裁上的不同韵味之外,我们还要细细品味诗人个人的独特风韵。比如,从"风吹柳花满店香,吴姬压酒劝客尝。金陵子弟来相送,欲行不行各尽觞。请君试问东流水,别意与之谁短长"中,可以体会到李白的自然流动;从"群山万壑赴荆门,生长明妃尚有村。一去紫台连朔漠,独留青冢向黄昏。画图省识春风面,环佩空归月夜魂。千载琵琶作胡语,分明怨恨曲中论"中,可以领略到杜甫的精练整饬;从"老兔寒蟾泣天色,云楼半开壁斜白。玉轮轧露湿团光,鸾佩相逢桂香陌。黄尘清水三山下,更变千年如走马。遥望齐州九点烟,一泓海水杯中泻"中,又可以感受到李贺的光怪陆离,等等,不一而足。

第五要 "勤咏苦吟"

在学习过程中,"勤咏苦吟"是个行之有效的好方法。贾岛的成功,便是一个明证。贾岛是唐代的五律大家,胡应麟说:"(张)曲江之清远,(孟)浩然之简淡,(韦)苏州之闲婉,(贾)浪仙之幽奇,虽初盛中晚,调迥不同,然皆五言独造。"与同时代众多大家相比,贾岛非但没有优势,反而有出生僻地、世代布衣、中人之才三大短处。但是他却能够"生李杜之后,避千门万户之广衢,走羊肠鸟道之仄径。志在独开生面,遂成僻涩一体"(许印芳《诗法萃编》)。如果说,选择专攻五律,是贾岛战略上的成功的话,那么,通过苦吟极写穷愁之态,则是他战术上的胜利。可贵的是,贾岛把写诗完全融入自己的生命中,"一日不作诗,心源如废井",正是这种精神，使他跻身唐代一流诗人的行列。且看他的名句："鸟宿池边树，僧敲月下门"、"独行潭底影，数息树边身"、"坐闻西床琴，冻折两三弦"、"鬓边虽有丝，不堪织寒衣"。这些句子的确非苦吟不能得来。应该指出的是，在众多著名诗人中，苦吟者绝非贾岛一人，天才诗人李贺亦属此类。即便豪放如辛弃疾者，创作对他来说也是一种艰苦的劳动。据岳珂的《桯史》记载，辛弃疾死后，岳珂在整理遗物时，发现大量未完成的作品，有的仅仅是片言只语，足见其创作过程的漫长和艰巨。

第六要"古为今用"

这是一条通则，尽管如此，在古典诗词的创作领域，还是有其特定含义的。如何用古典诗词来表现新生活，应该成为诗词创作的首要课题。如果你的作品放在古代名家的集子里分辨不出，那绝不是一件好事情。但是反过来，如果你的作品里充斥着电视机、伊妹儿等新名词的话，那也绝不会是成功之作。这里显然存在一个如何消化、融合、出新的问题。

我曾经有一首《菩萨蛮》，初稿是这样的：

> 浅霜薄雾来天地，清风冷月秋无际。径仄桂香浓，篱疏枫影重。
> 床头听漏滴，床下寒蛩泣。举烛读南华，披衣夜煮茶。

后来有位学生问我，您家真有蟋蟀吗？这个问题对我触动很大，既而自问：闹钟能叫漏滴吗？真是举着蜡烛读书吗？于是我把床头床下两句换成"遥听声淅沥，遥看星皎洁"，化用了欧阳修《秋声赋》的句子。再把"举烛"改成"坐起"。我觉得，这样的调整还是必要的。

其实在这个问题上，有许许多多的人在进行着可贵的探索。影响较大的便是所谓"老干体"和"新声诗"。"老干体"的出现自有其深刻的社会与历史原因，总体来看，它的优点是"主旋律"，缺点是"老套路"。试看两首：

东风万里红旗飘，建设大潮逐浪高。
十亿人民齐努力，改革路上逞英豪。

十大春雷响碧霄，震惊中外看春潮。
发言热烈如泉涌，策马腾飞逐浪高。

基本合律，却整篇套话，没有一点诗的韵味。

关于"新声诗"，我个人认为是此路不通。因为它缺乏强有力的理论支撑，必然造成创作实践的"新旧杂糅，了无新意"。试看一首：

春有思，秦桑低绿枝。夏有梦，荷塘月色溶。秋之恋，红叶清霜染。冬之吟，梅花天地心。

生涯旅，品味酸甜冷暖。水东流，酣唱离合悲欢。繁华四季休轻负，把蜜意幽情长驻心间。

细细品味，究竟新在何处呢？

其实在这个问题上，我们的前辈已经为我们积累了一定的经验，奠定了基本的方向。在其中，毛泽东厥功至伟。他的诗词，讲求格律，文质并重，体现的是革命精神，展示的是历史画卷。除此，五四以来的一些风云人物，如李大钊、陈独秀、胡适、鲁迅等人，或多或少用自己的创作实践为旧体诗词的古为今用做出了自己的贡献。

今天，对我们这一代诗词作者来说，如何使旧体诗词的创作适应新时代新生活，仍然任重而道远，我们每个有志于此的朋友，都应该朝着这个方向努力。

诗人李商隐

◆陈鹏举

李商隐原是个平凡的男人，只是因为他对文字、韵律和尘情的极度敏感，他才成为在后世所有人心中的那个李商隐。

一

李商隐的一生和令狐家族瓜葛很深。令狐楚是唐代重要的政治家和骈文大家。他是少年李商隐的伯乐。可惜李商隐也就是一个诗人，到底也只是令狐楚诗文方面的知己。这对知己也是旷世少有。即使经历了许多年的不见，到了生命的最后时刻，令狐楚还是请来了李商隐，让他代写了自己的政治遗书。由此可见，令狐楚深深感佩李商隐文字的力量，也因为有这个知己而内心很快乐。这篇骈文被收在《全唐文》，题为《代彭阳公遗表》。

李商隐有首《寄令狐郎中》：

嵩云秦树久离居，双鲤迢迢一纸书。
休问梁园旧宾客，茂陵秋雨病相如。

写在他三十一岁那年，在洛阳养病。令狐楚之子令狐绹出任右司郎中，感念旧情，去信问候。李商隐用这首诗作答。应该说李商隐见信的心情很悲伤。人间的情谊原本是会出现意外的，可李商隐为此付出了毕生的代价。在这首诗里李商隐以高贵的诗人品性，用蕴藉、委婉的感叹，恳切地说出自己的悲伤：两人一在长安、一在洛阳，很久不见了，不想收到了像古时候一双鲤鱼传书一样珍贵的信。不必再问当年一起舞文弄墨的李商隐，他现在就像病倒在汉武帝墓边的司马相如了。全诗没有说悲，可悲情字里行间都含着。历来说诗可以一唱三叹。这首诗真是一唱三叹了。第二句原本该是第一句，是一唱，其余三句就是三叹了。

历来评家多以为李商隐一生的悲情，是因为做了"牛李党争"的牺牲品。李商隐娶了李党的王茂元之女为妻。而对他有知遇之恩的令狐楚，属于牛党。由此牛李双方都视他为异己。其实这话可以商榷。重要的问题是：李商隐牺牲了什么？如果说是宦途的前程，那么又要问：李商隐具不具备政治家的潜质？显而易见，他不具备。如果李商隐具备，那么在和令狐楚结识之初，就会显现出来，就不可能只是令狐楚诗文方面的知己。

由此可说，李商隐并没有因为婚姻失去他的未来。反而是李商隐因为婚姻获得了爱情。爱情对一个诗人来说，远比他陌生的所谓前程要紧得多，何况是对一个注定要把自己的诗写进历史的大诗人来说。

李商隐的那首著名的《夜雨寄北》，就沉浸在爱情里。

君问归期未有期，巴山夜雨涨秋池。
何当共剪西窗烛，却话巴山夜雨时。

这首是李商隐寄给妻子王氏的，在他三十五岁那年秋天，游巴蜀时候。所以有题为《夜雨寄内》。这首诗美得出奇，是一种时空交错的美丽。两个"巴山夜雨"，前一个是当下亲眼所见的，后一个是将来可以想见的。

第一句是说当下不可预见将来，第三句又说将来是可以期待的。全诗的意象"巴山夜雨"，回还往复，其实是情分的悱恻辗转。剪烛是伉俪之间的情致，给全诗开一个生面，也说出自己对家的迢迢念想。人的生命和情分都是由往事确立的。因此，把自己的往事留给自己、交给对方，是人生最大的事情。李商隐感觉到"巴山夜雨"这情景，注定不能忘记。他写在了诗里，写给了自己爱人，他是在做一件人生的大事。而这，其实也就是这首诗永远让人喜欢的原因。

总之，可以说，李商隐的人生悲情，不是来自前程的失落，而是他与生俱来的人文悲情和诗赋悲情。没有悲情的诗人，注定不是大诗人。而这种悲情并非来自后世，来自他所遭际的尘网，而是他天生具有的。

二

李商隐只是一个平凡的男人，一个诗人，而这并不妨碍他关心国是。这样的人关心国是，自然和政治家不一样。他只是从公道和天理上做出自己的判断。

譬如他写的七古《韩碑》。宪宗元和十二年，名将李愬雪夜突入蔡州，结束了中唐五十年的淮西割据。次年，行军司马韩愈奉诏作"平淮西碑"。韩碑对招讨淮西叛镇的统帅、宰相裴度的赞美，胜于李愬。李愬妻子进官陈诉碑文不实。作为政治家的宪宗，权衡之后，诏令磨去韩碑，命翰林学士段文昌重撰勒石。可诗人李商隐是赞同韩碑的。他特意用韩愈体，从"元和天子神武姿，彼何人哉轩与羲"起始，写了《韩碑》。在诗中再现了当初宪宗称裴度功勋第一，和命韩愈作碑文的廷对情景。诗中还特地说到"句奇语重喻者少"，意思是：韩碑的论断少人理解，还有韩碑的文字欣赏的人也不多。平淮西碑到了宋代，陈珦令人磨去段作，仍立韩碑。这种改变自然与李商隐无关，只是说明历史总要在沉淀之后，才有

可能倾向诗人，而不是政治家。

李商隐的那首《贾生》也一样：

> 宣室求贤访逐臣，贾生才调更无伦。
> 可怜夜半虚前席，不问苍生问鬼神。

汉文帝在未央宫前的正室，召见原先被贬的贾谊。一代明君和大思想家，因为是在祭祀后的谈话，很自然就谈到了鬼神的事。谁知贾谊的才气大出汉文帝的预料。谈到了半夜，汉文帝听得出神，不觉双膝移向贾谊。这是屈尊的举动，说明这一刻双方都进入了忘情的境界。李商隐的诗，让读它的人，看到了这忘情的境界。末一句李商隐说"不问苍生"，可能原意不是讽喻，而只是调侃。汉文帝怎么就不可以问问鬼神？贾谊也未必要时刻谈他的《过秦论》吧。不过，李商隐把一张弓挂在了墙上，人家在酒杯里是很容易见到蛇影的。这就是李商隐咏史诗的力量。这种力量也是仅仅来自一个诗人，而不是政治家。

三

既然李商隐是个诗人，他对生命本体的思量，必然是挥之不去的。他的《嫦娥》：

> 云母屏风烛影深，长河渐落晓星沉。
> 嫦娥应悔偷灵药，碧海青天夜夜心。

说了嫦娥奔月，结论却出人意外：嫦娥应该后悔，因为待在天上太孤单了。李商隐认为，女子应该无时不在爱里。

还有《登乐游原》:

> 向晚意不适,驱车登古原。
> 夕阳无限好,只是近黄昏。

夕阳、黄昏,还有就是生命迟暮。前一联,他的原意是说来到乐游原,心情有些难过。可下笔之际,他把上句和下句移位了,把难过的意思"向晚意不适"放到了上句。因为,这诗写的就是心里的难过。下句呢,无足轻重,只是说难过发生的地点。

李商隐最美的关于生命的诗是《瑶池》:

> 瑶池阿母绮窗开,黄竹歌声动地哀。
> 八骏日行三万里,穆王何事不重来?

生命的珍贵和活跃,是以必然的不长久为代价的。生命的来龙去脉,又是生命本身难以知道的。由此可知,生命的底色注定悲伤。这首诗说的就是人的生命的终极悲伤。周穆王去瑶池见西王母。临别的时候,西王母说"将子毋死,尚能复来",周穆王应允三年后再来。黄竹是周穆王归途中经过的地方。在那里碰到风雪天,周穆王为当地受冻的人们,写诗三章。周穆王有赤骥、华骝、绿耳等八匹马,相传可以日行三万里,可怜他还是没能再到瑶池。西王母永远快乐,黄竹冻人永远悲伤。西王母的快乐是人所祈求的,而黄竹冻人的悲伤是人所经受的。诗里"何事"二字,不只是"周穆王已死"的委婉说法,还该是有关生命结局的真正设问。这首诗写得真的很美。能把人的悲伤写得这么温文敦厚,这个人自然可以称他为诗人了。

四

李商隐美名和他的七律"无题"诗不可分离。把诗题直白地称为"无题",李商隐是第一人。与其说它是出自匠心独具,还不如说是因为无从说起而无奈得之。

试说李商隐六首《无题》:

> 昨夜星辰昨夜风,画楼西畔桂堂东。
> 身无彩凤双飞翼,心有灵犀一点通。
> 隔座送钩春酒暖,分曹射覆蜡灯红。
> 嗟余听鼓应官去,走马兰台类转蓬。

倘使诗只是一段思维的实录,题目也就不是必要的东西了。这首诗就是"走马兰台"那会儿的思维片段。逢场作戏,从昨夜的事儿说起。那星辰,那月儿,还有和画楼、桂堂差不离的地方,有个女子,说话还很投缘。这些就是前四句,李商隐说着自己的流连。后四句呢?是说流连中的溃退。欢场的游戏肤浅、热闹,也很灿烂,一夜就那么消受了,又一个日夜的轮回开始了。这首诗里最美的是第二联。没在你身边,心是和你相连的。这一联饱含情分,历来被读成了心里话。可在这首诗里,这一联的本义,可能只是:不是比翼双飞的那一位,说话竟然很投缘。诗就是这样,形象永远大于思维,何况是李商隐的诗,自然是会美意延年了。

> 来是空言去绝踪,月斜楼上五更钟。
> 梦为远别啼难唤,书被催成墨未浓。
> 蜡照半笼金翡翠,麝熏微度绣芙蓉。

刘郎已恨蓬山远，更隔蓬山一万重。

这首诗是写一种等待，等待一份可能已经丢失了的恋情。人走得无影踪了，说是要回来的承诺，看来已是空话。今晚剩下我一个人，和着月光，听得钟敲五更。刚才梦里，是远别那时候的情景，我同样哭了，可梦也去了。梦和你一样，哭不回来。想写给你一些话，可墨还没磨浓。能再相见吗？金绣被，芙蓉帐，还有红烛和麝香。我已经知道那里离我很远了，甚至相信那里比我知道的更遥远。这首诗也是四句一流转。第一句的美，和它的字面一样，不知何处来何处去。第二句，也只有李商隐能说出来。不相关的地方捡来个去处，竟把前一句稳稳当当托住了。第二联又是好句子。远别的梦、催成的书，结果是啼难唤、墨未浓。尤其是墨未浓，梦一样的眼光，提醒人家，这书到底是未催成。后四句是真真切切的梦想，对缥缥缈缈的现实。李商隐的绝妙本事，又存一例。

飒飒东风细雨来，芙蓉塘外有轻雷。
金蟾啮锁烧香入，玉虎牵丝汲井回。
贾氏窥帘韩掾少，宓妃留枕魏王才。
春心莫共花争发，一寸相思一寸灰。

这首诗，很明白是意识流了。也因此，这首诗历来费解。这首诗的四联，甚至是各不粘连，是诗律上的粘连，诗意上的不粘连。第一联是景色，很自然的景色。细雨和有声响的东风，荷塘和殷殷雷声。这景色，是一个人突出人烟的去处，是李商隐这一段思维开始的地方。第二联，是意象。怀香启锁和牵丝汲井，不像是同类的活，只是同类的意象。这意象，字面是再难的事也有机会做到。第三联，是典故。两个两情相悦、云里雾里的典故。末一联，是说理了。是说人也就是花草了。也透露了第二联内里的意思，是许多事原本就很难做，做不好。这个世界上，平常的人，往往很勇敢。而出众的人，总是很怯懦，尤其在他一个人流落水天之间的时候。譬如李商隐，譬如这首诗。

　　　　凤尾香罗薄几重，碧文圆顶夜深缝。
　　　　扇裁月魄羞难掩，车走雷声语未通。
　　　　曾是寂寥金烬暗，断无消息石榴红。
　　　　斑骓只系垂杨岸，何处西南待好风。

这首诗写女子情思。也是四句一流转。前四句是写幽会。"扇裁月魄"是古诗"裁为合欢扇，团团如明月"的意思。"语未通"是说分别的时候，没有后约。后四句是说寂寥的心情，说时时等待着他，像西南风那样归来。有说这首诗别有深意，怕未必。

　　　　重帏深下莫愁堂，卧后清宵细细长。
　　　　神女生涯原是梦，小姑居处本无郎。
　　　　风波不信菱枝弱，月露谁教桂叶香。
　　　　直道相思了无益，未妨惆怅是清狂。

这首诗写女子对情爱的渴望。前四句是说一个青春女子，在独自一人的清宵。后四句是女子的心绪。第三联，不像李商隐写的，文字、意象都欠美感，很像是对男女欢愉的想象。末一联说，相思其实是一种渴望。清代何焯说这首诗是李商隐"无题"诗中自伤不遇的"直露"者。"直露"二字是对的。也因此，这首诗明显不是李商隐的佳作。

　　　　相见时难别亦难，东风无力百花残。

春蚕到死丝方尽,蜡炬成灰泪始干。
晓镜但愁云鬓改,夜吟应觉月光寒。
蓬山此去无多路,青鸟殷勤为探看。

这首诗写一种思念。第一联,上一句是穿透所有人心的实在话,因为通透,所以是诗。就像水墨,因为好,就有了五色,对人心来说,是五味。下句是说出现这个想法的时节和景色。让这水墨有了着落,有了拖累和质感。第二联又是旷世好句,两个生命过程,两个意象,"丝"是"思"的意思,还有一个是"泪",想到了春蚕和蜡炬,是李商隐的慧眼和慧心。律诗第二联,性命攸关,如果第二联束手了,往下就一筹莫展。像李商隐这样四句一流转的做法,第二联同样紧要。李商隐总是在这儿放出胜负手,又总是光前裕后。后两联又是一流转。末句,前人说是希望对方有信息送来。恐怕未必。前句有"此去"字样,应该还是由此及彼,是说自己想去探望,想象青鸟会殷勤引导。

五

李商隐那首可能是最著名的七律《锦瑟》,似应归在"无题"诗里:

锦瑟无端五十弦,一弦一柱思华年。
庄生晓梦迷蝴蝶,望帝春心托杜鹃。
沧海月明珠有泪,蓝田日暖玉生烟。
此情可待成追忆,只是当时已惘然。

这首诗以开头的"锦瑟"二字为题。"锦瑟"二字,是李商隐诗思的开端,放在了开头,是这首诗前行的起点,也是这首诗生来的宿命。用来做题目，应该是这首诗的诗心规定了的。看起来很现代，其实很古朴。这首诗写什么呢？写虚幻的生命，带来的不虚幻的心怯和胆寒。中两联，四个意象，只是"色"、"空"二字，末一联看似一言说破，其实是变本加厉。第一联上句是全诗总要。锦瑟二十五弦，怎么看上去有五十弦呢？是因为琴码，把二十五弦折成了五十弦？这情状，让人隐隐心折，很痛。这锦瑟弹出的音色，就像悲伤的人的思念，美得难以经受。

　　唐代写诗人中，诗圣杜甫，诗仙李白，诗佛王维，诗鬼李贺，写出了尘情绵邈的"无题"诗的李商隐该怎样称呼呢？我以为应该是：诗人李商隐。

律诗、永明体及其他

◆吴 忱

尝读喻守真《唐诗三百首详析》,见其评张九龄《望月怀远》云:"律诗本来是要讲对偶的,这诗的颔联,在字面上看,似乎对得不甚工切。不过我们要知道初唐时期律诗还没有完全成熟,所以有时未免还留存着古诗的格调。"诗如下:

> 海上生明月,天涯共此时。
> 情人怨遥夜,竟夕起相思。
> 灭烛怜光满,披衣觉露滋。
> 不堪盈手赠,还寝梦佳期。

张九龄当初盛之际,诗主清澹,无六朝靡缛之习。此作前半截意到笔随,一片神行,颔联虽不免以虚对实,然确是律体。

不过喻氏所指的情况确实存在,却举错了例子。唐初承六朝永明体余绪并加以变革,律诗基本体式随之确立,已臻完美,诗坛从之者蜂拥群起,历千百年而遵之勿失。但唐人去六朝未远,仍不免受旧时代惯性制约,故尚多貌似近体而实则永明体之作,晚近文学史论者但看局部俳偶,而不解整体粘对,多有误指误举者。胡应麟《诗薮》曰:"若唐初句格未谐者,自是六朝体。"绝不可不加甄别。

譬如王勃,《全唐诗》录诗九十余首,其中五言四韵三十首,合五律句格者仅有八首，余皆为六朝体。有句脚三平调者，如《散关晨度》之"石路无尘埃"；有句中四连平者，如《寻道观》之"芝廛光分野"。更有失粘失对者，如《麻平晚行》：

百年怀土望，千里倦游情。
高低寻戍道，远近听泉声。
涧叶才分色，山花不辨名。
羁心何处尽，风急暮猿清。

及《铜雀妓》：

妾本深宫妓，曾城闭九重。
君王欢爱尽，歌舞为谁容。
锦衾不复襞，罗衣谁再缝。
高台西北望，流涕向青松。

前作一、二两联失于粘缀；后作三、四两联除"锦衾"句与前半首平仄失粘外，"罗衣"句又平仄当联失对。

可知王勃绝大部分诗作尚未脱齐梁旧习，因此律诗之"没有完全成熟"，当指此类作品而言。而律诗粘对体式的确立，正如郭绍虞《从永明体到律体》所说，"是由永明体到律体的一个重要关键"。

王勃之作大抵如是，而陆侃如《中国诗史》说："在四杰集中，五律多者占二分之一，少者亦在四分之一以上。格律之严与数量之多，都可奠定五律的基础。"显然将不合律体句格的永明体都一概算计在内了（如该书误举多首失粘之作，称"七绝七律到此已成熟"云云），事实上，王勃五言律体尚不及全部诗作十分之一。他如卢照邻诗一百余首，其中五言四韵二十五首，合五律句格者只有六首；骆宾王一百三十余首中，五言六十三首，合律之作亦仅二十二首；唯杨炯虽仅三十三首，而五言十五首均为合作。一燕不成春，所谓"格律之严与数量之多"，所谓"奠定基础"，从何说起。

前于四杰，王绩亦初唐诗坛之佼佼者。杨升庵称其"诗律"为四杰之"滥觞"、沈宋之"先鞭"。据《王无功文集》所收四十首五言四韵之作中，五律亦有十四首，固难能可贵。因"不乐在朝"，"才高位下"，一生波澜不惊，但有诗名而已。

大凡一种新体之起，必有大力者为之推助，或以其作品示范，或以其地位号召。而王杨卢骆位不逾县令，合律之作数不过半百，且除杨炯外均未尝倾力为之。纵有开启之功，位卑言轻，未必已成气候。登高一呼，尚有所待。

考初唐律诗之成熟，实自沈宋大量制作开始。中宗时两人均拜修文馆直学士。沈佺期，《全唐诗》录其诗一百五十余首，除古体外，五律六十五首，七律十四首，排律三十首，绝句八首。宋之问，共有诗一百九十余首，而五律七十九首，七律三首，排律三十一首，绝句十八首；其余则古体。此外永明体亦分别各有十首，这在转型时期自属不免；但两人五言四韵之作纯系律体，不沾六朝余沥一滴，而总量之多，诚可谓全力以赴了。

《唐诗纪事》录宋之问《奉和晦日幸昆明池应制》五排之作，云："中宗正月晦日幸昆明池赋诗，群臣应制百余篇。帐殿前结彩楼，命昭容选一首为新翻御制曲，从臣悉集其下。须臾，纸落如飞，各认其名而怀之。既退，唯沈宋二诗不下。又移时，一纸飞坠，竞取而观，乃沈诗也。及闻其评曰：二诗工力悉敌。沈诗落句云：'微臣雕朽质，羞睹豫章材。'盖词气已竭。宋诗云：'不愁明月尽，自有夜珠来。'犹陡健骞举。沈乃伏，不敢复争。"观其场面，是两人皆居庙堂之高，其号召之力可知。

沈宋既有大量成熟作品示人以范，法度遂明，天下景从。《诗薮》曰："五言律体兆自梁陈，唐初四子靡缛相矜，时或拗涩，未堪正始。神龙以还，卓然成调。沈宋苏李，合轨于前；王孟高岑，并驰于后。新制迭出，古体攸分。实词章改革之大机，气运推迁之一会也。"

所谓"四子靡缛相矜，时或拗涩"，"靡缛"或指六朝余风，"拗涩"乃言其拗字涩调。可知胡氏对四杰的基本评价。

"苏李"即苏味道与李峤，两人年岁较沈宋、王杨略长，而皆勤力于律体。苏味道当武后临朝之际，前后居相位数载，所作《上元》诗有"火树银花合，星桥铁锁开。暗尘随马去，明月逐人来"之句，脍炙人口。《全唐诗》仅收十六首，其中五律、五排、七律共十一首。李峤在中宗朝拜封赵国公，五律有一百四十八首之多，七律亦有三篇。此外永明体仍有十三四首。诗以五言咏物居多，但尚典丽，虽不容没其劳绩，而开山之功自不得不让于沈宋。

沈宋之前，杜审言亦近体诗史不可忽略者。《全唐诗》录其四十三首，即古体二首，五律二十七首，排律六首，七律二首，七绝三首；又永明体五七言、五排各一首。而《和晋陵陆丞早春游望》律法之森严，为《唐诗三百首详析》标作范式。《诗薮》谓初盛间"五言律杜审言为冠。七言律沈佺期为冠。排律宋之问为冠"，甚至说初唐五言律以"独有宦游人"第一，洵非过誉。

继踵而起者，如曾拜修文馆学士的李乂，存诗四十三首，已全是近体，无一出律之作，苏颋称其"五言之妙，一变乎时，流便清婉，经纶密致"。苏颋年辈稍后，所作七十五首律绝亦仅有二三首失律。可见当时诗坛之一斑。

以上数人生虽并世，而沈宋之成绩与作用最称卓著。其出入禁垣，影响风气，四杰不能及也。因此，说五律之形成与普及是以沈宋为代表的宫廷诗人大力提倡实践的结果，或更合乎历史本相。

至"五言律体兆自梁陈"之说,《诗薮》列举陈后主、张正见、沈炯、江总,隋代何处士及北周庾信等人所作之合"唐律"者共十六首。此外漏网之作,笔者亦续得十首,如徐陵《关山月》:

关山三五月,客子忆秦川。
思妇高楼上,当窗应未眠。
星旗映疏勒,云阵上祁连。
战气今如此,从军复几年。

"思妇"一联虽未对仗,然已启王维"倚杖柴门外,临风听暮蝉"、常建"曲径通幽处,禅房花木深"等作方便之门。他如庾信《咏画屏风诗》:

今朝好风日,园苑足芳菲。
竹动蝉争散,莲摇鱼暂飞。
面红新着酒,风晚细吹衣。
跋石多时望,莲船始复归。

则无一字不合。然而沈约等人虽倡导四声八病之说,但六朝绝大部分作品只注重个体而忽视整体,即注重上下句词性俪偶与平仄对立,却不要求前后联彼此粘缀,即节奏点上平仄相同。粘则谐,不粘则不谐,整体之粘缀与否正是近体与永明体脱钩的关捩所在。此犹投射于镜之物体与所反射之映像,譬若五律前半首是投像,后半首则其映像,粘者是镜中人,具对称性,对称则谐;不粘者是眼中人,不具对称性,不对称则不谐。正由于初唐诗人通过永明体的涵泳,发现粘缀具有对称之美、和谐之美,于是,便"发明"了律诗。

但永明体并非五言八句一种形式,更多是十句、十二句甚至数十句的长篇制作,至唐初则演化为排律。

王力《汉语诗律学》称庾信《奉和山池诗》"已经很像排律",谢灵运"有些诗也已经和排律相类"。所谓"相类",只如《艺苑卮言》所说"于古调中出俳偶"而已;且录庾信《奉和山池诗》如下:

乐官多暇豫,望苑暂回舆。
鸣笳陵绝限,飞盖历通渠。
桂亭花未落,桐门叶半疏。
荷风惊浴鸟,桥影聚行鱼。
日落含山气,云归带雨余。

此诗第二联失粘,第三联失粘又失对。永明体大率如此。

《诗薮》则曰:"薛道衡《昔昔盐》等篇,大是唐人排律,时有失粘耳。孔德绍《洪水》一章,则字句无不合矣。"《昔昔盐》因"空梁落燕泥"之句,历来传诵;只是胡应麟看走了眼,《洪水》也"时有失粘"。但同卷复又举阴铿《新城安乐宫》:

新官实壮哉,云里望楼台。
迢递翔鸥仰,联翩贺燕来。
重檐寒雾宿,丹井夏莲开。
砌石披新锦,雕梁画早梅。
欲知安乐盛,歌管杂尘埃。

而评曰:"气象庄严,格调鸿整。平头上尾,八病咸除;切响浮声,五音并协。实百代近体之祖。"读之洵然,王力或不免漏眼。

陈仅尝论及律诗源流，其《竹林答问》第二十问曰："古诗之转为律，休文一人之力何能为之，抑别有说欤？"答曰："休文何能为力！夫古诗之不能不为唐律，此声音之自然，即作者亦不知其然而然。故魏晋之音调异于两汉，宋齐之音调异于魏晋，自梁以降至陈隋，则名虽古诗，已全律体，非一朝一夕之故也。"并举《文选》中曹植、刘琨、陆机、鲍照、颜延之、谢灵运、谢惠连等十数人"两句精工，平仄谐畅，全是律偶者"七十余联，论曰："以上诸句，已纯乎律体，不必隐侯之'命师诛后服，授律援前禽。函辀方解带，巉武稍披襟'、'唼流牵弱藻，敛翮带清霜'等句为唐贤启先轨也。"

此论似是而犹未的。譬诸行军，前于齐梁者，如曹刘鲍谢辈于古调中出以俳偶，一联或合，而罕有全篇，犹是散兵游勇，安能"为唐贤启先轨"？齐梁而后，采偶句、调平仄，长篇短制，此倡彼酬，"名虽古诗，已全律体"；然偶句固必备之条件，却并非决定之要件，若一联内上下句对位平仄混同，一篇中前后联对位平仄失粘，犹散兵游勇虽经收编而仍各自为营，依然不是律诗。必待其人之出而整肃军容、严明军纪、集中指挥而后可。迨至唐初，就齐梁永明诗法排比整饬，统一范式，而粘对之法亦应运而生。律法既明，则长篇演为排律，短句演为律诗，四韵俱成，八音齐奏，正如"临淮王用郭汾阳部曲，一经号令，气色益精明"矣。

自兹而还，五七言近体之法既定于一尊，其法之严固前古未有，亦不无"束缚思想"之嫌。据《唐诗三百首详析》所评，即使在近体盛行之后，出律之作仍时有所见。兹引喻氏之评及者如下：

如王维《辋川闲居赠裴秀才迪》："寒山转苍翠，秋水日潺湲。倚杖柴门外，临风听暮蝉。渡头余落日，墟里上孤烟。复值接舆醉，狂歌五柳前。"评曰："律诗颔联总要对偶，现在'倚杖'虽可对'临风'，但'柴门外'决不可对'听暮蝉'。我以为最好将起首一二两句移作颔联，三四两句移作起句，那对于平仄格律既不失粘，在意义上也比较自然。"

又王维《积雨辋川庄作》："积雨空林烟火迟，蒸藜炊黍饷东菑。漠漠水田飞白鹭，阴阴夏木啭黄鹂。山中习静观朝槿，松下清斋折露葵。野老与人争席罢，海鸥何事更相疑。"评曰："本诗首二句照律诗定式不尽相符，是谓用拗。倘将一二两句互易，即可合式，但意义又不对了。古人这种句法，往往不免。"

崔颢《黄鹤楼》："昔人已乘黄鹤去，此地空余黄鹤楼。黄鹤一去不复返，白云千载空悠悠。晴川历历汉阳树，芳草萋萋鹦鹉洲。日暮乡关何处是，烟波江上使人愁。"评曰："严沧浪谓'唐人七律诗，当以此为第一'。但在律论律，此诗颔联竟完全是古诗句法。古人兴到笔随，偶弄狡狯，竟传诵千古，究竟不可为法。"

喻评所涉有二：一联内之对偶，两联间之粘缀。但对偶既是近体律诗的必备条件，亦为六朝诗格的普遍要求。对仗工整与否，取决于运笔技巧或工力，然亦不能唯求其工而适受其累。黄山谷云："宁可使句不律，不可使句弱。"盖亦此意。而王维五律对偶之欠切，当可以山谷此语解之。兹不申说，只说粘缀。

说王维七律"照律诗定式不尽相符"，是指此作失粘而言，虽"一二两句互易"后其成色未免逊于原作，而就粘论粘，亦未始不合。但王维五律前两联互换之说则不敢苟同，互换后不仅中两联堆垛呆板，原诗灵动之气荡然无存，况本不失律之作，却因此而前后两半之间整体失粘。

王力认为"唐人并不把失对失粘看得这样严重"。这当是六朝二百年积淀未能尽除使然，李白"凤凰台上"、王维"渭城朝雨"，乃至中晚唐韦应物"春潮带雨"、杜牧"春风十里"仍不免失粘，均足可为证。

至喻评以为《黄鹤楼》作者"偶弄狡狯"，则恐不然。《诗薮》谓此作"歌行短章耳，太白生平不喜俳偶，崔诗适与契合"，其说不为无见，况"不复返"、"空悠悠"并不对仗。誉之为唐人七律第一，真不知何从说起。

唐子西曾以诗律"殆近法家,难以言恕"为拟:"东坡云'敢将诗律斗深严',余亦云'诗律伤严近寡恩'。"其言如此,而齐梁采偶句、调平仄,亦何尝无法,唯较沈宋为宽而已。既不能无法,却不乏权变,如押韵则有"邻韵"、"进退"、"辘轳";平仄则有"拗救";对仗则有次联不对首联对之"偷春格"。凡此种种,指不胜屈,但尚不足以动摇粘对法之基石。这一法则在杜甫首创的一种"拗体"诗里却被打破,如《暮归》:

> 霜黄碧梧白鹤栖,城上击柝复乌啼。
> 客子入门月皎皎,谁家捣练风凄凄。
> 南渡桂水阙舟楫,北归秦川多鼓鼙。
> 年过半百不称意,明日看云还杖藜。

此诗无一联不拗,亦无一字必救,且不避二、四两字同平同仄,句尾多用三平,更不再强调粘对,读来饶有古意。此体苏黄亦间有所作,读来令人生喜。唯晚清胡朝梁辈一生屡作此体,近乎滑俗,多看则未免令人欠伸思睡。

以上皆老生常谈,一言以概之,则律诗肇始于齐梁,其平仄粘对之法定于初唐,大行于盛唐而作者于律或容有未守,至老杜而集大成,其律渐细,中晚而后则其格大备,然基于"伤严"所生发之各种变体,乃不啻法外开恩,无异在近体与永明体夹缝中辟出一片"开阔"天地。

国学论谭

中国小说的身体"本钱"

◆郜元宝

《三国志》记刘备"身长七尺五寸,垂手下膝,顾自见其耳",这已有乖于史法,但陈寿要说明"先主"神异,不得不添这么一笔,不过也只是点到为止。《三国演义》则踵事增华,变成两耳垂肩,双手过膝,又述刘皇叔席间如厕,见髀肉复生,猛然自警,不敢蹉跎岁月,遂有三国鼎立一场大戏。小说家看重"身体",由此可见一斑。

身体都是中国小说家最大的本钱,好比《肉蒲团》中未央生的命根子(也叫"本钱")。很难想象,离开身体之"形",小说将如何去写超身体之"神"?"以形写神"的口号响彻古今,是否说明中国之"神"缺乏语言,需要身体来帮忙?懂得此理,就懂得中国文艺(包括小说)的大半。

但形和神有距离。魏公子感叹:"身在江湖之上,心居乎魏阙之下,奈何?"一种办法是刘勰所谓"寂然凝虑,思接千载;悄然动容,视通万里"。但这只能瞎想,过不了瘾。何况心灵如此自由,肉身怎么追赶?所以第二种方式更好:将身体神秘化,令它无所不能。这就有了文学上关于身体的各种奇想和具体描写上的各种奇观,从六朝志怪和志人、唐宋传奇,到宋、元、明、清白话小说,直至"现当代"和"新世纪",不绝如缕。

志人的《世说新语》还谈不上奇观,但写身段则"玉树临风",写眼神则"烂烂如岩下电",后世小说人物出场照例的"有诗为证",更将"魏晋风度"这种典型写法发扬光大。《世说新语》不仅是鲁迅所谓"名士的教科书",也是后世作家"以形写神"的好参考。可惜只给身体以抽象形容,缺乏活龙活现的细节描摹。

志怪小说《阳羡笼鹅记》写书生钻进卖鹅人置于道旁的笼子,吐出一桌酒席,又吐出一女子对食。书生醉卧,女子吐出另一男子对食。书生将醒,女子将男小三吸进肚里,书生不知,吞了女子和酒席,钻出笼子,辞别卖鹅人。整个过程,笼子不加大,书生、女子、男小三、酒席不加小。如此"幻设"堪称奇绝,但据说故事原型来自印度,故在六朝,类似奇观并不多见。

至唐传奇,身体超能力骤增。"昆仑奴"(疑似非洲黑奴)飞檐走壁,长途负重,御风而行,可当"武功盖世"的侠客鼻祖。"聂隐娘"缩身如蚊,杀人无形,去来无阻,则是后世"剑仙"祖师。《柳毅传书》、《补江总白猿传》、《任氏》的人、神、兽、妖、鬼缠绵悱恻而又倏忽变化,摩天入地登山履海自由自在,开了明清神魔小说先河。说是人,却忽而为神,为兽,为妖,为鬼,无论本领多大都不奇怪,就看作者如何发挥想象了。

肉身具超能力,似极悠久,实乃后起。共工触不周山,女娲补天,后羿射日,大禹理水,周穆王驾飞车见西王母,皆神话传说,重点不在凡人特异功能。庄子"真人"、"至人"濡水不湿、向火不热、卧冰不寒,乃至白圭涂鼻,运斤成风,圭除而鼻不伤,亦非渲染身体神功,乃借寓言阐明大道妙要。三闾大夫赋《离骚》,脑海波起,上下求索,托辞谬悠,而真幻之际,殆未淆乱。《史记》写战国四大刺客荆轲、专诸、豫让、聂政,皆武功平平。卓特之处,唯在敢于赴死。

原始神话赋予半神半人超常本领,与凡人无关。初期道家不将肉体凡胎神秘化。墨家赞赏重诺好义视死如归而不关心武功。"子不语怪、力、乱、神",其与"武艺"有关者,"射"、"御"而已。武则天开"武举",

"十八般武艺"逐渐齐全,但限于练兵征伐,注重实用,摒弃玄怪。宋说书专门有"朴刀杆棒",但直到明人笔下的"水浒"好汉,武艺大多质朴无华。民间"打熬气力"如九纹龙史进,往往不得其门而入,至多膂力过人神勇善斗而已。赢得了"真好汉"的武功,还在皇家和行伍,如八百万禁军教头王进、林冲,杨令公玄孙杨志、呼延赞后人呼延灼之流。

也有另类,像戴宗以甲马符咒日行千里,公孙胜仗剑作法呼风唤雨,这都是东汉以来道教所赐。其他如房中秘技、呼吸导引、药毒放蛊、医术通神、观象占卜、神机妙算、诡习怪术,在质朴实用的武功之外造就了《三国演义》、《水浒传》、《西游记》、《金瓶梅》的身体奇观,甚至"以公心讽世之书如《儒林外史》者",也写到王冕之善观天象,其实这都是中国说部之糟粕。鲁迅谈"四大奇书",跳过武术、斗法、幻化、房中等身体之"奇",直探作者对"世情"、"人情"的体察,指示精华在此不在彼。《红楼梦》既憎儒术,复恶道流,独写真情之悲凉,故成高格。后人不解此理,一味崇尚身体之奇,结果就如鲁迅所说,出现了"中国的奇想"。例如"剑侠"小说特别发达:

> 唐宋以来,偷生的小市民就已崇拜替自己打不平的"剑侠",于是《七侠五义》、《七剑十八侠》、《黄山怪侠》、《荒林女侠》……层出不穷。

鲁迅认为从唐宋到晚清民国"剑侠"小说的演变,由南唐入宋的吴淑《江淮异人录》颇为关键,其书所录"凡二十五人,皆传当时侠客术士及道流,行事大率诡怪。唐段成式作《酉阳杂俎》,已有《盗侠》一篇,叙怪民异事,然仅九人,至荟萃诸诡幻人物,著为专书者,实始于吴淑,明人钞《广记》伪作《剑仙传》又扬其波,而乘空飞剑之说日炽,至今尚不衰"。金庸写打杀仇敌后用药水化灭尸体,就出自《江淮异人录》道家方术。

宋代虽云崇儒,并容释道,而信仰本根,厥在巫鬼——仍多变怪谶应之谈——迨徽宗惑于道士林灵素,笃信神仙,自号"道君",而天下大奉道法。至于南迁,此风未改,高宗退居南内,亦爱神仙幻诞之书。

宋人身体奇想最盛,乃因道教继东汉之后再度流行,益发喜欢"近取诸身":

外国人不知道中国,常说中国人是专重实际的。其实并不,我们中国人是最有奇想的人民——狂赌救国,纵欲成仙,袖手杀敌……

"中国的奇想"多演为身体奇观,身体奇观多来自道教,故鲁迅笔锋所指,尤在道教:

中国根柢全在道教——以此读史,有多种问题可以迎刃而解。后以偶阅《通鉴》,乃悟中国尚是食人民族,因成此篇(**按指《狂人日记》**)。

"吃人"者不仅有儒家"礼教",更有道教方术,且据地极坚,几千年来明白其无益的竟没几个。"人往往憎和尚,憎尼姑,憎回教徒,憎耶教徒,而不憎道士。懂得此理者,懂得中国大半。"鲁迅小说杂文也多身体描写,似乎和古代身体奇观波澜不二,实则以毒攻毒,意在打破数千年身体迷梦。《药》揭露了辛亥革命的不彻底,但也憎恶"人血馒头"之类道教方术。《铸剑》写鼎中三头惨烈撕咬,激发人们反抗专制,向真有侠义精神的"眉间尺"和"黑色人"致敬。鲁迅借身体描写抵达精神自觉,并不展览身体奇观。他强调大腿上"蚊子的一叮"比诗家哲人"世界苦恼"更重要,因为"总是本身上的事情来得切实"。写身体,若无这种"切实"的精神,容易堕入魔道。

"吾之大患,在吾有身",文学总要涉及身体,但身体所以重要,乃因它"切实",否则大可不写。吕纬甫、祥林嫂、孔乙己的外形,寥寥数笔,见出精神的某一特征足矣。阿Q、单四嫂子、中年闰土、子君、涓生的外貌不著一字,但写了灵魂的深,全体宛在目前。

旧约《圣经》的身体只有吹嘘进灵魂才成"活物",身体是灵魂在世上的帐篷,来自尘土又归于尘土。先知说预言,行神迹奇事,全赖圣灵,并非身体本有大能。摩西指挥战斗,举手之力都没有,而要别人协助。因要说明力士参孙的身体也不足恃,才对血肉之躯略加描写。保罗告诫提摩太,"操练身体,益处还少;惟独敬虔,凡事都有益处,因有今生和来生的应许"。托尔斯泰探索浩瀚的心灵世界,不暇顾及身体。他令读者想到人物外貌,不因写了身体,而是深刻把握了"心灵辩证法",读者才禁不住要替他补足身体描写的空缺。

但这只是"五四"以来中国文学一种借鉴。此外异域影响,还有希腊日神和酒神冲动、文艺复兴时代拉伯雷式的身体狂欢和"拉美魔幻现实主义",这些外来影响和源远流长的道教传统一旦合流,遂成大波,虽经"五四"新文学一度冲刷,但抽刀断水水更流。

现代优秀作者如郁达夫、老舍、张天翼、丁玲、沈从文、柔石、吴组缃等偶写身体,但人道主义、社会关切和浪漫情怀不允许他们过分耽于奇想。但总有例外。小说家茅盾以《蚀》三部曲现身文坛时就喜欢暴露身体,至扛鼎之作《子夜》,身体描写有增无减。吴荪甫只有一个思想,就是在凶险的政治军事和金融环境中竭力扩大实业,为此终日焦虑兴奋,而其焦虑兴奋无以言表,只能变为各种神经质的动作,比如在书房不断踱步，经常抓起电话却不知说什么。使用最多的身体道具，还是"紫酱色脸"上动辄发红的许多"小疱"，真是百写不厌。至于颤抖的乳峰、雪白的大腿和臀部，更是茅盾的招牌。这与茅盾早年研究中国神话和文学中的性描写有关，但根本还是人物太概念化，干瘪虚假的灵魂唯有用丰满刺激的身体包装起来才不至于顷刻坍塌。路翎是另一极端，他狂热追求灵魂本相，但因为和茅盾一样缺乏洞悉灵魂的语言，也不得不借助于身体的痉挛、抽搐、扭动，人物每说一句话，表达一个意思，仿佛都要调动整个身体来吃力地配合。《围城》在杂志上连载时，王元化指斥作者"开香粉铺子"，以后出洁本，还是处处露体。"十七年文学"如《林海雪原》、《红日》、《青春之歌》和《创业史》、《山乡巨变》接续了这个传统，虽时遭质疑，却难以恝置。

　　"新时期"以来，身体描写愈演愈烈。第一个高峰是1985年韩少功《爸爸爸》，其后则有张炜《古船》（1984年～1986年）、贾平凹《黑氏》、《人极》（1985年）和莫言《爆炸》（1985年）、《红高粱》（1986年）、陈忠实《白鹿原》（1988年～1992年）等。据说各自都寻到一方文化之"根"，但共同的"根"是身体。《爸爸爸》中侏儒丙崽、"吃人肉"（祭谷神）、"械斗"之后尸横遍野、饿狗吃死人直打饱嗝、山民"坐桩"而死、老弱病残自愿服毒给青壮年让出口粮，种种极端的描写在张炜、贾平凹、莫言、陈忠实小说中迅速得到回应。《古船》中还乡团和民兵的冤冤相报，土改和"文化大革命"暴行，"文化大革命"后赵多多及其扈从的日常暴力，皆施于身体。强刺激的身体暴力上承《蚀》三部曲和《爸爸爸》，下启莫言。其中"四爷爷"赵炳熟参阴阳、讲究"食补"、以干女儿隋含章为工具采补二十年、勤练呼吸导引以调息"精气神"、求长生、占卜、看相，集道教方术之大成。李佩甫《羊的门》中"呼天成"就是"四爷爷"的延续。《白鹿原》一上来写白秉德老汉在中医冷先生奇怪治疗下死去活来，夺人眼球，同时写白嘉轩不断入洞房，迟则一年，快则数月，一口气"克死"六个妻子,到处疯传白嘉轩"那话儿"耸人听闻的谣言,直到他在阴阳先生指点下将父亲坟墓迁到传说中白鹿出没的原上,才留住第七任妻子性命,从此"人财两旺"。

韩少功、张炜、陈忠实后来逐渐放弃身体"寻根",一路上行,试图抵达人文主义和社会批判的话语高原,但力不从心,很快现出资源枯竭语言重复,不复当年在身体上用墨如泼、紧接地气的酣畅淋漓。贾平凹、莫言则抓住身体不放,文艺复兴以后人性论、弗洛伊德、魔幻现实主义等外来影响不自觉中与道教方术结合,莫之能御。等到《亮出你的舌苔或空荡荡》(1987年)闹出民族纠纷(1989年),才告一段落。

20世纪90年代和"新世纪",风声稍转,高潮再起。贾平凹《美穴地》(1990年)、《废都》(1993年)导其先,余华《许三观卖血记》(1995年)继其后,莫言《丰乳肥臀》(1997年)、《檀香刑》(2001年)、《生死疲劳》(2006年)和李锐《无风之树》(2003年)扬其波,集大成者则是阎连科的《耙耧天歌》(1997年)、《年月日》(1997年)和《日光流年》,此外还有大批青年作家自以为前无古人的"下半身写作"。贾平凹的现代房中术、余华的鲜血淋漓、莫言的身体暴力("檀香刑"酷似《爸爸爸》的"坐桩")和六道轮回(唐宋传奇和宣扬果报的明清白话之一大惯技),都"似曾相识燕归来"。《无风之树》"瘤拐"、《日光流年》"喉堵"令人想起《爸爸爸》的"丙崽"和《古船》的侏儒"小累累"。《耙耧天歌》中尤四婆的治病偏方与道教方术渊源甚深,不啻对鲁迅《药》的一种改写。阎连科后来以《受活》、《丁庄梦》、《坚硬如水》等作品将这一波身体奇观推向巅峰。为之伴奏的有苏童的《碧奴》,不厌其烦描写"排泪秘方"(把眼泪化为小便,用耳朵、嘴唇、乳房、头发流泪),奇则奇矣,若说这就是文学想象,是同情古代弱势群体,不如说是对想象力的误解,证明一部分中国作家确实喜欢并善于胡思乱想。

近读贾平凹《带灯》、余华《第七天》、邹弋舟《所有路的尽头》、朱山坡《惊叫》，身体描写香火不断，时有"创新"。与此同时，穿越、悬疑、奇幻等网络上下"类型小说"抄袭日本动漫、西方神怪小说或电影，结合电脑科幻，将道教炼丹、练气和民间武术外家横练变成以"灵魂"名义打造的更诡异的武功兵器。还有因身体异能而建立殊勋的，如麦家笔下数算天才与听风者。晚清民国"剑仙"、"公案"和金庸"新武侠"想象身体超能力的传统，至此进入新阶段。

道教为求长生久视和现世威福，行动上百般呵护身体，观念上对身体展开奇思妙想，其"理论"海纳百川，驳杂而实用，故极易侵入和改造其他思想，结果使一切都道教化。陈寅恪先生20世纪30年代曾论两晋南北朝士大夫表面遵周孔，讲老庄，"然一详考其内容，则多数之世家其安身立命之秘，遗家训子之传，实为惑世诬民之鬼道，良可嘅矣"。《白鹿原》里儒学传人朱先生不也被迫给乡邻"打巫问卜"吗？"中国根柢全在道教"，作家阿城对鲁迅此言百思不得其解，插队落户深入民间之后才恍然大悟：原来就是"全心全意为人民服务"！你我皆人民一分子，凡有益的都该为我所有，不管手段如何。这道理"四爷爷"早悟透了，他有次高声朗诵须菩提祖师教给孙悟空的修行秘诀后，撂下一句话：

"天下有用的东西，我们都要。志坚身强，才能干好革命。"

其于养生，诚多善言。一旦失度，则黶暗来袭。"开放"之后，洗头、足浴、水疗及各类养生会馆遍布神州，一致追求"上上下下的享受"，朱文《人民到底要不要桑拿》、吴玄《发廊》、王安忆《发廊情话》、乔叶《良宵》、毕飞宇《推拿》等遂应运而生。

身体之外，中国作家压箱底的"本钱"还有什么？"本钱"会不会用完？别的资源和出路何在？

汉字在东亚的影响

◆邵毅平

汉字曾是东亚世界的通用文字,是构成东亚汉文化圈的要素之一,而且是其中最基本的要素。它曾在历史上发生过极大影响,其影响到现在也绵延不绝。中国境内各民族及朝鲜半岛、日本、越南等,都曾以它为正式甚至唯一的书写系统。

汉字成为东亚世界的通用文字,与儒教(中国周边地区对于儒学的称呼)、佛教等的传播密切相关,其情形正如基督教传播对拉丁文所起的作用。在朝鲜半岛,汉字的传入与使用,与儒教经典的传入与使用同步。在日本,最早的汉字传入的记载,同时也就是最早的儒教经典传入的记载,是百济博士王仁传入《论语》等汉籍,《论语》便是标准的儒教经典。在越南,汉字随"化训国俗"的儒教《诗》、《书》传入,所以古代越南人又把汉字称作"儒字"。随着东亚各国传统教育制度的确立,儒教经典成了东亚各国的通用教科书。这样的历史延续了一两千年,学习汉字的历史便也同步延伸。当然,后来还得加上佛教乃至道教的作用。即使在今天,东亚各国所使用的佛经,还依然是中古时翻译过来的汉文佛经,除了读音的区别,其他毫无二致。

在使用汉字的同时,有些民族或迟或早也创制了自己的文字。在创制自己的文字时,汉字往往会成为参照的样本。日本的"假名"利用了汉字的偏旁,而"假名"的说法与"真名"(汉字)相对,显示了浓厚的汉字尊崇意识。朝鲜半岛的"谚文"虽然是拼音文字,但也利用了汉字的笔画和结构方式，而"谚文"的说法也与"真书"相对。越南的"字喃"（又称"喃字"，即"南字"——"南方之字"之义），利用了汉字的构件（偏旁）和构字法（"六书"中的假借、会意、形声等法），读音依据"汉越音"（唐代传入越南的汉字读音），以"南字"与"中字"或"北字"（汉字）相对。中国历史上的契丹文、西夏文、女真文等，都利用了汉字的偏旁和笔画。西夏文字体也仿照汉字，有篆、楷、行、草各体。水字借用汉字创新，造出四百余字。

在使用汉字与创制本民族文字之间，很多民族都经历过一个阶段，即利用汉字来表达本民族语，或借其音，或借其义，或音义同借。如朝鲜半岛新罗时期有"乡扎"、"吏读"，日本奈良时代有"万叶假名"，中国的壮族、瑶族有"土俗字"，纳西族有"哥巴文"，南诏、大理有"僰文"（今白族称"白文"）。其中"白文"即利用汉字，又增损笔画，记录白语语音，兼具利用和造字两种性质（白族最终没有创制本民族文字）。

汉字曾经比各民族文字更高级，更时髦。在古代的朝鲜半岛，汉字级别最高，"乡扎"、"吏读"次之，"谚文"再次之。古代日本人写文章，善用假名的，不如善用"真名"的，"真名"就是汉字；男人多用汉字，女子多用假名，文字等级暗示性别差异。明代时的琉球国也曾是这样，上等子弟读中国书，下等子弟读日本书，汉字比和字（假名）高级。越南的汉文学作品，远多于"字喃"文学作品。

进入近代以后，由于西风东渐，也由于中国积弱，在东亚各国，汉字的地位都受到了空前的挑战。有的限制使用汉字，有的禁止使用汉字，有的走上了拼音化道路。即使是简体字，也是各简各的，谁也不服谁。比如一样是"文藝"，我们简化成"文艺"，日本简化成"文芸"；一样是"横濱"，我们简化成"横滨"，日本简化成"横浜"（上海虹口的"横浜桥"即来源于此）。这在历史上是难以想象的。但究其实，也怪不得别人，连我们自己，不也曾把拼音化作为文字改革的方向吗？

国学论谭

近年来,随着中国走向伟大复兴,汉字在东亚各国重新受到重视。日本算是有"先见之明",一直没有放弃使用汉字;韩国恢复了常用汉字的教学,在公共场所开始并用汉字;越南也出现了有意思的声音。可以预见,以后中国人去东亚各国旅行,会像古人一样方便,因为到处都有汉字。

与汉字的影响密切相关的,还有"汉字词汇"(*又称"汉语词汇"、"汉源词汇"*),也就是由汉字合成的词汇。在东亚各民族语言中,都存在着大量的汉字词汇。比如在韩语、日语、越语中,它们都占到词汇总数的六成以上。

虽然现在有些国家已经不大用汉字,越南更是改用了拼音字母,但是因为汉字词汇还在,甚至继续滋生不息,所以汉字对于这些语言的影响便也依然"不以人们的意志为转移"地存在着。这是东亚世界曾是文化共同体的历史见证,也是今日东亚世界文化交流的强韧纽带,更是未来东亚世界重新走向一体化的雄厚基础。

东亚各国的汉字词汇大部分意思"大同",但也有相当部分意思"微殊"或"迥异"。如一样说偷工减料的建筑工程,汉语说"豆腐渣工程",韩语说"不实工事",日语说"杜撰な工事",形容各有千秋;一样说"高等学校"和"学院",汉语里指大专院校,韩语、日语里指高中和补习班,级别相差很大;我们说"沧海桑田",韩国人说"桑田碧海";我们说"山清水秀",日本人说"山紫水明";我们赞人"善良",越南人赞人"仔细";我们骂人"浑蛋",越南人骂人"困难"……

还有东亚各国自己合成的汉字词汇,对于别国人来说就要猜一猜了。韩国城市里到处是"洞",原来就是我们的"街道";日本皇子妃要"帝王切开",原来是要"剖腹产";电视节目"苦情杀到",原来是遭遇"投诉蜂至";越语里说的"接市",就是"市场营销";"对作"就是"合作"……

东亚各国的汉字词汇,"大同"的容易,"迥异"的不难,"微殊"的最麻烦。试以"人间"一词为例，汉语里是"人世间"的意思，韩语、日语里却是"人"的意思，意思相去"几希"，最易混为一谈。鲁迅早期的论文《人之历史》，最初的题目却是《人间之历史》，因为写于他留学日本期间，受了日语环境的影响，后来收入《坟》时才改回来。王国维喜用"人间"一词（如其名著《人间词话》），有日本学者看来看去，总觉得都是"人"的意思，写了论文自诩为创见，我们竟有人表示激赏。日本曾流行"人间蒸发"一词，意思是"(有)人失踪"，传到我们这里，却一定会望文生义，理解为"从人世间消失"，所以就会说"泰山老虎人间蒸发"。那么，韩剧里女子骂人："你是人吗？"是否要翻译成"你是人间吗"？看来都是"微殊"惹的祸！

有些古汉语词还活在东亚各国的现代语里，成了"活化石"。如韩语里叫未婚小伙子为"总角"（出于《诗经》），日语里说车站还用"驿"，越南语称博士为"进士"，院士为"翰林"，钟表为"铜壶"……有的"活化石"悠然醒转，"衣锦还乡"后却"华丽转身"，成为意思迥异的新词。如古代中国人把大门叫作"玄关"，它在日语里一直保存着本义，但近年来回传中国以后，却莫名其妙地变成了"门厅"。

汉字的影响此消彼长，风云诡谲，汉字词汇的表现神出鬼没，气象万千，它们共同构成了东亚文化史的厚重一页。各种各样的汉字，无论是繁体字（日本叫"旧体字"，韩国叫"正体字"）、中国简体字、日本简体字、东亚各国自造汉字；各种各样的汉字词汇，无论是哪国首先合成的，意思是"大同"、"微殊"还是"迥异"，表现形式是假名、韩字还是越语字母；它们都是东亚世界的伟大遗产与共同财富，值得东亚人民一起花大力气保护与传承。统一简体字，设定常用字，字体标准化，编纂东亚汉字大字典、东亚汉词大词典……我们任重而道远。但我们坚信，无论如何，"书同文"将会是东亚世界未来的方向。

中国岁时文化在东亚

◆邵毅平

中历：中华文明的时间序列

中历就是中国历法，又称"旧历"、"阴历"、"夏历"、"农历"，是中华文明的一大象征。与一般认为中历只是"阴历"的成见不同，它并不是纯阴历，而是太阴太阳历，非常合理。过去的东亚汉文化圈以农耕文明为主，传统的中历既表现月亮的阴晴圆缺，又反映太阳的四时变化，的确可以说是非常适合东亚社会的。这样非常合理的中历，中国、朝鲜半岛、日本、越南等东亚、东南亚国家和地区一用就是两三千年。

不仅如此。中历过去在东亚的通用，还具有国际秩序的象征意义。"正朔，所以统天下之治也。"（徐兢《宣和奉使高丽图经》卷四十《同文》）中国是世界上最早发明历法的国家之一，也曾以颁赐历法来宣示对天下的控制。在朝贡—册封体制之下，通用或部分通用中国历法，每年由中原朝廷颁赐历书供各国和各地区使用，或授权有些国家或地区据此编出各自的代用历书，此即所谓的"颁正朔"或"奉正朔"，是东亚传统国际秩序的象征。

838年入唐的日本僧侣圆仁，记载其到达中国的时间云："日本国承和五年七月二日，即大唐开成三年七月二日，虽年号殊，而月日共同。"（圆仁《入唐求法巡礼行记》卷一）——"年号殊"是政治上独立，"月日共同"则是时间序列一致，亦即同属于中华文明。"唐刘仁轨为方州刺史,乃请所颁历及宗庙讳,曰:'当削平辽海,班示本朝正朔。'及战胜,以兵经略高丽,帅其酋长赴登封之会,卒如初言。"(徐兢《宣和奉使高丽图经》卷四十《同文》"正朔"条)——"班(颁)示本朝正朔"是征服和统治的象征。元朝新撰《授时历》成,颁赐天下,"布告遐迩,咸使闻知"(《高丽史》卷二九《忠烈王世家二》载元帝致高丽国王诏书)。朱元璋登基伊始,也遣使于周边各国,要求朝贡,给予册封,并颁赐《大统历》,以重整东亚世界的时空秩序。《明实录》中,差不多每年都记载了颁赐《大统历》于各国之事。

朝鲜半岛上自古即用中国历法。百济"岁时伏腊,同于中国"(《旧唐书·百济传》),"用宋《元嘉历》,以建寅月为岁首"(《通典·边防·东夷》)。新罗自674年起采用唐新历,宪德王时采用唐《宣明历》,一直用到高丽忠宣王时。1262年,作为高丽臣服的奖赏,元世祖赐高丽历,"后岁以为常";1281年,元派遣使节至高丽,颁赐新撰的《授时历》(《高丽史》卷二九《忠烈王世家二》)。1299年,元丞相历数高丽僭越之事,其中之一即为"自造历"(《元史》卷二百八《外夷》一《高丽传》)。朝鲜王朝历奉明、清正朔,先后用明《大统历》、清《时宪历》。

日本从7世纪至17世纪末的千余年间,先后采用了中国的《元嘉历》、《仪凤历》、《大衍历》、《五纪历》、《宣明历》。尤其是《宣明历》,一用就是八百余年。此期间没有采用中国出现的新历书,反映了该时期日本与中国缺乏官方往来。1684年,日本停用早已过时的《宣明历》,经过明《大统历》的短暂过渡,同年末颁行涩川春海所造的《贞享历》。后来,日本仿西法造《宝历历》(1754年)、《宽政历》(1797年),但仍参考梅文鼎的《历算全书》。明治维新开始不久的1872年,开始采用西洋的格里高里历,日本历法才完全摆脱中国的影响。

琉球最初曾"望月盈亏,以纪时节;候草荣枯,以为年岁",但"此皆未通中国之初然尔"(周煌《琉球国志略》卷四下《风俗·节令》)。1374

年、1436年，明太祖、明英宗先后赐琉球《大统历》。但路途遥远，历书每每迟到："本国遵奉正朔，而海道险阻，受历之使，或半载一载方返。"故自1437年起，改由福建布政司授予《大统历》(周煌《琉球国志略》卷三《封贡》)。琉球又采取权宜之计，先暂用自己推算的历书，等中国历书来了再取代之。其临时历书书面云："琉球国司宪书官谨奉教令印造选日通书，权行国中，以俟天朝颁赐宪书，颁到日，通国皆用宪书，共得凛遵一王正朔，是千亿万年尊王向化之义也。"(周煌《琉球国志略》卷四下《风俗·节令》)这是因为正朔乃东亚国际秩序的象征，不得随便造次也。

越南历史上虽然常用自己所造的历法，如陈朝的《协纪历》、胡朝的《顺天历》、黎朝的《万全历》、阮朝的《协纪历》等，其实它们都源自中国历法，只不过换了个名称而已。有时连自己可以编撰的历本，也要每年等待中国的颁赐。如1540年，安南人莫登庸奏曰："岁领《大明一统历书》(《大统历》)，刊布国中，共奉正朔，臣莫大之幸也。"1541年，明人毛伯温奏曰："如汉唐故事，每年行广西布政司颁给《大统历日》，领(令)赴镇南关祗领。"1542年，莫登庸孙"福海亲率阮敬、阮宁止等到(镇南)关，祗领敕印并历日千本"(严从简《殊域周咨录》卷六《安南》；又见《大越史记全书》本纪卷十六《黎纪》)。这样就省了自己编撰、印制的麻烦，同时也表示一种外交上的臣服姿态。

使用统一的中历历法，曾经是东亚汉文化圈的传统标志之一。在漫长的岁月里，东亚人民依中历来生活、生产，大至国家大事，小至个人生日，无不以中历来记载。可以说，中历作为一种时间坐标系，其影响已渗透到东亚社会生活的方方面面。

基于中历的东亚传统节日

现在的东亚各国各地区，除日本外，法定纪念日大抵依照西历，传统节日则大抵依照中历。东亚现存的传统节日，大抵与中国的相同，它们过去曾是东亚汉文化圈的共同节日，现在也还是若干东亚国家的"保留节目"，可以看作是中国岁时文化影响的产物，悠久的使用中历传统的回声。

春节是中国最大的传统节日，但世界上过春节的国家和地区却不止中国一个。东北亚的韩国，东南亚的越南，都过春节。在日本，只是从1873年起才过西历新年，在那以前同样是过中历新年的。在韩国的传统节日中，最重要的是中历正月初一（*中国的春节*）。在这个最大的传统节日里，韩国人都要放长假，游子们都要回故乡，亲戚们都要团聚一堂，一起扫除墓地，祭祀祖先。这是全民大移动的日子，韩国一半以上的人口，都奔波在往来故乡的路上。

中历正月十五的上元（*元宵*），也是韩国重要的传统节日。原本在新罗和高丽时期，正月十五（*有时也在二月十五*）夜要燃灯，后来燃灯被移到了中历四月初八的"佛诞节"（*中国的浴佛节*），正月十五夜就改放爆竹焰火，以此来驱除各路妖魔鬼怪。那天常有各种民俗活动，如女性围在一些跳《江江水月来》舞。光州市光山区的"光山战祝祭"尤为有名。

在古代的中国，寒食曾是比清明更重要的节日，但后来寒食渐渐地被人忘记，而清明却日渐显得重要起来。不过中国古老的风习还保存在韩国，韩国人仍然把寒食（*而非清明*）看作是一个重要的节日。寒食节的主要内容是扫墓祭祀，这一点倒是与中国的清明节相似。

不仅是中国的岁时文化影响了周边地区，周边地区也在丰富着中国的岁时文化。比如端午节传入朝鲜半岛以后，成为一大节日，各地都有祭祀活动，全罗北道的全州有"全州丰南祭"，江原道的江陵有"江陵端午祭"。不过他们都并不祭祀屈原，也不像中国人那样吃粽子，也不举行龙舟竞渡之类活动。其中著名的"江陵端午祭"，1967年就已被韩国列入

"指定重要无形文化财"。2001年韩国旅游年的节目单上也打出了其名目。2005年被联合国教科文组织登录为"人类口头和非物质遗产代表作"。

"江陵端午祭"从中历四月五日做御神酒开始，四月十五日是"山神祭"，祭祀江陵附近大关岭的山神和国师城隍（梵日国师）。五月三日是"迎神祭"，山神（男）与里神（女）结婚。从是日开始，在专设的祭祀场所，每天早晨举行儒教的祭礼"朝奠祭"，夜里则举行巫术仪式"端午句"。五月七日是"送神祭"。祭祀的场所在南大川岸边，每天有官奴假面剧、农乐、民谣等民俗艺能表演，投壶、相扑、秋千等民俗游戏，还有集中全国农副产品的集市"乱场"，晚上还有烟火表演。每年会吸引一百万人规模的观光客。

由此可见，"江陵端午祭"虽起源于中国的端午节，日子也包含（但不限于）五月初五，除祸招福、驱邪禳灾的目的也一样，但它的持续时间、祭祀对象、祭祀仪式、活动内容、活动规模等，与中国的端午节都不相同。它是在接受中国端午节影响的基础上，结合韩国江陵地方的民俗活动，而发展出来的一种民间祭祀仪式，与中国的端午节有关，却并不是一回事。

因而，2005年"江陵端午祭"的申遗成功，不仅不会影响中国接着为端午节申遗，其本身也是中国端午节世界性影响的一种表现，有助于提高中国端午节在世界上的知名度。同时，它也刺激了中国人对于传统节日的热情。在中国大陆，从2008年起，清明节、端午节、中秋节终于被定为法定节日；而在香港和澳门地区，春节、清明节、端午节、中秋节、重阳节早已是五大传统节日了。

此外，还有一些传统节日，则有可能起源于周边地区，传入中国后被发扬光大，又传回了周边地区，成为东亚共同的传统节日。比如关于中秋节，就有所谓的"新罗起源说"。

日本京都比叡山延历寺僧侣圆仁（794年~864年），于838年随第十八次、也是最后一次遣唐使来华，走遍中国东部沿海各地，历时近十年，至847年始回日本。他于839年坐海船北上，六月七日在山东文登县清宁乡赤山村上岸，寄寓赤山法花（华）院，该寺院为新罗船王张宝高（又名张保皋，《新唐书·东夷·新罗传》中有附传）所建。在寄寓赤山法花院期间，圆仁亲历了新罗的"八月十五日之节"：

（八月）十五日，寺家设馎饨饼食等，作八月十五日之节。斯节诸国未有，唯新罗国独有此节。老僧等语云："新罗国昔与渤海相战之时，以是日得胜矣，仍作节，乐而喜舞，永代相续不息。设百种饮食，歌舞管弦，以昼续夜，三个日便休。今此山院追慕乡国，今日作节。其渤海为新罗罚，才有一千人向北逃去。向后却来，依旧为国，今唤渤海国之者是也。"（圆仁《入唐求法巡礼行记》卷二）

这是关于"中秋节"来历的早期记载之一，有韩国学者据此认为，"秋夕"（中国的中秋）这一节日实起源于新罗，中国则迟至宋代始见记载（如孟元老的《东京梦华录》）："朝鲜半岛的节日皆受中国岁时文化的影响，只有秋夕是反过来影响了中国。"（《朝鲜日报》载李奎泰《秋夕考》）

当然这只是一家之说。而且，新罗的"作八月十五日之节"，原本是为了纪念当年对渤海国作战的胜利，更像是一种类型的"胜利狂欢节"。今日韩国秋夕的内容与之完全不同，恐怕仍是受宋代以后中国中秋节的影响，以"八月十五日之节"的旧瓶，装进了中国岁时文化的新酒吧？

秋夕在韩国的重要性，仅次于中历新年，被韩国人视为"韩国感恩节"（the Korean Thanksgiving Day），因为此时正逢金秋的收获季节，新收的果实正好用来作供品，只不过美国人感谢的是上帝，韩国人感谢的是祖先。韩国人在秋夕也要祭祀祖先，扫除墓地。在这一点上，秋夕对于韩国人的意义，恐怕略等于中国人的冬至，而稍不同于中国人的中秋节。

从中历到西历

进入近代以后，东亚各国纷纷"脱亚入欧"（实是"脱中入西"），其标志之一，便是弃中历而改用西历。西历就是西洋历法，又称"新历"、"阳历"、"公历"。西历是太阳历，只反映太阳变化，不反映月亮变化。从1873年日本率先改用西历，到1912年中国本土最终改用西历，短短四十年间，东亚各国完成了从中历到西历的转变。

原来曾使用传统中历的日本，在明治维新后全面改弦更张，在东亚各国中率先改用西历，而且彻底到社会生活的所有层面——比如中元节改在西历7月15日，盂兰盆节改在西历7月15日或8月15日，中秋节没法改到西历8月15日——因为那天晚上不一定有满月，便只能改到西历9月里的某个月圆日，具体日期自然每年不同。

朝鲜王朝末期的1895年末，以当年中历十一月十七日为西历1896年1月1日，从此，朝鲜半岛告别了已使用了约两千年的中历，开始使用西历。此事具有象征意义。就在此一年多前的1894年夏，清朝在甲午战争中败北，翌年4月，清日在日本下关的春帆楼签订《马关条约》，清朝宣布放弃对朝鲜半岛的宗主权。随着清朝因国力衰弱、处处挨打而从周边地区全面退缩，传统中华文化的影响也像潮水般从那些地区撤出。发生在1895年岁暮的朝鲜半岛的改历，不过是其中的一朵小小浪花。不过，虽然朝鲜半岛改用了西历，但中历在社会生活中仍发挥着重要作用。传统节日当然仍用中历，个人生日大都也用中历。

1912年，随着民国的建立，中国本土最终也弃用中历，改用西历。但在民间和民俗的层面上，中历还在发挥着重要的作用。每年波澜壮阔的"春运"，就是中历传统的最好证明。

在1996年朝鲜半岛改历一百周年的时候，韩国各大报刊纷纷推出纪念文章，其中不时可以听到缅怀中历的声音："我们抛弃传统的阴历（月历），改用西洋的阳历，就像把我们的钟表按西洋时间拨过，使我们接受了西洋的世界观，编入了西洋主导的世界秩序……天文学家们主张，我们过去常用的阴历比西洋的太阳历更科学。现用的西洋太阳历是人为修正过的历法（为了适应复活节的日子）。可惜世界已经由太阳历的时间秩序统一了，因而无法再主张恢复使用阴历。但是以为阴历是非科学的迷信的误解应该受到清算，因为不知什么时候会出现新的世界力量，废止阳历也有可能。"（《东亚日报》1996年1月7日）到2012年，中国改历也将迎来百年纪念。对于改历的意义，我们是否也会有所反思呢？

兄弟"雁行"的取名规则

◆周裕锴

古人把兄弟比作"雁行"或"雁序",是指他们出行如大雁一样排列有序。既然是雁行,如何给诸兄弟取名就有若干规则,以显示同辈同行之义。换句话说,古人之名往往是"雁行"的标帜。

在晋以前,大抵同辈兄弟取名字面上并无多少联系。然而至迟到南北朝时期,兄弟名之间便大有规律可寻,比如南朝宋武帝刘裕的几个儿子刘义符、刘义隆、刘义庆等等,名中同有"义"字。梁武帝萧衍的几个儿子萧统、萧纲、萧绎等等,名同为"纟"旁字。隋唐五代两宋,兄弟取名大都如此。

考察古人给诸子的取名规则,大致有两个特点:其一,取双名者,大多在相同位置有一字相同,比如王安石兄弟七人,分别为安仁、安道、安石、安国、安世、安礼、安上,前一字相同;吕惠卿兄弟,则分别为夏卿、惠卿、升卿、温卿、和卿、谅卿,后一字相同。其二,取单名者,大多有相同的偏旁部首,如苏涣、苏洵为兄弟,名均有"氵"旁;苏轼、苏辙为兄弟,名均有"车"旁;韩绛、韩缜、韩维为兄弟,名均有"纟"旁;程颢、程颐为兄弟,名均有"页"旁。这是取名的常态。

有一种单名者,兄弟名之间的共同点并不显豁,初看上去没有相同的偏旁。如北宋曾晔、曾鞏、曾牟、曾宰、曾布、曾肇,兄弟六人,其名似乎并不相干。但如果我们仔细观察,就会发现六人之名仍有共同点,"晔"、"鞏"、"牟"、"宰"、"布"、"肇",即其下方均含有"十"字。顺便说，近人周明泰《曾子固年谱稿》谓曾巩兄名"曄"，虽然"曄"与"暈"均由"日"与"華"组成，是同一个字的不同书写，但按兄弟"雁行"取名的规则，"日"字在"華"字上，作"暈"，上下结构的组合才能使"華"字下方的"十"字与其他兄弟一致。北宋李莘、李常兄弟之名也属于这种情况，"莘"、"常"下方都含有"十"字。

更令人难以判断兄弟关系的是黄庭坚的四个外甥，洪朋、洪芻、洪炎、洪羽，四人之名全无相同部首，那么，这样的命名是否完全不顾兄弟关系了呢？当然不是。原来这四兄弟之名有共同的结构形式，即均由左右相同或上下相同的两个部首组成，如"朋"字为左右两个"月"字组成，"炎"字为上下两个"火"字组成；"羽"的左右结构与"朋"相同，"芻"的上下结构与"炎"相同。这种结构形式相同的兄弟名并非孤例，又如吴竝、吴开、吴兹兄弟，其名共同之处在左右对称。当然，如果把洪芻简化为"洪刍"，吴竝简化为"吴并"，那么雁行的标帜便荡然无存了。

还有一种双名，与上举在相同位置有一字相同的规则完全不同，若不细考，很难发现其中的兄弟关系。著名的如黄庭坚兄弟。据陈师道《后山集》卷十六《李夫人墓铭》，庭坚兄弟五人，其名依次为大临、庭坚、叔献、叔达、仲熊。而据《宋黄文节公全集》附《世系图》，庭坚兄弟六人，大临之前还有苍舒。黄氏兄弟是双名的形式，但除了叔献、叔达二人，其余兄弟之名没有一字相同。黄庭坚之父名庶，其伯父名序、庠，叔父名廉，父辈之名都从"广"。庭坚之子名相，大临子名朴、榎，叔献之子名极，叔达之子名札、桄，子辈之名都从"木"。为什么独有庭坚兄弟辈取名既无相同之字、又无相同的偏旁部首呢？原来，庭坚兄弟六人之名均取自高阳氏"八恺"或高辛氏子"八元"之名。《左传·文公十八年》记载："昔高阳氏有才子八人：苍舒、隤敳、梼戭、大临、龙降、庭坚、仲容、叔达，齐圣广渊，明允笃诚，天下之民谓之'八恺'。高辛氏有才子八人：伯奋、仲堪、叔献、季仲、伯虎、仲熊、叔豹、季貍，忠肃共懿，宣慈惠和，天下之民谓之'八元'。"而庭坚的从兄弟中可考者还有仲堪、叔豹等，也在"八元"之列。"八恺"、"八元"之名当然能充分显示兄弟关系。宋人中如石苍舒、张庭坚、曾季貍等等，都属此类，可见这种取名方式并非罕见。

此外，表明兄弟"雁行"的取名还另有规则，比如江西派诗人韩驹之父名贲，几位伯父名震、复、渐，初看上去兄弟之名偏旁部首各不相同，似乎毫无关联。再细加考察，便可知"贲"、"震"、"复"、"渐"都出自《周易》六十四卦中的卦名。以易卦为名，这也是兄弟联名方式之一。

古人所谓"雁行"，当然并非只指亲兄弟，而是包括群从兄弟，即所谓叔伯兄弟、堂兄弟在内。于是，一个宗族的各大房便各有自己的取名规则，凡本房之内的家族男性成员，取名均排列有序。以宋代为例，最典型的是宋宗室成员的取名，太祖、太宗、魏王三弟兄以下三房子孙各有世系序列：

太祖房序列：德、惟、从、世、令、子、伯、师、希、与、孟
太宗房序列：元、允、宗、仲、士、不、善、汝、崇、必、良
魏王房序列：德、承、克、叔、之、公、彦、夫、时、若、嗣

据此，我们就可判断《侯鲭录》的作者赵令畤为太祖五世孙，《云麓漫抄》的作者赵彦卫为魏王七世孙，《宾退录》的作者赵与旹为太祖十世孙，《洞天清录》的作者赵希鹄为太祖九世孙，四灵诗人赵师秀为太祖八世孙，《应斋杂著》作者赵善括为太宗七世孙，《庸斋集》作者赵汝腾为太宗八世孙。

至于清代以来，家族繁衍，人口激增，为了保持家族的宗法秩序，维护血统纯洁，不至于辈分混乱，更出现了以诗句顺序为依据的取名新规则。同一祠堂的家族往往以一首五言绝句或五言律诗为辈分排列的顺

序。五言绝句共二十个字,五言律诗四十个字,这样就可保证同一家族在二十代中或四十代中不会发生辈分混乱的现象。这种取名规则的附带好处是,它可以最大限度地避免同姓近亲结婚的状况。

现在已是独生子女的时代,那温馨的兄弟之"雁行"渐行渐远,在不久的将来会消失在历史的天空。兹作此文,是以为记,是以为祭!

海上大隐著丹青

◆陶喻之

上海世博会的盛况，足见"城市，让生活更美好"主题人心所向。耐人寻味的是，六百六十年前沪上亦曾聚集人气，可那时的号召力似乎是"归去来兮，令生活更闲适散淡"；想此系观众赏析新近上海博物馆举办"千年丹青：中日藏唐宋元绘画珍品展"间元末著名画家张渥跟"元四家"赵孟頫哲嗣赵雍合作《竹西草堂图》暨众多时贤题跋不难得出的观感。

元代上海既是设县开放建制期，又是文化拓展雏形期，各地墨客文人为避时乱而近悦远来咸集烟水鱼米之乡的三泖九峰间，留下众多跟本土文化史相关的名著剧迹。诚如明松江何良俊《四友斋丛说》所云：吾松文物之盛渊源有自，缘起苏州为张士诚所据，浙西诸郡皆为战场而吾松稍僻，峰泖之间及海上皆可避兵，故四方名流汇萃于此，熏陶渐染之功为多。而次第呈现的社会风尚似乎表明：海纳百川、通融兼容的海派气度当年已初露端倪；因本地民意社情就络绎不绝于途的客卿持善待姿态，流寓者到此因而独享串联结社等宽松人文生态。像金山吕巷名士吕良佐走金帛聘四方能诗者，创办如今"超霸赛"般应奎文会，请时称"文妖"的杨维桢任主评第甲乙，一时文士毕集而倾动三吴。再有松江富户夏庭芝乐善好施，凡寓公贫士、邻里细民辄周急瞻之。遍交士大夫之贤者，座客常满，尊酒不空，终日高会开宴，诸伶毕至。而赖良采编布衣文士诗为《大雅集》亦得士绅谢履斋抱注，故移居乌泥泾（今徐汇区华泾镇一带）的归隐诗人王逢序赞：适有好义之士协成厥美，并注明赞助者为松江陆德昭、俞伯刚。鉴于此间尊才礼贤背景，外籍俊杰到此多非匆匆一游过客，不少寄籍居留而成了原住民。凡此，单就王逢《梧溪集》中"挈家海上"、"客授云间"、"避地吴淞"、"归隐佘山"、"身老海上"等载，即可见侨居人数之夥几不胜枚举。而上述因金山张堰隐士杨谦本事生发的系列传世名家字画，更是见证元末上海美术史动态的精彩个案。因除了辽宁省博物馆藏《竹西草堂图》外涉及杨谦画迹尚有台北故宫藏元四家黄公望私淑弟子马琬《秋林钓艇图》、《乔岫幽居图》与"上博"藏马琬《暮云诗意图》等多幅。这些作品集中凸显了杨谦于隐退沪上名流心中的榜样力量，此由其纷至沓来竞相登门造访作画题咏可想而知；况杨维桢、陶宗仪、王逢、倪瓒等均属避居沪上隐士，其对杨谦以师道相尊，可见他海上大隐的不菲身价。

杨谦字平山，号竹西，时贤赵橚跋《竹西草堂图》可证：至正乙未（1355年）春，余来浦东，张溪杨君平山爱之，植竹数百竿于西林，结亭苍翠间，扁曰竹西，因从为号焉。生平不伴千户侯，直欲远继王子猷（王羲之子徽之）。结亭松下临清流，竹西名扁志所求。平山家住张溪侧，髣髴当时草玄宅。贞期（张渥）写作图画看，个个峥嵘埒真碧。至于明清鉴藏家李日华《六研斋笔记》、吴升《大观录》、顾复《平生壮观》与高士奇图后两跋解读杨竹西名瑀字元诚有误，经考图左上角题画诗作者实为元浙东道都元帅杭州人杨瑀。诗云：翠玉萧萧在屋东，主人号作竹西翁。品题莫说扬州梦，好写云间入卷中。不过，高跋所谓：元季君子不乐仕而法网宽，田赋三十税一，故野处者得以雄赀而乐其志说不虚，一如图前引首赵雍篆书"竹西"后绘竹枝一竿并题画诗云：篱外涓涓涧水流，竹西花草弄春柔。茅檐相对坐终日，一鸟不鸣山更幽。一派洒脱高士居所境界。此外，台北故宫藏时人顾安行书诗页，仿佛亦出于感慨杨谦隐居状态：结屋依山远市尘，小斋幽闃只容身。诸孙近得佣书米，世上元无饿死人。特访山翁过竹西,翠萝红叶映茅茨。杖藜扶醉斜阳外,身在画图元不知。凡此意境跟张渥绘制苍松翠竹掩映临水轩窗,杨谦踞床盘礴做沉思状画面亦大抵吻合。

　　替杨谦专门绘制图画而传世画迹最多的画家无疑属客居沪上杨维桢弟子马琬。马传为少有大志,曾以男儿当"马革裹尸"自誓的东汉关中茂陵籍伏波将军马援后裔,故画作多钤"扶风马生"、"汉伏波将军子孙"等印鉴。据自署"扶风马文璧为竹西处士画"《秋林钓艇图》,和至正九年(1349年)六月款"秦溪马琬文璧为竹西聘君写于不碍云山楼"《乔岫幽居图》分析,此均系他专程赴张堰造府替杨谦创作;只是从流派技法上论,前者远宗南唐山水画巨擘董源、巨然,而后者近师当时画坛魁首黄公望。不过,《乔岫幽居图》笔下叠嶂层峦山水显非杨谦不碍云山楼周遭实景,因位于平畴沃野间滨海村落张堰古今俱不僻居深山可知;只是性本爱丘山的杨谦自拟斋名"不碍云山",本意楼南可望海中大小金山,楼北能近观一隅秦望土丘,远眺云间九峰。一如浪迹特来拜谒的达士张雨诗云:吴淞别有隐人邱,大小金山翠欲流。屋宇云山俱不碍,老夫伸脚卧西楼。另据《四友斋丛说》载:吾松不但文物之盛可与苏州并称,虽富繁亦不减于苏。胜国(元朝)时,在青龙(青浦青龙镇)则有任水监(水利家、画家任仁发)家,小贞(青浦小蒸)有曹云西(水利家、画家曹知白)家,下沙有瞿霆发家,张堰有杨竹西家。陶宅有陶兴权家,吕巷有吕璜溪(隐士吕良佐)家。祥泽有张家,干巷又有一侯家。杨竹西,即有不碍云山楼者是也。余尝见其像,王绎写像,倪云林布景,元时诸名胜题赞皆满。想吾松昔日之盛如此,则苏州亦岂敢裂眼争耶!可见杨谦虽隐不仕,仍如前述不失殷实世家;而马琬《乔岫幽居图》创作寓意无非强调隐逸风流和山中日月长的深居简出。由此鉴别推理,上博藏亦作于至正九年,自识"暮云诗意"而笔墨清润图轴,倒也许更接近杨谦隐居自然环境,并可能同属马琬寄寓杨谦不碍云山楼创作的多幅不同风貌传世作品之一。

至于说明末松江何良俊所见元著名肖像画家王绎写真、元四家之一倪瓒布景的杨谦画像,亦迭经历代名家递藏而传承至今为北京故宫博物院弄藏。此图作园林景致架构,空旷处恍挹峰泖之缥缈虚无,倪瓒补作松石背景则既点题并具象征意义。而最具神来之笔的,是当初口授《写像秘诀》于隐居松江泗泾学者陶宗仪《南村辍耕录》记录在案的肖像画家王绎才思精微,虽年方弱冠却已能丹青并尤于肖像特妙,非唯貌人之形似,抑且得人之神气。故其慕名替杨谦设计的人物造型为幅巾深衣做曳杖逍遥状于松筠坡石之间,面部写真采用白描略加淡墨渲染,用笔稳健,线条洗练,林下高士大隐的特立独行神态形象顿时跃然纸上。

《杨竹西小像图》既是王绎唯一传世之作,也堪称元代肖像画的杰出代表作,这由像后郑元祐、杨维桢、王逢等十多位与杨谦交游名士首肯题赞足见一斑,特别杨谦的隐中盟主偶像地位由此被树立并广受传诵而播于人口,诚如文辞翰墨皆绝出时辈的苏大年赞曰:前不郎于汉廷,后不簿于魏府。翛然泉石之间,乐与渔樵为伍,此竹西翁所以为天地之全人,有光于四知之华谱也。而马琬跋于纸间的读画感是:其所同者不异众人之规模,其所异者不同众志之趋向。抱豪杰之才而不屑于济用,具轮囷之胆而不轻于肆放。故挥金有五陵侠士之风,然爱客有四国公子之量,当天下无事托诗酒以娱嬉,方海内争雄远王侯以高尚。所以冠林中之巾,曳长房之杖,放浪乎西畴南亩之间,逍遥乎九峰三泖之上。噫,微斯人,吾谁与望。正因为此卷"题赞十余俦并文采风流照耀一世,非寻常行乐图比",故自来无人敢等闲视之。

就海上大隐杨谦一人竟梳理出如此许多传世书画名作与名家题跋委实出人意料,这既是他本身人格魅力使然,也是元末上海美术史很值得大书特书的浓墨重彩一笔。尽管《杨竹西小像图》和《暮云诗意图》已于五年前公诸"书画经典:故宫、上博古代书画藏品特展";台北故

國學論譚

宫藏马琬《秋林钓艇图》和《乔岫幽居图》等则暂且无缘海归聚首此间；好在此番《竹西草堂图》于问世六百五十年后首次回归其原创地上海，当然值得受众尤其沪上观众竟相观摩而不容错失机缘了。因为这幅长逾廿米而绘画、题跋满纸琳琅的书画合璧长卷，绝对是一席令面临生存困境的当代围城人就人生进退做理性选择而咀嚼思维再四的视觉与精神大餐。

三星堆神树与"社"与"龙"

◆尹荣方

奇异的青铜神树

四川广汉三星堆遗址的出土文物中,最令世人称奇、内涵最为丰富的是二号器物坑出土的青铜神树,在整个人类的考古史上,青铜神树的出土,也称得上是极为重要的发现。青铜神树共出土六棵,其中大神树两棵,小神树四棵。大神树又分一号神树与二号神树,造型大体相同。这些青铜神树尤其是其中最为高大壮观的一号大神树,引起人们的普遍关注。

一号大神树高达3.96米,树干残高3.84米。这棵青铜神树,有三层枝叶,每层有三根树枝,树枝的花果或上翘,或下垂。三根上翘树枝的花果上都站立着一只鸟,鸟共九只。青铜神树的底座呈圆锥状,如同山丘般隆起,有圆形圈足,底座与圈足都有云气纹和⊙纹构成的图案。特别值得注意的是,神树的下部悬着一条龙,龙的头朝下,尾在上,夭矫多姿。二号大神树的一旁,同样有一条蜿蜒盘桓的龙,神树与神龙的一体形象,使神树显示出非凡的魅力与深厚的象征意义。

假如你来到四川的三星堆博物馆,面对陈列的这棵巨大神树时,你可能首先会惊叹其工艺之精与造型之美。然后,这棵世上少见的神树就会引起你的深深思索了:古代蜀地先民铸造这样的青铜神树,究竟为何?神秘的龙,缠绕在树上,龙与树是什么关系,它们又意味、象征着什么?

国学论释

扶桑、建木与神树

当我们试图对三星堆这棵青铜神树的功能进行阐释时,马上会联想到我国古代文献中记载的一些神话中的"树"。首先是"扶桑树",《山海经》说:"汤谷上有扶桑,十日所浴,在黑齿北。居水中,有大木,九日居下枝,一日居上枝。"这棵神树,《山海经》上又说它"柱三百里",可见"扶桑树"是一棵与太阳升降起落有关的极其巨大的神树。神鸟载着太阳,由这棵扶桑树出发飞翔空中,这是极富想象力的神树、神鸟与太阳运行的神话,古代的"十日"神话显然也渊源于此。

《山海经》记载的另一棵神奇的大树叫"建木",它生长于昆仑山上,长着青色的树叶、紫色的茎,开着黑色的花,结着黄色的果实,它高达百仞,没有枝杈。"建木"是天帝"伏羲"上下出入的地方,是另一位天神"黄帝"建立的。在后来的《淮南子》一书中,"建木"被看成是天上众天帝上下天地的所在,它"日中无影,呼而无响,盖天地之中也",处于天地的"中心"位置。

"建木"与"扶桑树",不像是天然的植物树,而是人工建造人工竖立的,这与蜀国先民铸造青铜神树一样。"扶桑树"、"建木"与三星堆"神树"有很多相同的地方,青铜神树三层树枝共栖息着九只神鸟,不就是"九日居下枝"的形象说明吗!此九只神鸟,应该就是载日的"日鸟",同时也就是太阳的象征。在青铜神树的顶部,尚有出土时已经断裂还未复原的部分,推测还应有象征"一日居上枝"的一只神鸟。在二号坑内与青铜神树同时出土的还有人首鸟身像、立在花果上的青铜鸟等,很有可能其中一件与青铜神树原属一体,于是青铜神树与扶桑树及十日神话的原古传承更圆融无间了。三星堆青铜神树的原型除了"扶桑",还包括天地之中的"建木",与"建木"一样,它是古代蜀人的一棵"宇宙树"。

世界上很多民族，都有宇宙树的信仰与神话。如满族神话说：在大地的肚脐上，宇宙之中心耸立着一棵最最大的枞树，树梢上住着天神。这种世界树也常被画在萨满的神鼓鼓面上。藏族苯教神话记载，在神话山的峰顶，有一棵垂直的树，位于世界之中心，树上有白色的海螺般的小鸟（白色金翅鹰或鹫），是神的象征。宇宙树由于在世界的中心，故无太阳的投影，如巴勒斯坦 Taber 宇宙山上的世界树便有此特征。

关于宇宙树信仰与神话的来源，可能与先民用特定的"树"或竖立特定的"木表"来对日影进行观测，从而制定历法有关。我们的先民早就认识到，寒暑的变化伴随着正午太阳位置的高低变化而来。夏季，树木、房屋投下的阴影很短；到了隆冬，影子则变得很长，投影的长短变化是随着季节的变化而变化的，这启示了人们，在地上竖立一根标杆，看它午时投影的长短变化来指示季节。就全年说，夏天的中午，太阳位置高，影子也短；冬天的太阳较低，中午的影子则较长。中午影子最长的那天是冬至，最短的那天即夏至，古代分别称为"日南至"和"日北至"，春分、秋分日的投影则介乎其中。测影的标木，则称"表"。在我国，至迟在殷商时期，人们就懂得用表来测日影定季节了。用"表"来测定太阳位置，确定季节、方向，当有个发生、发展并不断完善的过程，在远古时代，人们可能利用天然的表，如特定的高大的树木来观测日影的。于是，各民族的神话中，就不乏特定的大树或"神树"与天上的日、月，与分别季节的历法密切相关的故事。如纳西族东巴经神话说，有一棵神树，叫"含英包达树"，远古时，上面的声音和下面的气交合，出现了一股白云和白风，白云白风交合，产生一滴白露，白露做变化，出现了"米利达吉海"，海中长出了"含英包达树"。这棵大树长出十二片叶，十二根枝杈，开出十二朵花，于是阴阳十二月由此产生，天地十二属由此产生。

毫无疑问，这样的神话故事中包含着远古时代的人们，通过特定的大树或者人工竖立的"表木",测出太阳的相对位置,从而制定出历法的文化内涵。上面我们说到的"建木",闻一多先生就已经指出它是测日影的"表木"。三星堆青铜神树,也是这样一棵能够分出季节月的历法之树,因为它能分出季节月,能够通"测天"、"知天",能够通"天人之际",它当然也是一棵"通天神树"。由于测定时间对上古时代人们的社会及宗教生活的巨大意义,于是这样的"通天神树"往往又被作为氏族、国家的象征而受到膜拜。

神树的原型——社树

"扶桑树"、"建木"的造型与功能和三星堆青铜神树极其相似,而"扶桑树"、"建木"的原型很可能是上古时代的"社"树。后世把"社"等同于土地,作为国家的象征而存在,但上古时代的"社",却具有更为广大的意义,人们在社坛上从事测天、祭祀天地神灵以及求雨、祈农等政治及宗教活动,这是一个沟通天人的极其神圣的场所。"社"一般建立在坛上或者山丘之上,这样的坛就称为"社坛"。"社坛"的中心往往是一棵树,如《论语》里面就讲到鲁哀公向孔子的学生宰我请教关于社的问题,宰我回答说:"社,夏后氏以松,殷人以柏,周人以栗。"古代在建邦立国之初,必首先建社,社的象征,就是一棵树或几棵树或一片丛林。作为社的标志的树,往往硕大无比。

著名的人类学家弗雷泽在《金枝》一书中指出:树神崇拜是与人类早期农业社会相应的宗教崇拜,它存在于所有农业民族。以树为社,把树作为神灵,反映了华夏社会上古时代也曾盛行树神崇拜。但华夏古代的树神崇拜也具有自己的特点,在很早的时候,树神崇拜就与天、地崇拜等融为一体,社的功能具有多重性的特点。

远古的社树作为"测天"的"树表"而获得"通天"的神性,而它的"通天"功能，催使人们赋予它更多的神性，社之作为天神、土地神、战神、雨水之神、生育之神等，具有保佑风调雨顺、农业丰收、六畜兴旺、宗族绵延、家国兴旺等神性，不是偶然的。这样的神树，以及神树所在的坛被人神化是可以理解的。特别是古代大社，即大的部落所建立的中央大社，更能激起人们想象的翅膀，它的所在地，会被神化成世界的中心，它用来测日影的"树表"，也会被想象成是"天柱"。昆仑山的"扶桑树"、"建木"等，很有可能就是被神化的社树，三星堆神树的原型，很有可能也是这样的一棵"社树"。

龙的真相

三星堆一号大神树的下部悬着一条龙，它的头朝下，尾在上，夭矫多姿。二号大神树，也有一条盘桓的龙。这条树上的龙，或者说，龙与树同体的造型，使三星堆神树显示出无穷的魅力。三星堆还曾出土一件"青铜爬龙柱形器"，高41厘米，宽18.8厘米，由器身和爬龙两部分组成。爬龙铸于器顶，龙头似羊，昂然站立做啸吼状。这件青铜爬龙，是精心塑造的另一种造型风格的神龙，展示了古蜀人对龙的形态的丰富多样的想象。另外，尚有铜龙头形饰件以及青铜龙虎尊上以高浮雕铸成的游龙。而在纹饰上，则有大量的夔龙纹，给人以奇异之感。龙在三星堆出土文物中，可以说也占有重要的地位。

龙是中国文化传统中无处不在、无人不知的神物。中国最早的一部字典《说文解字》对龙的解释是："龙，鳞虫之长，能幽能明，能大能小，能短能长，春分而登天，秋分而入渊。"龙的形象定型后，人们概括它的特征为："头似鳄（或驼，或马），角似鹿，眼似兔，耳似牛，项似蛇，腹似蜃，鳞似鲤，爪似鹰，掌似虎。"龙可以在云中飞，能在水中游，神通广大。人们为了祈求风调雨顺，每年都要祭龙神，为龙所立之庙遍及各地，称为"龙王庙"。干旱之年，向龙王爷求雨是常见的仪式。目前考古发现最早的龙，是1987年在河南濮阳西水坡仰韶文化遗址发现的蚌塑龙，其年代距今6000年左右。五千年前的辽宁和内蒙古的红山文化则发现过玉猪龙和玉龙。在过去很长的时间里，龙被认为是"天子"的象征，人间的皇帝被称为"真龙天子"。而在今天，它又成了中华民族精神的象征，中国人称自己为"龙的传人"。

龙，虽然似乎具有动物的形体，但自然界毫无疑问不存在这样的动物。那么，龙的原型到底是什么，它到底是如何起源的呢？关于龙的原型与起源，说法甚多，主要有"扬子鳄说"、"星象说"、"树神说"、"闪电说"、"龙卷风说"、"图腾说"、"马说"、"蛇说"、"猪说"、"恐龙说"等多种说法。

其中的星象说认为龙的原型是天上苍龙七宿的心宿二（Antares a Scorpio），它是一颗很明亮的恒星，有"龙星"之称，又叫"大火星"，它具有火红的颜色，这可能就是"大火星"得名的由来。由于这颗星于春夏黄昏时候呈现于东方的天空，十分醒目，人们便用它的出没方位来确定季节。古代的"火正"，是专门观测火星的官员。因为大火星春天出现的时候，正是春播开始之时，所以在上古农业社会，它所具有的作用是很大的。有些学者还指出，殷周古文字的"龙"字来源于天上星象的"苍龙七宿"。这个说法有它的合理性，但似乎还不能说明为何在三星堆，龙和神树会纠结在一起。

龙树一体话"龙树"

有迹象表明，树与龙在上古的民俗文化中本来就具有非常密切的联系，特别是"社树"，它本身就被看成龙的化身。与龙纠结难分，这是很值得注意的。我国很多少数民族有"祭龙"的习俗，如云南宣威彝族崇拜米塞树，每年旧历二月属龙的第一天开始祭祀米塞树，叫"祭龙"，由大毕摩主持，向米塞树献羊血、鸡血，全村一起杀牲饮宴。元江、新平等地的傣族，普遍崇拜龙树、龙神，他们在每年农历的二月春耕前祭祀龙树、龙神，由村寨中共推的寨老主持。红河南岸的哈尼族，至今还保留着一种较原始和秘密的祭祀活动，本地俗称"祭龙"，实际是祭祀"龙树"与"龙树林"。云南阿细人"祭龙"在水塘边的龙树下举行。龙树前供有猪头猪脚与美酒佳肴。主祭者跪地向龙树祈祷：尊贵的天龙哟！拜托你把雨来降，大塘小塘装满水，人畜饮水不用愁，万物生长就有希望，整个大地才有生机。以上只是少数民族祭龙习俗的一小部分，至今我国纳西族、傈僳族、佤族、景颇族、壮族、土族、鄂伦春族、达斡尔族、鄂温克族、赫哲族、满族等村寨中都有神树或神林，需要指出的是，这其中绝大多数的神树或神林人们以龙呼之或传说中与龙有关。

将特定的树叫作龙可以肯定是一种古老的传承，东汉有名的大学者王充在《论衡》一书中就曾说："盛夏之时，雷电击折树木，发坏室屋，俗谓天取龙。谓龙藏于树木之中，匿于屋室之间也。……世无愚智贤不肖，皆谓之然也。"龙藏身的地方是树，而且在汉代人人皆知。可见，在民间，很长时间人们都把树看成是龙的栖身之所，龙实际上具有树神的身份。我们要强调指出的是，西南地区上古就存在龙树一体的传说，如记载西南地区上古传说、历史的一部名著《华阳国志·南中志》："哀牢国……其祖先有一妇人，名曰沙壶，居住在哀牢山下，以捕鱼自给，忽然于水中触碰到一棵树，于是就怀孕了，过了十个月后，产下十个男孩。后来这水中的树化成了龙。"沉在水中的树化为龙，不就是说这树是龙树嘛。

以我国西南以及其他很多地区古今存在"龙树"作为参照，我们再来看三星堆那几棵神树，我们对神树上有龙盘桓就不会感到奇怪了，它们正是古蜀地区的一棵"龙树"。我国西南一些少数民族把龙树看作寨子的守护神,掌握人及动植物生殖繁育之神。然则三星堆龙树,也应该具有相同的性质,是某个政权体的保护神和象征,是人们膜拜、祭祀的神物。西南一些少数民族的龙树,又叫社树,三星堆的龙树自然也是一棵社树。

在我国的早期时代,将龙与"社树"连接在一起的,是它们共同的"指时"的特征。一般的树自然只能称为树,但作为测天之用,具有"通天"之功用的神树,才被称为"龙树"和"龙"。由于测天、确定时节对农业社会的重要意义,所以这种通天龙树渐渐被赋予诸如保护庄稼丰收、邦国安全、掌控雨水甚至动植物生殖繁育等多重神性功能。

民俗的国学价值
——兼谈春节民俗的国学智慧

◆仲富兰

许多喜爱中国民俗的朋友问我,民俗学与国学到底是什么关系?我认为,民俗学与国学都是传统文化,两者是不可分离的:民俗是国学传统的显性表征;国学是民俗的价值肌理。由中国大多数民众创造、享用和传习着的民俗文化,它的根脉一直延伸到当今社会生活的各个领域,伴随着一个国家或民族民众的生活继续向前发展和变化。生活中触手可及的衣食住行以及岁时节令、婚丧嫁娶、社会交往乃至个人、家庭、家族、民族的组织运行形式,无不深深地打下了国学印记,并在生动而丰富的国学智慧中得以体现。

今天,我就结合即将到来的传统春节专门谈谈这个问题。

麒麟送子生生不息的生命意义

《易·系辞上》说:"生生谓之易。""生生"即生生相续,一个生命滋生出另一个生命。生命本身可以产生新的生命,在新生命中又可滋生出"新的生命",以至无穷。在几千年前中国人的寓言故事中,就已经流露出这个思想。愚公对人说,我死了有我的儿子,儿子死了有孙子,子子孙孙是没有穷尽的。可以说这是国学所强调的一以贯之的思想,那就是中国文化强调的生命的延续,各位耳熟能详的"麒麟送子"的习俗,以及中国人重视诞生和产育的习俗，正是这种文化精神最为生动的体现。

自从有人类以来，有生必有死，生与死是交织在人们生活中的两大基本主题。远古的人们对于生命从何而来充满神秘而浪漫的想象，"简狄食卵"的神话正是这种想象力的显示之一，而这种想象力的结晶至今还保存在我们某些古老的习俗中。

在中国文化进入成熟的农业文明之后，我们的先人从大自然"春华秋实"的自然现象中得到启发，"麒麟送子"就是对于生命意义的最好阐释。每逢岁末，城乡家家户户张贴年画、门神以及对联等，以增添节日的喜庆气氛。这种习俗在中国农村至今流行。在中国历史上，四川绵竹年画、天津杨柳青、山东潍坊、江苏桃花坞的木版年画在全国最为著名，被誉为中国"四大年画"。桃花坞年画是其中之一。桃花坞位于江苏省苏州市以北，桃花坞年画源于宋代的雕版印刷工艺，由绣像图演变而来，到明代发展成为民间艺术流派，清代雍正、乾隆年间为鼎盛时期。桃花坞年画的印刷兼用着色和彩套版，构图对称、丰满，色彩绚丽，民间画坛称之为"姑苏版"。这幅传统的麒麟送子图就表现出桃花坞年画精细秀雅的典型艺术风格和工艺特色。传说中，麒麟为仁兽，是吉祥的象征，能为人带来子嗣。相传孔子将生之夕，有麒麟吐玉书于其家，上写"水精之子孙，衰周而素王"，意谓他有帝王之德而未居其位。此说难以确信，实为"麒麟送子"之本，见载于王充《论衡·定贤》及晋王嘉《拾遗记》。民间有"麒麟儿"、"麟儿"之美称。南北朝时，对聪颖可爱的男孩，人们常呼为"吾家麒麟"。此后"麒麟送子图"之作，作为木板年画，上刻对联"天上麒麟儿，地上状元郎"，以此为佳兆。民间普遍认为，求拜麒麟可以生育得子。唐杜甫《徐卿二子歌》："君不见徐卿二子多绝奇。感应吉梦相追随。孔子释氏亲抱送，并是天上麒麟儿。"胡朴安《中华全国风俗志·湖南》引《长治新年纪俗诗》："妇女围龙可受胎，痴心求子亦奇哉。真龙不及纸龙好,能作麟麟送子来。"原注:"妇人多年不生育者,每于龙灯到家时,加送封仪,以龙身围绕妇人一次,又将龙身缩短,上骑一小孩,在堂前行绕一周,谓之麟麒送子。"

在民俗观念中,有"百子"与"贵子"的崇尚观。百子,是对子孙繁衍的"量"的要求,在农耕时代,人丁兴旺是五谷丰登的基本前提;贵子,则代表着对子孙繁衍的"质"的要求,"贵子"之"贵",不但含有富贵的心愿,还含有社会地位、仁厚品德诸方面的要求。这种心理与观念既来自国学渊源,也有民俗文化的选择、消化、重建与润色,形成更为具体的程式,通过口传的、行为的、物化的诸种形式的传承而日益深入人心、广为传播,尤其是当其物化为种种工艺品形态时,它便成为民俗文化传播的绝好形式。所以,我们在看民俗工艺品时,感受到的是民众的国学智慧与乐观精神,其创造展示了一个个富有生命意义的世界,即使像一般的肚兜,满绣着"麒麟送子"之类的花样,是装饰,也是心的写照,流露出美化生活的愿望和乐观的情趣。

新春祭祀天人合一的哲理意义

中国传统文化中"天"、"地"、"人"三才同一的思想是整体中国人认识自然的核心,《易》把"变"作为宇宙的普遍规律,其变化而产生阴阳,根据阴阳建立六十四卦,在众多复杂多变的事物中,提出"天地人"的重要概念。《序卦》:有天地然后有万物。把"天""地"作为一种自然现象或自然气力,而不是西方意义的"神"。天主日月,"日月丽乎天",证实是自然界的天,而不是虚无缥缈的神道中的"天"。《乾卦·文言》:"与天地合其德,与日月合其明,与四时合其序……"《易·系辞》云:"天地变化,圣人效之。"《周易》以为人与自然的关系是适应自然,而不是征服自然,人与自然应是和谐的,而不是敌对的。人不是消极地顺从天地之道,而要像天那样"天行健,君子以发奋图强"(《乾卦·象传》)。

大家都知道,民俗中最重要的内容之一就是岁时节令,而春节民俗最重要的内容就是祭祀。腊月二十三"送灶",为了怕灶神到天上去说出人间的过失,所以就用糖粘住灶神爷的牙齿,具有戏谑的"贿神"成分,还有腊月二十四俗谓诸佛下降,要扫屋尘,称为"除残"或者"掸尘";还要祭祀祖先。就是一年到头,将天神地祇、列祖列宗请到人间,天地人沟通汇集、协调合作,共同对付邪祟一类不好的事物,维护人间的幸福安康,这些构成春节仪式活动最重要的内容。我们还可以从"贴春联"的习俗来思考,可别小看了这一夜之间贴遍千家万户门面的一副副对联,小小对联连接着整个世界,上下两联以配阴阳,虚实对应以配乾坤,举偶对仗,概括天地宇宙,囊括古今人生。小小春联,富贵之家可以锦上添花,贫苦人家顿时蓬荜生辉,普天之下,皆大欢喜。

其实,这些习俗形式比较典型地反映了中国人"天人合一"的思想,孔子说:"天何言哉?四时行焉,百物生焉!"(《论语》)老子说:"人法地,地法天,天法道,道法自然。"(《老子》)与自然相通相依,协调一致,和谐共处,具有朴素的"人与自然和谐发展"的思想。与西方民族的一些节日形成对照的是,西方民族的节日大抵与人事有关,起源于农耕文明的春节则充分体现中国人对自然的亲近、对生命的关怀和对人情的呼唤。中国人按照自然节律生活劳作,春种夏锄,秋收冬藏,充分顾及了日月星辰、四季更替、地球和人类之间的关系,由此形成社会生活中的传统节日,安排得如此巧妙,是先民们时间意识自觉的产物,是中国人"天人合一"世界观的具体体现。在春节中我们感悟"天人合一"的观念,增加对人生的内涵和对于生命价值的认识,可以提升人生的境界,明心见性,启发德性,明德修身。春节所聚焦的不正是中国传统国学的核心内容吗?!

除旧布新不变求变的开端意义

中国文化的发展，一直存在这样的悖论：一方面，几乎历来的思想家与学者，都强调风俗的变革，要"移风易俗"、"整齐风俗"。他们强调"不有新变，岂能代雄"、"一代有一代的风气"。另一方面，每当一种新的社会思潮传播，一种新的社会景象或社会风俗风行时，也总有人痛心疾首，"世风日下"、"道德颓丧"。变与不变成了中国国学传统中长久的纠葛。其实，国学经典的易经就是在说变化，"易"的本义就是变，哪能不变呢？世间万事万物都处于无休止地运动与变化之中。《周易》是一本谈变易的书，同时又谈通，故而谓"通变"。"化而裁之为之变，推而行之谓之通。"变是流通的，通是在变化的万物中包含的永恒、相对不变的因素。《周易》举了一个生动的例子予以说明："变通莫大于四时。"四季更替，草木枯荣，一切都在变；但是终则有始，始则有终，循环往复，以至无穷，这又是不变。这是一种无往不复的通变观。推之于人伦，也复如是，国学传统也讲究变，但更注重在不变中求变。《周易》被置于六经之首，就是要从变易中找出不变的道理。

为了说明这个道理，我还是以新春佳节为例，自古以来，人们都强调春节作为一年开端的意义。"正月一日为岁之朝，月之朝，日之朝，故曰'三朝'，亦曰'三始'。"（《尚书大传》）意思是说：正月一日是一年的开端，一月的开端，一日的开端。隋代杜台卿《玉烛宝典》说："正月一日为元日，亦云'三元'：岁之元，时之元，月之元。"意思是说：这一天是新年的开端，新季节的开端，新月份的开端。任何事物的开端都是一件重要的事情，可以引发哲学家的无穷遐想。"开端"的意义给予世俗生活中的芸芸众生一种总结过去，期盼、规划和开辟未来时段的当口和节点。春节的全部传统意义都是围绕着"开端"而存在的：宇宙的诞生、万物的起源、文化的建立、新生活的开端。

國學論譚

这可以从春节燃放鞭炮和年初一的"鸡日"习俗的早期含义来理解。现在坊间对于过年燃放鞭炮的解释,是用爆竹之声响吓走"年"的怪兽,赶走怪兽恶鬼,就是驱邪赶祟;另一说是"迎神",例如年初一欢迎灶神的归来。不论是"赶鬼"还是"迎神",两种说法,都只是传说而已,而且也只说到了这个习俗"显意识",比较容易为世人所接受;其深层的意蕴在许多创世神话中有强烈的表达,不为人们所直接认识而已。鞭炮的形状、声响和结果都与混沌神话一致,在宇宙起源的神话中,类似于鸡蛋这样一个封闭体的混沌被打破,天地由此开辟。而竹筒和鞭炮就像混沌一样具有封闭形状;竹筒被烧而炸裂,鞭炮被炸而粉碎,青烟上升而为空气,其他较重物体落而在地,也仿佛混沌初开、天地分离的瞬间。开天辟地,当然是开端的最高象征,燃放鞭炮确实具有实际的象征意义,否则它怎么成为过年开门的第一件事呢!春节的这层开端象征意义还被人们引入到社会生活的其他方面。例如新人婚礼、新店开张、建房仪式等也燃放鞭炮,这些都是由春节燃放鞭炮引申而来的,都是用放鞭炮象征新事物的诞生。我们再看从南北朝时期就有的"贴画鸡"习俗,《北齐书·魏收传》引南朝董勋《答问礼俗》:"正月一日为鸡,二日为狗,三日为羊,四日为猪,五日为牛,六日为马,七日为人。正旦画鸡于门,七日贴人于帐。"有人说主要是"鸡"与"吉"同音,此解释过于简单。其实,在古代神话中有鸡是"重明鸟"的说法,尧时友邦上贡一种重明鸟,能吓退妖魔鬼怪,因为重明鸟样子像鸡,鸡在古代又是"五德之禽",以后人们就逐步画鸡贴在门上,或者剪窗花贴在门窗上,金鸡报晓,它守夜而不失时,结束黑暗,迎来光明,也具有开端意义。春节象征着宇宙开辟,万物生长,一切都获得了新生命。这种意义其实是非常重要的,可惜随着神话的逐渐消失,春节的这一层象征"万物初生"的意义也逐渐被人淡忘了。

春节除旧布新的开端意义可以给当代人通过一种年底清理的方式,

新的一年，新的开始，它给顺利的人更多的梦想，也给许多不顺利的人以希望。尤其是每个人生命的不灭是通过后代来体现的，这也让年老之人努力克服对死亡的恐惧，有了足够的精神力量。人们把春节的这种开端，作为新的奋斗起点，说它是个人、家庭、群体乃至民族以及整个国家整个生活节律的一个新的转折点，是并不过分的。

趋吉避凶迎春纳福的社会意义

"爆竹声中一岁除，春风送暖入屠苏。千门万户曈曈日，总把新桃换旧符。"宋代王安石的《元日》诗描绘了中国人欢度春节盛大的喜庆情景。清代潘荣陛撰《帝京岁时纪胜》记道："出门迎喜，参药庙，谒影堂，具柬贺节。路遇亲友，则降舆长揖，而祝之曰新禧纳福。"这清人"新禧纳福"四字颇值得仔细回味，"福"是什么？就是讲究平衡与和谐，既要通过合理合法不影响健康的工作得到你没有的，又要珍惜现在已经拥有的，不要得一个，失一个，得失相抵，更不要得不偿失。"福寿康宁"，是符合人性的共同的愿望和追求，它的内涵相当丰富，超越了地域与时空，最大限度地概括了人们的追求和奋斗的终极价值，具有广泛的心理认同基础。损人谋福为恶，以诚求福为善，为民造福为贵，就是不仅希望自己过得好，也希望别人好，就像一首流行歌曲唱的，"只要你过得比我好"，希望天下苍生都平安、富足、健康、快乐，这是福的境界，也是传统儒家思想中"仁"的体现，这种"新春纳福"就具有强烈的道德感，是今天我们应该加以弘扬和倡导的。

再说与"纳福"紧紧相随的是"趋吉避凶"的观念，相互拜年时的一句祝福语，哪怕是简单或者省略为"新年快乐"四个字，过年中的种种"口彩"，都反映着一种心理企盼，这就是谋求吉祥、平安、顺遂和成功，避免凶祸、灾难、疾疫和失败，它是怎么也不能归为迷信一类的。"趋吉避凶"是民俗文化中所有事项的核心价值观念,因为它是符合人性的需要而产生的。人之为人,首先是一种"活着",或者叫存在,世俗生活中,第一位的任务就是生存、安全,然后要有所成就,实现自我。这是一种人的本能。古时候科学不发达,人们对自然、社会以及人自身的认识还处于蒙昧阶段,"趋吉避凶"就是先民们一种基本的诉求。人们看到,造物主用自然物和自然力给天下民众带来福祉,为人们的生存提供了各种资源,同时,也会使人们受苦,洪水、瘟疫、地震之类的自然灾害肆虐对人们的危害极其惨烈。当人们迈入阶级社会的门槛后,社会力量的压迫有时比大自然的侵扰还要可怕。在那种社会条件下,在小生产汪洋大海的国度,老百姓就是风浪中风雨飘摇的一叶孤舟,既无力依靠自身力量取得自然和社会的恩赐,也无力挣脱这自然和社会的双重压力,怎么办呢?那就是一元复始、万象更新之际,热烈地追求"新春纳福",小心翼翼地"趋吉避凶",这就是春节民俗中纳福文化存在的根由。时至今日,人们的日常生活匆忙而功利,许多人精神焦虑而孤独,谁不希望来年"福星高照"、有个好运气,谁不希望躲避灾祸和病厄呢!

上海地区家训文化的历史资源及其现代价值

◆熊月之

中华文明之所以自古至今五千年从未中断，有多种因素，其中很重要一条，就是它有完整的、系统的、有效的传承机制，包括国家训导系统、榜样示范系统、制度保障系统、日常教化系统、宗教警诫系统。家训、家规就是日常教化系统的一部分。

在人类文明史上，中华文明最重视上下传承。中国人最强调孝与教，孝是下对上，教是上对下。中国人最重视对子女的教育，最重视在子女教育上投资。中华以农立国，自给自足，以家族血缘关系为纽带，人口流动范围较小、频率较低。其生产知识、生活知识，多从上辈那里继承而来，多属于默会知识，靠示范琢磨，靠耳提面命式的传授。所以，在中华文化中，上下关系特别重要，中国家训文化也就特别发达。据研究，从西周开始，到近代，比较正规的家训就有一百二十多种，如果那些包含训诫子孙意义的书信、文章、格言、联语在内，非正式的家训，那就难计其数。

上海地区也有丰富的家训资源。在"上海市家训家风文化的传承与发展研讨会"所提供的资料中，提到了上海县的徐光启、高行的曹瑛在《竹枝词》中体现的家训内容，还有浦东的傅心鲁家谱中的"十六字"家法、浦东的《傅雷家书》、松江《叶氏家训》、泗泾《秦氏家训》等。除此之外，还有很多。

首先,古代上海,有丰富的家训资源。

全国家训资源,明清以前,北方丰富,明清时期,南方开始多了起来。我简单地梳理了一下自己比较熟悉的或知道的,上海地区还有很多家训方面的资源。

关于古代,举三个例子:

例一,明朝松江人钱福,著有《明日歌》,影响非常之大。"明日复明日,明日何其多",教科书上都有。《明日歌》虽然没有明确地说这是家训,但是,其教化的意义非常明显。

例二,晚明时期松江人陈继儒,诸生,隐居昆山之阳,杜门著述,工诗善文,名重一时。屡奉诏征用,皆以疾辞。崇祯十二年卒,年八十二。所著《安得长者言》,讲怎么做人处事,内容极其丰富,极有见地,极有价值。例如,他教育人要行善积德,说是假如一个人,"闻人善则疑之,闻人恶则信之,此满腔杀机也"。他以登塔比喻为善,说是登塔要有人做伴,有人鼓励,才能登上去,登的过程才不觉得很累。为善,努力向上,也是如此。他说,做人行事要得体,"富贵家,宜劝他宽;聪明人,宜劝他厚","喜时之言多失信,怒时之言多失体"。他还认为,家庭财富太多,容易使亲情淡薄;反过来,财富不是太多,反而亲情浓厚。这些,都充满了智慧。

例三,清初人陆陇其(1630年~1692年),浙江平湖人。康熙九年(1670年)进士,康熙十四年授嘉定(今属上海)知县,官至监察御史,以清正廉洁而著称。他在给儿子的家信中说:"我虽在家,深以汝读书为念。非欲汝读书取富贵,实欲汝读书明圣贤道理,免为流俗之人。读书做人不是两件事,将所读之书,句句体贴到自己身上,便是做人的法。"读书是为了明白道理,以求做一个明明白白的立身天地之间的大写的人,从而无愧于自我,无愧于家庭,无愧于社会,无愧于国家。也就是说,通过读书学习,变化气质,成为一个堂堂正正的人。他关于家训家规方面的内容极其丰富，也相当有名。陈宏谋编《五种遗规》时，就收录了陆陇其教育儿子的书信。

其次，近代上海，家训家规家风方面，资源更多，更值得重视。这很能体现上海的特点。

这可以分为两方面，一方面，上海本地名人李平书、穆藕初、黄炎培，都有家训方面的内容。另一方面，长期工作生活在上海的原籍不是上海的人。

先说上海本地人。

1894年，李平书署陆丰知县。这是第一次做地方父母官，他对自己提出严格的要求，自撰一篇风格奇特的誓文，并予以公示。表示，如果自己"敢受百姓银钱财物，多自千百，少至毫芒，不论是否应得，一经染指，即犯贪赃。又若藉案科罚，本干例章，名为充公，实饱私囊，此巧取之伎俩，亦廉耻之道亡。予小子而或蹈此二者，神降我以百殃"。在进入陆丰县境的途中，短短几十里路程，就有拦路递交红呈三十五起。所谓红呈，就是红包。送红呈的人或要他申冤，或向他求情。他理所当然地一一回绝。再次公开张贴誓言："词讼案件收受案内外人银钱财物，无论多少，一经染指，即是丧心昧良，干犯贪墨，明即倖逃国法，幽必难免冥诛，他日去此，水行必沉于大海，陆行必踬于高山。天地明神，实闻此言。"

李平书并不是无神论者，官场规则也没有要求他上任时必须立誓，但他如此对天发誓，掷地有声，不怕报应，充分表明了他对贪墨贿赂、中饱私囊种种腐败现象深恶痛绝，表示了他与这些丑恶现象决裂的坚强决心。李平书说到做到。做官期间，有些钱按照陋规（潜规则）是可以拿的，他也坚决不拿。一生当中，他担任的肥缺不知多少，经手的银钱不知多少，但他从不心动，一身正气，两袖清风，以至于晚年想印刷《且顽老人七十岁自叙》都囊中羞涩，而要靠朋友资助。

國学論譯

再说黄炎培："理必求真，事必求实，言必守信，行必踏实；事闲勿荒，事繁勿慌，有言必信，无欲则刚；如若春风，肃若秋霜。取象于钱，外圆内方。"十二句话，四十八个字，真是做人做事的极好的座右铭！

长期生活在上海的外地来的人，在家训家规方面，资源特别丰富。

比如郑观应，原籍是广东香山，十几岁就到上海来发展，是著名思想家与企业家。他教育子女："立志在青年、老来悔已晚。须观有用书，学业身之本。蜘蛛能结网，仰食愧为人。一艺不能学，何由寄此身！"

他的家训很有时代特点。对于金钱交易活动，郑观应告诉子弟应慎之又慎，并具体交代了种种需加注意的方面："日中行事无论贤否亲疏，所收银钱必须当面点明，收藏妥当，不可草率乱放，恐顾此失彼，非惟忙中有错，且恐事后忘却也。所交银钱要件必须真正亲笔收条，不可大意，一则恐日后不认，二则备将来稽查。吕端大事不糊涂，诸葛一生惟谨慎，古之伟人尚且如此，何况我辈？"

聂云台是曾国藩的外孙，父亲聂缉椝当过江苏巡抚。聂云台主要生活在上海，1893年到美国留学，回国以后担任上海恒丰纺织新局总经理，是上海最著名的实业家之一，曾捐助聂中丞公学，即市东中学。

聂云台与他的父亲聂缉椝先后两次赞助出版《德育古鉴》，这是一本教人行善积德的书。聂缉椝、聂云台都曾为此书作序。此书系中华伦理道德教育的重要经典，为后人广为传诵。1906年，聂缉椝将其重新刊行。后经印光老法师所称许，由弘化社重印多版，共数万册之多。1929年再版，聂其杰作序。前些年，马来西亚中华文化教育中心曾将其校订出版，作为马来西亚中华文化教育中心师生必修之德育教材。书中以翔实的历史故事，从孝顺、和睦、慈教、宽下、劝化、救济、交财、奢俭、性行、敬圣和存心等方面，阐述了祸由我作、福由己求的道理，以此引导世人转恶为善、转迷为悟、转凡成圣。常读此书，可以起到近报自己、远利子孙的效果，实为今人修身立命之必读、传授子孙之必备。聂缉椝评价此书:"其语取平易而近人,其理合劝惩而并用。固宜其如日月之经天,江河之行地,历百世而不易矣。"聂其杰称:"予幼时遵庭训,亦每日背诵斯篇,与经书同。"

聂云台在家训家规方面,最为突出的是,作为一个拥有巨额财富的大资本家,他特别教育人们,如何正确地对待财富,劝人们要善于用这些财富为社会造福。1942年~1943年,他写了本《保富法》,刊登在《申报》上,专门讲这个道理。书出版以后,影响极大,读者深受感化,于数日间,捐入"《申报》读者助学金",多达四十七万五千余元之巨,传为佳话。商界、文化界名人纷纷撰文力荐,为之流传不吝费力。聂云台的财富当然不及比尔·盖茨,不及巴菲特,但是,他对待财富的哲学,与比尔·盖茨、巴菲特一样,强调要为社会做事。

李平书、郑观应、聂云台的家训家规,都很有近现代气息。这些家训家规产生在城市里,产生在商业社会,与产生在农耕文明时代的《颜氏家训》很不一样。这些家训,能体现出上海城市的特点,尤其值得挖掘与整理。

国学论谭

由新见欧阳修书简观其交友之道

◆洪本健

宋景德四年（1007年）欧阳修出生于绵州（今四川绵阳）。2014年6月下旬，在该地召开了纪念欧公1007年诞辰的国际学术研讨会，来自中国大陆、港澳台地区及韩国的专家、学者与文史爱好者一百六十多人参加了这一盛会。欧阳修在文学、史学、经学、金石学、目录学、谱牒学等方面都卓有建树，成为深受后人景仰的一代文宗。

作为宋代杰出的文学家、史学家和著名的政治活动家，欧阳修交游甚广，留下了给诸多政界人士及亲朋好友的大量书信。除了收录《居士集》与《居士外集》中论政、论道、论学、论文的数十篇正儿八经的信件外，尚有数百篇信笔而书、不避琐细、问候谈心的短简，主要是写给友人的。南宋宰相周必大主持编纂《欧阳文忠公集》（下简称《欧集》）时，面对众多短简，考其年代，按人编排，合计十卷，名为《书简》，收入集中。日本九州大学东英寿教授发现南宋时传至东瀛、由天理大学天理图书馆收藏的孤本《欧集》，在《书简》部分，比我们看到的通行本《欧集》多出了九十六篇。中、日学术界对此甚为关注，上海古籍出版社在2012年《中华文史论丛》第一期上刊出了新见九十六篇欧简的《辑存稿》。欧阳修的高尚人格，在这些书简中可睹一斑，他的交友之道尤值得称赞。

关爱提携年轻的友人

欧阳修对年轻的友人充满无限的关爱之情,为他们的进步感到由衷的高兴。年龄分别比他小十二岁、十四岁、二十九岁的曾巩、王安石和苏轼都得到他的赏识、鼓励与提携。在嘉祐二年主持贡举时,欧阳修发现了才华横溢的苏轼,不胜欣喜,在写给梅尧臣的信中说:"读轼书,不觉汗出,快哉,快哉!老夫当避路,放他出一头地也。可喜,可喜!"这是大家所熟知的一段话,尽显欧阳修识才、爱才和为后生可畏而极度欢悦的心情。新见九十六篇书简中给曾巩的信说:"辱示介甫鄞县新文,并足下所作《唐论》,读之饱足人意。盛哉盛哉!天下文章,久不到此矣。"本简作于庆历后期,时年逾不惑的欧阳修早已是文坛盟主,而曾、王都还不到而立之年,如此推崇后生的创作,足见他眼光之敏锐与胸怀之开阔。

更值得一提的是,新见的《与王文公》书简,欧阳修将自己与安石的咏杜甫诗加以比较,谦逊地甘拜下风:"修当日会饮于聚星堂,狂醉之间,偶热信笔,不经思虑,而介甫命意推称之若是,修所不及也。"先前,他于颍州聚星堂宴集时,作有《堂中画像探题得杜子美》诗:"风雅久寂寞,吾思见其人。杜君诗之豪,来者孰比伦?生为一身穷,死也万世珍。言可苟垂后,士无羞贱贫。"而不久后,安石亦有《杜甫画像》诗:"吾观少陵诗,谓与元气侔。力能排天斡九地,壮颜毅色不可求……宁令吾庐独破受冻死,不忍四海赤子寒飕飕……所以见公像,再拜涕泗流。推公之心古亦少,愿起公死从之游。"欧诗平稳,而王诗激越,立意不凡。欧阳修喜见后学超越自己,人品自不寻常。

吕公著比欧阳修小十一岁,其父为宰相吕夷简。范仲淹曾因上书言夷简专权被贬,欧阳修又因仗义执言,替范辩护,同遭贬谪。但欧阳修并未因与夷简政见上的尖锐对立,而对其子有偏见。后他任颍州知州,吕公著为通判,两人关系非常融洽。宋人笔记《墨庄漫录》说吕公著"为人有贤行，而深自晦默，时人未甚知。（欧）公还朝后力荐之，由是渐见进用"。欧阳修出使契丹时，契丹主问道，你们那里有哪些德才兼备之人？欧阳修首先就说有吕公著。他还上书朝廷，大力推荐王安石和吕公著为谏官，夸奖公著"富贵不染其心，利害不移其守"。晚年欧阳修归老颍州，恰好公著为知州，两人相处更是愉快。新见书简九十六篇，其中写给公著的就有三十一篇，几乎占了三分之一。如以十卷《书简》统计，在百多位受简者中，公著位列受简数量的前三，仅次于欧阳修最知心的朋友梅尧臣和政坛上长期合作共事的友人韩琦。在朋党斗争激烈的北宋，欧阳修如此不遗余力地爱护帮助政见对立者之子，其度量之大、人性之美可想而知。

欧阳修给予甚多关爱的还有焦千之。原《书简》中致焦千之的就有十六篇，新见书简中又有两篇是写给这位后生的。千之字伯强，从学于欧公，亦参与聚星堂诗会。欧阳修不仅看重他的才学，更看重他的人品，有诗赞曰"焦子皎洁寒泉冰"，又称"焦生独立士，势利不可恐"。千之家境贫寒，欧阳修助以米粮；科举失利，欧阳修予以宽慰；身体违和，欧阳修十分牵挂；还向知郓州的老友赵槩举荐其主持州学。后千之入仕，为国子监直讲，又出知乐清县。由京师的讲坛到僻远的县城，在新见书简中，我们看到欧阳修及时地开导弟子："小官难处，知所屈伸，则为远久之资也，甚善甚善。"一生几起几落、历尽坎坷的欧阳修，勉励焦千之从最基层的工作做起，在艰难中磨砺自己，以备将来可能做一番大事业。对于焦千之，这是及时而受益无穷的忠告。

崇敬先忧后乐廉能无私的长者

范仲淹，字希文，在欧阳修的心目中，是一位忧国忧民无私无畏且亦师亦友的人物。欧阳修初入仕，任西京留守推官时，作《嵩山十二首》

诗，比他年长十八岁的范仲淹即有和诗。当仲淹被召进京之际，欧阳修即有《上范司谏书》，激励其勇于进谏。随后在仲淹反对吕夷简专权的斗争中，欧阳修牵连遭贬至荒僻的夷陵。一心为公的仲淹，在庆历革新中再展身手，欧阳修作为谏官给予不遗余力的支持。革新夭折，仲淹被免去参知政事之职，欧阳修亦再贬滁州。后欧阳修遭母丧不久，仲淹亦与世长辞。

新见书简中有《与孙威敏公》四简，写给竭力支持仲淹的孙沔，其中两简涉及方病逝的仲淹。一简云："范公平生磊落……后事皆托明公矣。昨赠官诰，词是谁作？要见姓名，幸批示。"在长期为革新事业的共同奋斗中，欧、范结下深厚的情谊，但反对派的势力尚不可小觑，欧阳修担心对仲淹的定论不公，因在守丧期间，不便过问，故急切地向孙沔打听，显见欧阳修对朝廷评价仲淹的极度重视和对自己极为崇敬的师友的一往情深。又一简云：

> 修自亲老感疾，以致不起，整一周年，心绪忧惶……哀苦中，又闻希文病，病势不好，元料恐难起。希文材行高，忌嫉众，若非圣君仁明，朝家以忠厚为治，不能保此始终。今年过六十，官爵不卑，于希文不少，所惜用于时者，万不伸一，为国家惜耳。家道索然，恰得在徐而终，庶事何忧不了，此亦为善之效耳。然元规亦自西行，后面事应悉与处置也。平生打破名目，号为党人，适值修在苦块中，情礼万不申一。恨，恨，恨！

由上文可知庆历党争之激烈和仲淹承受压力之沉重。以先忧后乐为人生信条的仲淹，光明磊落，富于才干，敢作敢当，但治国的理想未能实现，反而身处逆境。"所惜用于时者，万不伸一，为国家惜耳"，这是为仲淹志在革故鼎新报效国家却受尽委屈而发出的不平之鸣和沉痛的呼号。"家道索然"四字,道尽了仲淹的高度廉洁,毫无私心。欧阳修作《资政殿学士户部侍郎文正范公神道碑铭》写道:"终身非宾客,食不重肉。临财好施,意豁如也。及退而视其私,妻子仅给衣食。"据史料记载,仲淹以一生积蓄,广置义田义庄,赈济穷人。他力主清俭,儿子成亲时,严禁以罗绮为帷幔,声称若带入家门,当即焚之于庭。如此之清廉,可令今天那些一意谋私的贪官羞得无地自容。信中充满对孙沔的感激与希望。之所以感激,是因孙沔恰好在知徐州任上,得以照顾病危的仲淹,并为其送终;至于说希望,是因为当时孙沔已接到调往秦州的任命,故欧阳修期盼将要"西行"的孙沔帮助料理好仲淹的后事。而他自身尚居母丧,无法来徐州,以致有"情礼万不申一。恨,恨,恨"之叹。

新见书简中有一简《与苏编理》,是写给苏洵的,苏洵字明允,曾参与编纂礼书。此简极短,却体现了欧阳修对客观史实的维护和对仲淹人格的尊重:

　　修启。昨日论《范公神道碑》,今录呈。后为其家子弟善于石本减却数处,至今恨之,当以此本为正也。修再拜明允贤良。

仲淹逝世后,欧阳修应其子嗣之请,作神道碑铭,中有"及吕公复相,公亦再起被用,于是二公欢然相约戮力平贼"数语,孰料在刻石时被范氏子弟删去,从而引起欧阳修极大的不满。据叶梦得《避暑录话》载,《范公碑》记仲淹初为西帅时与吕夷简解仇释憾之事,言"二公欢然相约平贼",仲淹之子纯仁得到此碑,说:"无有此事,我父未尝与吕相公和好。"他请欧公修改,欧阳修气愤地回答:"此事为我亲眼所见,你们年纪小,知道什么?"范纯仁擅自在刻碑时删去二十多字。欧公见碑刻,立时退还,说:"这不是我的文章。"此事宋人笔记《邵氏闻见后录》、《墨庄漫录》等都有记载。仲淹本人所写的被吕祖谦收入《宋文鉴》的

《上吕公书》，也证明确有其事：吕夷简晚年曾向仲淹示好，仲淹也表示，以前只考虑修身治民报效国家，没想到言语间有所冒犯，在西夏大敌当前之际，应如唐代郭子仪和李光弼一样，携手共为讨平贼乱而尽力。史实不可被随意抹去，欧阳修曾一再言及范、吕释憾之事，展现了他尊重客观历史、尊重所景仰的历史人物的可贵精神。

坦诚正直重义重情的交友之道

欧阳修在新见书简中，嘱病中的吕公著当以健康为要，说"惟君子为道，与时自重"。君子修身有道，行事有道，交友亦有道。在欧阳修看来，君子相交相处，应坦诚正直，重义重情。

欧阳修对友人坦诚以见，毫无掩饰。诸如前文对王安石、曾巩佳作的夸奖，发自内心，脱口而出；新见致刘敞的书简，称喜获"前古遗迹"，"乃万金之赐也"；新见致尹洙、蔡襄的书简，以马"若饱饲而而系于枥""则足力损矣"，喻己在滑州终日无事，"不欲废堕"，故勤读"书史"自励。

欧阳修为人正直，交友亦然。新见致吕公著书简言有"拙诗"，欲乞应和之作，公著退回，欧阳修"再伸面请"，望公著"一挥笔之间，为赐无涯"。对友人直言相告，不肯罢休，让人颇觉得可爱。嘉祐时，官越做越大，但对朝政的因循与无所作为非常无奈，在与庆历革新时并肩奋斗的王素等友人的通信中，屡屡表达深深的不满。

难得的是新见书简中，不乏欧阳修讲情而更为重义的篇章。其中最引人注目的就是题云"此帖恐是与范文正公"，实际就是写给范仲淹的一篇。而在整十卷《书简》中都未见到给仲淹的信简，故尤值得珍惜。此简涉及范仲淹、韩琦、孙甫、尹洙等政界著名人物。

尹洙字师鲁，是欧阳修的挚友。早在西京钱惟演幕府时，他们就常与梅尧臣等文士游赏洛阳周边的山水，吟诗作文，你唱我和。欧、尹都拥戴范仲淹，支持他的革新事业，前后两次与仲淹同遭贬黜。欧阳修在贬往夷陵途中曾给尹洙写了一封长信，畅抒胸臆，表示为了正义的事业赴汤蹈火，在所不辞，并以此共勉。庆历时，他们同为谏官，为仲淹领导的新政呐喊助威但未能成功。尹洙在遭贬两年后即去世，欧阳修作《祭尹师鲁文》，悲悼其"志可以挟四海，而无所措其一生"的不幸，表达了"情之难忘"的深切思念。欧阳修还为尹洙写了墓志铭，文虽不长，称其"忠义之节，处穷达，临祸福，无愧于古君子"，又赞其"为文章，简而有法。博学强记，通知古今……人亦罕能过也"，应该说文简而意深，评价是公允和符合实情的。没想到墓主的亲属并不领情，认为文太简略，评价不够高。为此，欧阳修特地写了一篇《论尹师鲁墓志》加以说明。

　　孙甫字之翰，在庆历时与欧、尹同为谏官。尹洙是他的好友，称他为"天下相知之深者"。孙甫亦受托为尹撰写行状。新见与范仲淹的书简，写尹洙之侄尹材对行状很不满意，甚至"条疏驳难"，对孙甫极为无礼。欧阳修满腔不平地给仲淹写信，责备尹材"率然狂妄"，谓"明公若爱师鲁，愿与戒勗此子"，"无使陷于轻率也"。又说："师鲁功业无隐晦者，修考之翰行状无不是处，不知稚圭大骂之翰，罪其何处？"最后，欧阳修告诉仲淹，此事自己会给韩琦（字稚圭）说的。范、韩、欧、尹可称为一条战壕里的战友，当然在某个具体问题上，观点很难做到完全一致。如尹洙对刘沪有违节制筑水洛城以御西夏不满，派狄青枷取刘沪，欧阳修认为筑城在军事上有利，上书建议朝廷应"保全刘沪"，这导致了与韩琦看法的分歧。他对尹洙怀有深情，对同僚韩琦向来尊重，私交甚好，然而，他是有原则性的，友情固然可贵，但不能凌驾于义理之上。由此我们由衷地赞叹欧阳修与亲密友人的相处之道，敬佩其所作所为，真是难能可贵啊！

年龄文化与干支、科举等问题

◆蒋星煜

郝铁川先生日前发一短文,谈论三十而立、四十不惑等中国特有之年龄文化,深受启发。此一领域,近代学术界未能重视,确实是一种疏失。

年龄文化不仅为中国五千年精神文明所衍生,其内容之丰富复杂,可谓包罗万象,涵盖之广,难以设想,与政治、经济、军事等方面更有密切交叉。

年龄文化亦有通俗与深奥等不同层次,例如"甘罗十二为上卿",主要勉励少年能发奋有为,亦可成大事业。《三字经》:"苏老泉,二十七,始发愤,读书籍。"提倡学习贵在坚持,稍晚不妨,仍有立言、立功、立德之机会。王勃《滕王阁序》"童子何知,躬逢圣饯",则既是谦逊,也含骄傲之一面,十分巧妙。"冯唐易老,李广难封",则谓人之际遇,往往与当时君皇用人之年龄偏向有关,诸如此类,均属于通俗方面,比较容易发现。

管见以为年龄文化在发展过程中与中国自古以来用天干地支纪年有不可分割的关系,而且也有自然科学方面,如与日照、月之盈亏等有内在联系,兹从四方面做一极简略之论述。

一、年龄与属性

中国的年龄文化和天干、地支有十分密切的关系。天干,亦称十干,包括甲、乙、丙、丁、戊、己、庚、辛、壬、癸十个字,通常用作记录先后顺序。但较复杂的顺序用十个字不够，于是再与地支的十二个字相搭配。这十二个字是子、丑、寅、卯、辰、巳、午、未、申、酉、戌、亥。如此使用，就产生了甲子、乙丑、丙寅、丁卯等六十个顺序的标识。

一个人活到了六十岁，便称"年已花甲"。十分有趣的是这地支十二个字，分别和十二种动物相联系了起来：子鼠、丑牛、寅虎、卯兔、辰龙、巳蛇、午马、未羊、申猴、酉鸡、戌狗、亥猪。生于寅年，便属虎。这一风俗习惯，早在汉代便已流行了。

现以寅年为例，明代著名文学家，也是书画家的唐寅，干脆以生年的地支为名，他生于明成化六年（1470年），这年为庚寅年，属虎，所以字伯虎。他的书画负有盛名，而在民间通俗文学作品中，《唐伯虎点秋香》更是流传甚广，妇孺皆知，是苏州评弹作品中的经典之一。

也有人以天干为名的，如现代著名戏剧家，曾在延安多年，改革开放后任中国戏曲研究院长的张庚，生于1910年，那是庚戌年也。

十二生肖当初如何产生的，众说纷纭，虽然以鼠为首，但众人心目中，鼠为不上档次的动物，有"鼠辈"等称谓，可见鄙视之程度。而龙则为传统中最尊贵之动物，故称皇帝为龙，所穿之袍为龙袍。生于龙年者往往以龙为名字。用鼠为名者，有《十五贯》中窃贼名娄阿鼠，乃艺术虚构也。

传奇作者之中，《浣纱记》系经典名著，出于梁辰鱼之手，此人出生于明武宗正德十五年（1520年），辰属龙，故字伯龙。

此人之名与字和稍早之唐寅，字伯虎，如出一辙，《徐朔方集》第二卷《梁辰鱼年谱》，不知当年苏州之习俗，推定梁辰鱼生于正德十四年（1519年）。

如今可以证明采取此一方式取名与字似乎无关宏旨，但对于推断历史人物亦有其不可漠视之取证作用，应该说，也是年龄文化的一个组成部分。

二、年号与干支并行不悖

对于封建王朝之年号与天干地支同时使用，可以互相引证，不致发生讹误，例如王羲之《兰亭集序》"永和九年，岁在癸丑"，就是一例。今按流传拓本或摹本，"岁在癸丑"，似为添加。王羲之何以要添加此四字，显然恐后世把年份弄错，于是再加此四字，以确证为永和九年也。

封建王朝之公文当然采取贞观、皇祐、成化、康熙之类年号，被贬谪之臣僚以及身居草野之布衣或隐士，自然不一定采用年号，往往径用干支。

至于年号、干支均摒弃不用者亦有，例如潘岳《秋兴赋并序》，一开头就是"晋十有四年，余春秋三十有二"。当时是晋武帝咸宁四年，干支为戊戌。潘岳不用咸宁，也不用戊戌，而把自己的年龄称春秋，并不出之于偶然，在态度上属于倨傲而狂妄，因为当时自视甚高，仅仅被任为太尉贾充的幕僚，虎贲中郎将，只管管官廷仪仗事宜，品级不高，俸禄不厚，无任何实权，满腹牢骚，即抑制不住而流露了。

陶渊明《自祭文》"岁惟丁卯"，乃宋文帝元嘉四年（427年），此时他不居官职，身为隐士，所以故意不用"元嘉四年"，以显示其隐士身份，生或死与朝廷无关也。

韩愈《祭十二郎文》更奇，开头为"年月日"三字，等于空白，另有《文苑英华》亦收此文，题为《祭侄老成文》，开头一句为"贞元十九年五月二十六日"，据后人考证，"五月"错了，应该更晚一些。

苏轼《书上元夜游》，以"己卯上元"开端，不书哲宗年号元符二年，是因为当时被贬到荒蛮之地的海南岛儋州，已为化外之地，不提皇帝年号为是。《前赤壁赋》也是贬官时作，地处黄州，即"人道是三国周郎赤壁"之处。开端即书"壬戌之秋"，壬戌乃宋神宗元丰五年也。《后赤壁赋》则更简易，称是岁，同一年也。

范成大《峨眉山行纪》谓："乙未，大霁。"乙未，乃宋孝宗淳熙四年。其后又说"丙申"，并非系年，因农历年、月、日、时均用天干地支，此"丙申"经后人考证乃指六月二十八日。

到了明末清初，这一习俗更为流行，祁彪佳《寓山注序》，其人为风流名士，非利禄功名之追求者，所以只是说："园开于乙亥之仲冬，至丙子孟春，草堂告成。""乙亥"与"丙子"分别为崇祯九年、崇祯十年。后又说"于是疏凿之工复始，于十一月自冬历丁丑之春，凡一百余日……"，"丁丑"应是崇祯十一年了，就是说这座园林经三年之久方造成。

毛晋刻《六十种曲》，先后分六次刻成，前面每次均有崇祯年号，书未完成，明代已亡。毛晋仍继续此一工程，均无清代年号，而仅书干支，是其民族思想有以致之。

三、干支与科举之年份

一般解释年龄相同为同年，但在中国古代社会，这一词汇主要用于科举。

汉代以同时被举为孝廉为同年，当时根据文人之德才予以提拔，为官吏之主要来源。第一次为元光元年（公元前134年），此次被提拔者即被称为丁未同年。彼此以年兄相称，其子女则称对方为年伯。同年有时亦形成政治集团或宗派。

唐代以同时成进士者为同年，此时科举制度日趋完备，考试成为经常举行选拔官员之途径，同年逐渐增加，相互联系风气更趋密切。随后封建社会一直沿袭这种制度，宋代也不例外。

非常有趣的是北宋时苏轼、苏辙为亲兄弟，均为苏洵之子。苏轼生于景祐四年（1037年），苏辙生于宝元二年（1039年），但两人同时于嘉祐三年（1058年）登进士科，他们便成了戊戌科的同年。今人如果不解，还以为他们是双胞胎了。

明代、清代不仅最高一级的会试中试者称同年，中等一级乡试中举者亦称同年，同年之间的错综复杂的关系发展到了极点，这在汤显祖身上有了集中的体现。

万历五年（1577年），按甲子顺序，称为丁丑科。因汤显祖闻名远扬，内阁首辅张居正有意拉拢，派族人向之疏通承允他一定能高中巍科，条件是做他的儿子张嗣修的陪衬。这正是其他参加会试的举人求之不得的，但汤显祖断然拒绝。会试结果，沈懋学为状元，张嗣修为榜眼。而汤显祖当然名落孙山。就这样，张居正设计的让汤显祖与张嗣修成为同年的阴谋落了空。后来几次会试，汤显祖依旧未被录取。

张居正罢官死去，再进会试时，已是万历十年（1583年），癸未年会试，汤显祖以三甲第二百十一名中进士，却又成了内阁新的首辅申时行的儿子申用懋、申用嘉，内阁次辅张四维儿子张甲征的同年。申时行、张四维利用这一机会又对汤显祖软硬兼施，企图使汤为其爪牙。汤显祖千方百计婉拒，仍触怒了申时行、张四维，官途饱受折磨，最后回乡，专心写作，完成《临川四梦》巨著。

又有《四进士》一剧，以毛朋、田伦、顾渎等四个同年进士为题材，歌颂了毛朋的秉公执法，惩办了顾渎等同年。经查对《皇明进士登科录》，确有毛鹏其人，为官清正。而其他三人均未出现于登科录，有可能出自虚构。

四、文人自报年岁之原因

孔融《与曹操论盛孝章书》为传世名篇，孔融以兄长自居，说："岁月不居，时节如流，五十之年，忽焉已至，公始为满，融又过二。"要以一种居高临下之势,要求曹操设法去救东吴名士"困于孙氏"的盛孝章。因为盛孝章已面临被孙权所恨,将欲杀之。

此事甚有戏剧性,曹操确实采取了行动,但并非一定出之于孔融之压力,也许有使用盛孝章之企图。但行动已迟了一步,孙权已经将盛孝章处决了。而且以兄长自居的孔融后来未能保住自身,也被曹操处决了。

唐代韩愈《祭十二郎文》提到他托孟东野带的信中写道:"吾年未四十,而视茫茫,而发苍苍,而齿牙动摇……"主要是说他自己未老先衰,恐难保长寿。韩愈之所以如此未老先衰,主要原因之一是一而再、再而三地因主持公道,主持正义而得罪权贵,遭到贬斥。《谏迎佛骨表》更是直接向皇帝提出尖锐批评,至于被贬到潮州,从《祭鳄鱼文》可以发现当时潮州简直可以与如今尚未开发的南美洲亚马孙河上流地区相似。而每次流放途中的艰苦也可从"云横秦岭家何在,雪拥蓝关马不前"等诗歌中看到一二。可贵的是韩愈并未因而明哲保身,始终以天下为己任,一直为爱国忧民而坚持正义终其一生。

韩愈在其他文章中也有类似的未老先衰的感慨,但均未有消极思想流露,可谓虽悲伤仍是满怀壮志。

又如唐代开元年间民谣:

生儿不用识文字,斗鸡走马胜读书。
贾家小儿年十三,富贵荣华代不如。

这贾家小儿并非神童,事见陈鸿《东城老父传》:"开元十三年,(贾昌)笼鸡三百,从封东岳。"此时唐玄宗李隆基因天下富饶,头脑发昏,大事封禅,作为盛典,别出心裁地把贾家小儿及其笼中之鸡也排进了仪仗行列之中。如此随心所欲地胡作非为,不久引来安史之乱,而走上逃亡之路。

李贺《开愁歌》：

> 我生二十不得意，一心愁谢如枯兰。
> 衣如飞鹑马如狗，临岐击剑生铜吼。

他二十一岁应河南府试告捷，却又受人诬告，因其父名晋肃，而不能成进士。一场飞来横祸，使他从此思想上发生大的转折，追求幻想以求解脱，所以写了些前人从来不涉猎的神奇境界，写了人世间少见的牛鬼蛇神。这二十一岁是他转变的关键时刻。

五、余论

以上所论述的年龄文化的四个方面，没有做深入的分析，只是举例而言。我觉得年龄文化还有更丰富的内容：

例如"洞中方七日，世上已千年"。则是充满了一种奇特的想象力，或者是科学的预言，能够设想存在完全不同的时间与空间。有关烂柯山的传说也是如此，乡人进山采樵，观人对弈。不知不觉时间消逝，观棋结束，斧头的柄都已经烂掉了。西方的《吕伯大梦》内容也与此故事相似。

还有彭祖活了八百岁，当然是神话，但也反映了人类追求长寿的愿望。但是，愿望也过于脱离实际了。所以后人说"齐彭殇为妄作"，认为不可能也。

至于陈博老祖一睡就是千年已属宗教范畴。南极仙翁、太上老君等等，在宗教中是永久的存在，没有寿命的问题。

我认为传说、愿望、神话不属于同一类型，基本上不属于年龄文化。唯一可以有研究余地的是姜子牙八十遇文王，其可能性也不能绝对排除也。

昔日以"长命百岁"为祝福,以"百年之后"暗喻死亡之后,如今由于综合国力增强,国人健康大有进步,长寿之乡遍布全国,周有光先生一百零七岁还健在,思路敏捷,可谓年龄文化也开辟了新的天地。

胎 教
——国学中的奇葩

◆姚全兴

大家知道国学中有礼教，关于人的思想行动的准则，以及礼节和道德的规范或要求；有乐教，关于学习和娱乐相结合，以体验和陶冶情操为重心的理念或模式；有诗教，关于《诗经》怨而不怒、温柔敦厚的教育作用，也指通过诗歌涵养形成的审美方式或熏陶手段。但或许不知道国学中还有很重要的胎教，关于母亲孕育胎儿的胎内外环境，促进母亲身心健康和胎儿身心发育的途径和方法。

一、胎教的古典哲学观念

胎教渊源于古典哲学观念。古典哲学把阴阳看作宇宙万物的根本，以及万物形成的原因，如《周易》所说："一阴一阳之谓道……生生之谓易"；"天地缊缊，万物化醇；男女交媾，万物化生"。由此胎教指导人们阴阳和畅，阴阳气血充实，以孕育身心健康的胎儿。胎教的目的在于使天之德，地之气，阴阳之至和，相与流薄于一体，以符合顺事数、谨人事等生育的道德。对孕妇来说，胎教的结果导致孕妇精神舒畅、性情安宁，即阴阳二气运动的作用在孕妇身上平衡、调和，达到怀孕期身心的最佳状态。对胎儿来说，是阴阳二气相交恰到好处，有利于胎儿身心发育协调、完美，达到胎气中和、精血合凝的最佳状态。

阴阳观念和天人感应观念是古典哲学的孪生姐妹，后者反映了人与自然的密切关系。汉代大儒董仲舒在《春秋繁露·同类相助》中说："天有阴阳，人亦有阴阳。天地之阴气起，而人之阴气应之而起。人之阴气起，而天地之阴气亦应之。"又说："天亦有喜怒之气，哀乐之心，与人相副，以类合之，天人一也。"这种观念在胎教中成为天人合一的指导思想，认为怀孕的质量和人与自然是否对应、和谐有关。对应了，怀孕就得天时地利人和；和谐了，怀孕就得天地之气而阴阳调和。

胎教包含的古典哲学观念，在一定程度上体现了胎教不是简单的人类生育方面的要求或教育，而有着极为深刻的哲学基础。它正确地指出人与自然的和谐关系，应该从怀孕那一刻的人之初就开始。这也表明，胎教在胎孕方面具有生态伦理学的意义，也符合生命哲学的真谛。

二、胎教的学术理论

国学精深博大，其中关于胎教的论述良多。在《史记》中司马迁尊称为"贤妇人"的太任，古籍《列女传》云："太任之性，端一诚庄，惟德之行。及其有身，目不视恶色，耳不听淫声，口不出傲言，能以胎教子，而生文王。"后人认为，周文王之所以"生而明圣"，就在于"太任为能胎教"。

这表明胎教很讲究母亲的品行，而品行正是儒学所推重的道德品质。因此，历代儒学十分强调胎教的重要。儒学经典《大戴礼记·保傅》说："古者胎教，王后腹之七月，而就宴（安逸的意思）室，太史持铜而御户左，太宰持斗而御户右，比及三月者。王后所求声音非礼乐，则太师缊瑟而称不习，所求滋味非正味，则太宰倚斗而言曰，不敢以待王太子。"又说："素成胎教之道，书之玉版，藏之金匮，置之宗庙，以为后世戒。"汉代贾谊的《新书·胎教》，王充的《论衡·命义》，北齐颜之推的《颜氏家训·教子》，宋代朱熹的《朱子家训·立教》等，都阐明胎教的重要性和必要性，把胎教提到人生肇始的第一步。

儒学是正统的国学，渗透古代各个学术领域。传统医学的中医大多是饱学之士，对儒学很有研究，秉承儒学注重品行的要义，也高度重视胎教中品行的意义和作用。如隋代巢元方的《诸病源候论》认为，孕妇"欲令子贤良盛德，则端心正坐，清虚如一，坐无邪席，立无偏倚，行无邪径，目无邪视，耳无邪听，口无邪言，心无邪念，无妄喜怒，无得思虑"。北齐徐之才的《逐月养胎法》，指出孕妇从孕一月到孕九月的胎教，涉及精神、营养、卫生各方面。唐代孙思邈的《千金方·养胎》，要求孕妇"弹琴瑟，调心神，和性情，节嗜欲，庶事清净"。而宋代陈自明的《妇人大全良方》，对胎教的特点和缘由说得更为透彻、精辟。

三、陈自明的"外象内感"学说

陈自明十分重视胎教，他说："凡受胎三月，遂物变化。故古人立胎教，能令子生良善、长寿、忠孝、仁义、聪明、无疾，盖须十月之内常见好景象，毋近邪僻，真良教也。"他的理论根据来自董仲舒。董仲舒从阴阳观念和天人感应观念出发，在《春秋繁露·同类相助》中说："美事召美类，恶事召恶类，类之相应而起也。如马鸣则马应之，牛鸣则牛应之。"这种观点对中医学说影响很深，导致陈自明外象内感学说的应运而生。

陈自明还说："天之德，地之气，阴阳之至和，相与流薄于一体。唯能顺时数，谨人事，勿动而伤，则生育之道德矣。"这就像"四序之运，生、长、收、藏，贷出万物，有仪则咸备。而天地之气，未始或亏者，盖阴阳相养以相济也。昧者曾不知此，乃欲拂自然之理"。这个观点明确指出，不符合"天之德，地之气，阴阳之至和"的"拂自然之理"的胎孕是应该禁止的，因为对胎儿的身心发育不利。这看来迷信，实际上有合理成分。事实已经证明，如果自然界现象和生活环境不正常不调和，那么此时此地男女交合所生之子的形体、气质，很可能也不正常不调和。国外科学家汤普森通过实验，早就证实如果母鼠在惊扰的环境中受孕生子，那么它的后代易患惊恐不安的神经官能症。因此，陈自明在科学程度不高的时代，提出的胎教观点有一定现实意义，不能因为其中有一些迷信色彩的瑕疵而一概抹杀。

陈自明有一段堪称经典的话："夫至精才化，一气方凝，始受胞胎，渐成形质，子在腹中，随母听闻。自妊娠之后，则须行坐端严，性情和悦，常处静室，多听美言，令人讲读诗书，陈礼说乐，耳不闻非言，目不观恶事，如此则生男女福寿敦厚，忠孝贤明。不然则男女既生，则多鄙贱不寿而愚，此所谓因外象而内感也。昔太任娠文王目不视恶色，耳不听恶声，口不谈恶言，世传胎教之道，是谓此也。"这段话有两点值得注意。其一，提出了有意胎教的重要性。既然天人感应，那么胎儿就会受到客观事物的影响，感善则善，感美则美，这是无意胎教。要避免无意胎教可能产生的负面影响，就应该实施有意胎教。其二，指出了胎教有外象内感的生理心理机制，就是外象与内感之间存在一个重要的中介途径："子在腹中，随母听闻。"胎儿在母腹内能够听到外面声音优或劣，感受外界事物善或恶，从而影响其身心发育。这个发现，在古代很了不起。现代西方医学通过实验，才知道胎儿六个月后有重要的接受胎外信息的听觉能力。这说明胎教有一定的科学性，并非主观臆测，也说明中医胎教有可贵的合理性，应该研究和发扬。

四、康有为的"人本院"构想

值得一提的是，清末大儒康有为成书于 20 世纪初的《大同书》，对胎教不乏真知灼见，而且从中西文化融合的角度有所发挥。此著作专门有一章"人本院",讲的就是未来社会中胎教院的构想。康有为说,凡妇女怀孕后都应该住进人本院。为什么要这样呢?他认为这个世界正值"恶浊乱世人相食之时",这种环境只能播下劣种。人的品种不好,随意繁衍,要想进入"太平性善之世",犹如南辕北辙,永远没有达到的日子。因此,他主张人在"受气之先,魂灵之始","以正生人之本,厚人道之原",体现了他从胎教出发,改良人生、改造社会的理想。

康有为构想的人本院,讲究自然环境的良好。他说,"胎孕多感地气",环境好坏,影响人的品性,"院地当择平原广野,丘阜特出,水泉环绕之所",那么人"其性必能广大、高明、和平、中正、开张、活泼,而少波、反侧、悲愁、妒嗌者"。院内终日要有琴乐歌管,"除早夕某某时停奏外,余皆有乐人为之,亦听孕妇自为之。盖声音动荡,最能感人,其入魂尤易,故佛氏称清静在耳闻。但取其最中和平正者,常以声乐养其耳,必能养性情而发神智"。看护人也很重要,由"总医生择其德性慈祥、身体强健、资禀聪敏,有恒心而无倦性者为之"。孕妇入院后,应该"高洁、寡欲、学道、养生"。孕妇"以生人为大任",怀孕就是奉职,"奉职者在端恪奉公,欣喜欢爱,中正无邪,情欲之感无介于仪容,燕私之情不形于动静,无爱私愁感以乱其中,生子乃能和平中正"。总之,人本院一切设施和孕妇所有言行,都必须符合胎教的要求,才能使孕妇和胎儿的身心有所裨益。

康有为所构想的人本院,和古人所说的周代时孕妇进入"宴室"胎教有关,指专门的胎教场所优于条件不够的家庭胎教。公共胎教院虽然很好,但由于社会经济条件限制难以实现。因此,康有为的人本院构想,颇有乌托邦色彩。尽管如此,他提倡胎教的拳拳之心,令人感佩。

五、胎教的传统审美意识

古代主张胎教的人,大多强调孕妇所视、所听、所言、所感的事物,都要善美。如陈自明说:"欲子端正庄严,当令母见贵人,不可见状貌丑恶人也。欲生男,宜操弓矢,乘牡马。欲生女,宜着珥珰,施环佩。欲子美好,玩白璧,观孔雀。欲子写贤能,宜读诗书,务和雅。"这个观点来自巢元方的《诸病源候论》,他说得很清楚:"巢氏论妊娠至三月始胎之时,欲令见贵人庄严。若操弓失、施环佩、观孔雀、读诗书之类,岂非胎教之理乎。"显然,巢元方、陈自明等要求孕妇"行坐端严,性情和悦"等言行举止、内在精神、外部感受,都非善美不可,这无疑出自善美相连并举的传统审美意识。传统审美意识出自古典美学,在古典美学中,善和美是一回事,善的事物是美的事物,美的事物也是善的事物。因此,胎教作为关于生育和胎孕方面的教育或要求,其内在核心理念除了阴阳观念、天人感应观念、儒学和中医的思想意识外,还有古典美学中善美并举的传统审美意识。

应该说,传统审美意识既有糟粕也有精华。胎教强调和要求孕妇接触、感染善美的事物,以避免对自己和胎儿不良的影响,是正确的,而且和现代胎教对孕妇的强调和要求一致。顺便说一句,现代胎教提供的情绪胎教、环境胎教、音乐胎教、语言胎教、营养胎教、触摩胎教等,都是善美合一、行之有效的胎教实施方法。

这里需要指出,尽管胎教的传统审美意识存在封建的落后的因素,但不影响它以审美意识为核心和理念的正确性和合理性,学术性和实用性,以及不可忽视的现实意义和社会价值。这也是胎教至今值得继承和发扬的主要原因。也正因为这样,笔者认为,胎教的目的和作用,就是通过审美的途径,用美的感化的手段,改善孕妇的身心健康和胎儿的身心发育。从这个角度来看,胎教的基本原理就是美育,并由此提出审美胎教的新概念新方法。(参见笔者的《胎教的美育原理和方法》,上海教育出版社,2000年)

六、胎教的现代化科学化

由于传统文化中习惯思维使然，有的胎教观点把外象内感的作用夸大和简单化绝对化，这就未免穿凿附会，例如说"妊娠者不可以啖兔肉，又不可见兔，令儿唇缺。又不可啖生姜，令儿多指"。有的胎教观点明显不科学，例如说"欲生男，宜操弓矢，乘牡马。欲生女，宜着珥珰，施环佩"。

穿凿附会和不科学的原因有三点。其一，传统胎教突出伦理本位，浓重的封建道德观念成为人们的精神桎梏，妨碍了对胎教科学机制和科学方法的探求。其二，高扬主体意识，轻视客观实践，使传统胎教主观色彩过浓，缺乏坚实的科学根据和实证性。其三，偏重直觉思维，不重逻辑分析，局限于自身体验方式，从而使胎教处于自我封闭状态。

为此，胎教必须现代化科学化。现代胎教整合了现代科学、现代医学、现代优生科学，以及美学、心理学等学科的知识和观念，认为胎教的目的不是孕育天才儿，而是在良好的遗传的基础上更好地提高人口的质量；胎教的作用有助于胎儿的身心发育，但更主要的是促进孕妇身心健康，以形成良好的胎内外环境，营造生态胎教的氛围和理念。

现在西方学者也很重视胎儿的身心发育，孕妇的身心健康，并在坚实的生理心理科学实验基础上，制定关怀孕妇和胎儿身心的具体实施。不过他们不叫胎教，而称孕妇心理学和出生前心理学。但在传统文化深受中国影响的日本，还是叫胎教。由于日本比较早地引进西方科学文化，他们的胎教在20世纪中期就开始了现代化的探索，现在已经有了比较先进的胎教观念和方法。在中外科学文化的交流和融合的态势中，近二十年来，我国的胎教研究也有了长足的发展，并取得了可喜的成绩。

我国胎教文化根深蒂固，在历史的长河中具有先进性，值得我们自豪和重视。只要人类在繁衍，胎教就必然存在和发展。我们的责任是汲取传统胎教的合理性,使其现代化科学化。弃其糟粕,取其精华,胎教作为优生、优育、优教的一部分,具有提高人口质量、改善民族素质的意义和作用,这已经成为我国有识之士的共识。因此,我们不能不对这朵国学中的奇葩,怀有特殊的感情和浓厚的兴趣。

适逢乙未话羊年

◆傅 震

去年末，读书会的刚强兄送我一本2015年的故宫日历，我才意识到马年即过，羊年将至。街上书报亭里各种羊年运程书放在了醒目位置。中国人将新年与生肖挂钩，千百年来，形成了一系列旨在趋吉避凶的民俗文化。比如，午马未羊，乙未年就是羊年。但同样是羊年，还得按土、金、水、木、火这五行，分出是什么样的羊年。那么，乙未年是什么羊年呢？

五运六气定金羊

何谓"五运六气"呢？这是以《黄帝内经》为首，中国传统医学的一个重要医学理论。"五运六气"可简称"运气"。它是我们古代医学工作者根据天人相应、天人合一的原理，预测宇宙气候变化的一种方法理论。把这一方法运用到医学上，不仅对预防工作，而且对诊断和治疗工作也都有极大的帮助。

所谓"五运"，是指土金水木火五行的变化运行。再配以十个天干（甲乙丙丁戊己庚辛壬癸），用来推测每年五行之运的情况。所谓"六气"是风、寒、暑、湿、燥、火。再配以十二地支（子丑寅卯辰巳午未申酉戌亥），用来预测每年每季的正常和异常的气候变化。

因此，五运就是土运、金运、水运、木运、火运的统称。那么，每年的大运是如何推算出来的呢？《素问·天元纪大论》曰："甲己之岁，土运统之。乙庚之岁，金运统之。丙辛之岁，水运统之。丁壬之岁，木运统之。戊癸之岁，火运统之。"有歌诀可记："甲己化土乙庚金，丙辛水运木丁壬。戊癸化后变成火，五音太少阴阳分。"《素问·天元纪大论》曰："五运相袭，而皆治之。终期之日，周而复始。"这就明确告诉我们，土金水木火五行与十个天干相匹配，成为甲土、乙金、丙水、丁木、戊火、己土、庚金、辛水、壬木、癸火。按照这个次序，每运各主一年，周而复始。

因此，按照这个规则，2015年是乙未年。"乙庚之岁，金运统之。"所以，2015年的大运为"金"，这个羊年是"金羊之年"。按照这个规则，我们可以回想一下，2013年是癸巳年，"戊癸之岁，火运统之"。毫无疑问，2013年是火蛇年。按照天干地支的相应关系，"巳"蛇中含有"丙火"，所以，2013年这个火蛇年就特别炎热，加上欠佳的空气质量和热岛效应，迎来了百年不遇的大热天，上海这个沿海城市也出现连续十几天40℃以上的高温。让人记忆犹新。这是否给我们某种启示呢？

再来看一下。2014年，是甲午年。"甲己之岁，土运统之。"因此，2014年的甲午年是"土马之年"。"午"在易经学说的取象比类中，象征马、鸟和飞机，归于火类。而中国人从汉武帝写了天马赋后，就习惯把马称为"天马"，天马行空。那么，2014年这个"土马之年"是否预示着"天马归土之年"呢？2014年离奇的航空事故是否比往年多一点呢？答案似乎是肯定的。

我们古人的智慧取之不尽，用之不竭。现在我们可以明白，2015年这个乙未年是"金羊之年"。根据《黄帝内经》的观点，"金运之年"的气候特征是"燥胜"。而人体五行之金为肺和大肠系统。这是否启示我们在金羊之年要注重润肺护肠呢？我们加大治理空气雾霾的力度是否更具紧迫性呢？顺便提一下，2015年的"六气"特征是上半年"太阴湿土"

司天,下半年"太阳寒水"在泉。望大家根据祖先智慧的昭示相向而行。

崇美尚善说吉祥

羊年为何要说羊？因为在中国的民俗文化传统中,羊是一种瑞兽。西汉大儒董仲舒在《春秋繁露》中说:"羊,祥也。故吉礼用之。"所以,羊在古代是馈赠,进见,慰问致谢的佳品。祭祀鬼神的仪式中也用到羊。《论语·八佾》中孔子说:"赐也,尔爱其羊,吾爱其礼。"意思是说,孔子因为遵循古礼,不忍心废弃它,希望保留祭祀古礼中所需要的羊。由此可见,羊在古代经常用为献给尊者以及祭祀的必备用品。《左传·隐公三年》:"可荐于鬼神,可羞于王公。"杜预注:"羞,进也。"羞字从羊,这里所进之物应该就有羊了。郭沫若先生考据,羊字在甲骨文中就直接表示吉祥的意思。"惟日羊,有大雨。"这里的羊是祥的意思了。

羊不仅有吉祥的象征,还是美德的代表。《说文解字》中有:"美,甘也。从羊,从大。"所以,一直以来就有"羊大为美"的说法。《说文解字》中还有:"善,吉也。从羊。此与义美同意。"可见,人们崇尚的真善美中,羊与美善有着密切的象征意义。《春秋繁露》曰:"凡贽,卿用羔。羔,有角而不用,如好仁者。执之不鸣,杀之不号,类死义者。羔饮其母,必跪,类知礼者。"羔羊有"跪乳"之礼,因此,在古代就有"送羊劝孝"这样生动有效的道德伦理教育方法。这种方法实在是值得电视台《甲方乙方》此类调解家庭纠纷的节目好好学习运用。

翻开《山海经》这本中国最早的神话故事书,你会发现许多与羊类似的动物。比如,羬、羭羊、葱聋、土蝼、闾麋、麢羊、狓狓……其中有的是属于自然界实有的动物。比如羭羊。《山海经》中记载:"其状如羊而马尾,名曰羭羊,其脂可以已蜡。"郭璞注曰:"月支国有大尾羊,如驴尾即羭羊也。"李时珍《本草纲目》记载:"哈密及大食诸番有大尾羊。细毛薄皮，尾上旁广，重一二十斤，行则以车载之。"可见羬羊长着充满肥脂的大尾巴，能拖到地上，如马尾、驴尾，人们故而好奇。《西山经》记载："其兽多葱聋，其状如羊而赤鬣。"这说明葱聋是一种脊背或颈部长有红毛的黑头野羊。应属现在分布于喜马拉雅山的喜马拉雅塔尔羊，是国家一级保护动物。《北山经》中还记载有麢羊。李时珍《本草纲目》引王安石《字说》作解释："鹿则比类，而环角外向以自防。麢则独栖，悬角木上以远害，可谓靈（灵）也，故字从鹿，从靈省文，后人作羚。"麢羊俗称羚羊，现在是一类牛科动物的统称，其共同的特征是长有空心而结实的角。

　　《山海经》中还记载着一些人们想象出来的羊状兽物。比如，《南山经》记载："有兽焉，其状如羊而无口，不可杀也，其名曰䍺。"郭璞在《山海经图赞》中说："有兽无口，其名曰䍺。害气不入，厥体无间。至理之尽，出于自然。"认为䍺因为无口，害气不入，所以不会死。傅山的《山海经物类编略》由此䍺引出一段妙文："贫道读《山海经》，得妙物焉。洵山之䍺，其状如羊而无口，不可杀也。可以杀者，职有口也。无口则无死地。文章士不必辄著述持论，始为有口，始鼓杀身之祸。居恒一言半句，皆为宵人忌，皆是兵端。介母曰：'言，身之文也'，愚谓不但文，几以身为的，而积人之镞者也。"傅山以䍺无口不可杀，反讽祸从口出，言多必失的社会现象。抨击文字狱政策，也揭示出了口形象的创造心理。䍺，无口，实为三缄其口，慎独之象也。当下有个网络流行词"任性"。信尚此言者，应当观䍺而思了。

　　羊是美善吉祥的象征物。而吉祥美善又是我们中华民族民俗文化的核心要素。综观我国五十六个民族，有着极其丰富多彩的文化习俗，有五花八门的习俗活动，有源远流长的文化节日。而所有这些文化传统的核心诉求即为六个字：趋吉祥，避凶险。如此看来，"惊天地，泣鬼神"的中国文字，把吉祥的关键字"祥"，依"羊"而造，实在是有着意味深长的造诣。"羊"成了一切吉祥事物的总源眼了。中国人用吉祥二字取名的就不在少数。上海有一对双胞胎足球运动员就取名"吉祥",深受球迷喜爱。中国人眼中,吉祥的事物是很多的。比如:纳祥、迎新、如意、知春、富贵、多子、太平、添福、晋禄、增寿、贺喜、有余……真可谓百羊庆九秩,美意延祥年。

三羊开泰论吉卦

中国人把羊作为瑞兽看待,是我们祖先最早驯服六畜的结果。我们从人类早期的艺术形式岩画中就可以发现相关的证据。宁夏中卫县就发现猎羊或牧羊的岩画。距今八千年的裴李岗文化中就已经出现了陶塑羊的形象。河姆渡文化中也有陶羊的器物。这些都说明了羊与我们中华民族至少共同生活了七千年。刚强兄送我的2015年的"故官日历"中就选刊了几种有代表性的文物。东汉顺帝五年造的石羊,"因石就势,雕刻为跪姿。羊角侧卷,体侧则以同心圆线条表现羊毛"。河南辉县出土的东汉灰陶羊,大羊高十七厘米,小羊不到五厘米,"却把母羊和幼羊刻画得顾盼有情,栩栩如生"。西晋的青釉羊,轮廓浑圆,五官以简洁的点线加以勾勒刻画,生动可爱。南宋陈居中画的四羊图,图中四羊,"或跳跃抵撞,或静立俯观。高下错落,动静相对,笔墨寥寥而刻画精准。体现了宋代画家深厚的写生功底和超凡的慨括能力"。

说起四羊,不得不提到文物重器——青铜器中的四羊方尊。查阅陈佩芬先生编著的《中国青铜器辞典》可知,尊是商代的一种盛酒器。据称,四羊方尊是从双羊尊演化过来的。现藏于日本根津美术馆和英国大英博物馆两个双羊尊便是其中佼佼者。双羊尊,"以相背直立的双羊为器型,腹及足部互用。双羊背部负一尊的上部,下部与羊腹相连。尊口高起,超过羊首。尊体饰内卷角兽面纹,双目特大。羊首昂起,角呈弯月形。羊体饰鳞纹以代羊毛，腿部饰卷体龙纹。造型设计极为精巧"。

我们祖先把羊这个瑞兽表现于青铜器上，说明羊这个吉祥物上升到了礼器的高度。而四羊方尊可谓是青铜礼器中的重器。现藏于中国国家博物馆的四羊方尊，1938年在湖南宁乡县黄材镇转耳仑山出土。它高58.3厘米，口每边长52.4厘米，重34.5千克。"器呈方形。敞口，颈较长，宽腹，高圈足。颈饰蕉叶纹，内填对称的龙纹，下部为外卷角兽面纹。肩上四龙盘旋，鼓起的腹部设四个立体的卷角羊首，羊的体部在尊的腹部，羊的前足安置于尊的高圈足上。羊背及胸部饰鳞纹，前脚饰精丽的长冠凤纹。羊的大卷角是事先铸成后配置在羊首的陶范内，再合范浇铸的，整器浑然一体。本器工艺设计集线雕，浮雕，圆雕于一器，把平面的图像和立体的雕塑结合起来，将器皿和动物形状结合起来，并以杰出的铸造技术加以表现，是商代晚期青铜器中的杰出作品。"

讲了双羊，赞了四羊，最想说的是三羊。为什么？因为中国老百姓嘴里经常说的一句吉祥话就是"三羊开泰"。有没有三羊呢？还是以文物为证。现藏于上海博物馆的兽面纹羊首尊，在其肩部设立三个浮雕羊首，庄重古朴。现藏于湖南省博物馆兽面纹羊首尊，在其肩部设立体的三羊首和三小鸟，一一相间，十分生动有趣。

三羊开泰这句吉祥语，追根寻源来自于《易经》。《易经》六十四卦中就有一个《泰》卦。三条阳爻在下，乾为天。三条阴爻在上，坤为地。所以，此卦称为"地天泰卦"。六十四卦中，《泰》卦是个吉卦。从天气看，冬至后，子月一阳复生，是地泽临卦。丑月二阳再生，是地雷复卦。寅月三阳萌动，天地复苏，春意盎然，万物生长，欣欣向荣。吉祥景象满天下。于是便有了"三阳开泰"的吉祥语。《泰》卦的意思是：泰者，通也。天地阴阳相交而和，万物生成，故为泰。象辞曰："泰，小往大来吉亨，则是天地交而万物通也，上下交而其志同也。"象辞曰："天地交，泰。后以财（裁）成天地之道，辅相天地之宜以左右民。"

中国语言讲究谐音，羊阳二字相谐，三阳开泰在民间就流传成三羊开泰了。但不光是谐音，前面讲过，羊有"有角而不用，如好仁者"之品格。这和泰卦的九二爻"得尚于中行，以光大也"有着内在的相通之处。

三羊开泰的《泰》卦，是个大吉祥之卦。这也是有历史可证的。《国语》记载，晋国公子重耳，受逼迫，流亡国外十九年，日夜思念故土安危。秦国君主以及晋国老臣们力劝重耳回国执政，以解百姓涂炭之难。重耳当时拿不定主意。晋大夫董因就当面为此事占了一卦。结果得一《泰》卦，董因大喜，对重耳说："这卦是天地配亨，小往大来，现在正碰到这吉利的时候，岂不正当渡河归国吗？您为晋国的国君，必能称霸于诸侯，您什么顾虑也不应当有。"所谓"天地配亨"，是说《泰》卦是由乾天和坤地两卦组成，天为阳，本在上而"来"居于下，地为阴，本在下而"往"居于上。天地交而二气通，万物生生不已；上下交而其志同，社会达于人和。重耳得此吉利之卦，信心大增。立马回国，果然被立为国君。他励精图治，惩治腐败，肃清奸党，关怀民生，富国强兵，成为春秋五霸之一的晋文公，彪炳史册！

后 记

"国学论谭"是《新民晚报》开设于 2008 年的一个双周刊,旨在弘扬中国优秀的传统文化,力求集知识性、趣味性、学术性于一体,并能间出新意。当时我们对这个版面要讨论的"国学"作了特别的说明,即首期刊出的《国学的定义和范围》——

国学的传统范围是经史子集,亦即所谓的"四库"。

章太炎于 1906 年 9 月在东京发起"国学讲习会",不久又成立了国学振起社,将国学的内容共分六种:(一)诸子学;(二)文史学;(三)制度学;(四)内典学(即佛学);(五)宋明理学;(六)中国历史。

中国传统文化的特点是:源远流长,博大精深,多元丰富而又互相吸收、互相交融,其领域又极其广大。因此,国学兼指中国传统的学术著作和学术思想。

目前,大家对国学的认识,一般又分为四个层面:一、知识层面,二、学术与技艺层面,三、道德价值与人生意义的层面,四、民族精神,或国魂与族魂的层面。其中包含着传统文化的价值理念、生存智慧、治国方略等等。

……

国学论谭

"国学论谭"专刊推出后,得到了许多专家学者的支持和响应,迄今已逾七年,共刊出两百余篇文章,涵盖文史哲艺等领域,对中国传统文化这一广义的"国学",进行了多方面的诠释和解读,受到广大读者的欢迎。

这次我们从中选出四十篇文章编成一集,以广流传,并希望能够为当今的文化建设提供一些借鉴和启迪。本书的编选过程中得到了文汇出版社桂国强、张涛两位先生的热情帮助;在"国学论谭"专刊创办时,复旦大学胡中行教授参与了许多策划和约稿工作,在此一并表示感谢。